全国职业教育规划教材·财经商贸系列

市场营销理论与实务

主　编　施桂英
副主编　白金英　王　凯
参　编　意如格勒图　郭　丹　萨日娜
　　　　郭　鑫　斯日古楞

北京大学出版社
PEKING UNIVERSITY PRESS

图书在版编目(CIP)数据

市场营销理论与实务/施桂英主编. —北京：北京大学出版社，2019.3
（全国职业教育规划教材·财经商贸系列）
ISBN 978-7-301-29309-6

Ⅰ.①市… Ⅱ.①施… Ⅲ.①市场营销学－高等职业教育－教材 Ⅳ.① F713.50

中国版本图书馆CIP数据核字（2018）第036567号

书　　　名	市场营销理论与实务 SHICHANG YINGXIAO LILUN YU SHIWU
著作责任者	施桂英　主编
策 划 编 辑	巩佳佳
责 任 编 辑	巩佳佳
标 准 书 号	ISBN 978-7-301-29309-6
出 版 发 行	北京大学出版社
地　　　址	北京市海淀区成府路205 号　100871
网　　　址	http://www.pup.cn　　新浪微博：@ 北京大学出版社
电 子 信 箱	zyjy@ pup.cn
电　　　话	邮购部010-62752015　发行部010-62750672　编辑部010-62754934
印 刷 者	河北滦县鑫华书刊印刷厂
经 销 者	新华书店 787毫米×1092毫米　16开本　18.25印张　474千字 2019年3月第1版　2019年3月第1次印刷
定　　　价	48.00元

未经许可，不得以任何方式复制或抄袭本书之部分或全部内容。
版权所有，侵权必究
举报电话：010-62752024　电子信箱：fd@pup.pku.edu.cn
图书如有印装质量问题，请与出版部联系，电话：010-62756370

前　　言

作为一门经济管理科学，市场营销学的发展依附于其存在的经济和社会发展环境。近二十年来，随着全球经济一体化和多元化的发展，"国内市场国际化、国际市场全球化"的趋势正在形成，企业迫切需要现代市场营销理论的指导，而社会主义市场经济体制的确立和逐步完善又为市场营销学的应用开辟了广阔的天地。

随着我国全面深化改革的推进，市场营销的观念和策略将在更广阔的范围内得到重视。市场营销理论在我国迅速传播和运用，成为最接近实务的学科之一。目前，市场营销学已成为高等院校经济管理类专业的核心课程，是当今社会最受欢迎和重视的学科之一。

本书编者团队根据在一线教学多年积累的实际教学经验和体会，结合高职教育的要求和学生特点编写了本书。本书具有如下特点：

1. 系统性

本书系统、全面地反映了现代市场营销理论的科学体系及其最新发展。在编写上，依据市场营销的管理内容和程序，对企业市场营销活动的规律和方法进行深入浅出的分析、探讨和归纳。

2. 针对性

本书通过针对性较强的营销技能训练，将理论教学、案例分析与技能训练三个教学环节既有机地进行统一，又层层推进，以促进学生的理论知识向应用能力的转化。同时，本书还注意了中高职教学内容的衔接。

3. 实现"理实一体、学做合一"

本书在教学前为学生确立了知识目标和能力目标，教师可按照"项目导向和任务驱动"的模式来组织教学，学生可将理论知识的学习和实践技能的训练相结合。同时，考虑到学生考取资格证书的需要，本书配备了自测思考题。

本书由乌海职业技术学院施桂英担任主编。扎兰屯职业学院白金英、呼伦贝尔职业技术学院王凯担任副主编，参加编写的人员及分工为：施桂英，项目一、项目六；意如格勒图，项目二、项目十二；白金英，项目三、项目四；萨日娜，项目五、项目十三；王凯，项目七；郭丹，项目八、项目十一；郭鑫，项目九、项目十。斯日古楞老师参与了习题和实训项目的编写。

在本书的编写过程中，我们吸收了相关教材及论著的研究成果，在此，谨向市场营销学界的师友、同人及作者表示衷心的感谢！

限于我们的水平，书中难免有不妥或疏漏之处，敬请广大读者批评指正。

编　者

2019 年 1 月 7 日

目 录

项目一 认识市场 认识市场营销 ……………………………………（ 1 ）
   任务一 市场营销的有关概念 …………………………………………（ 1 ）
   任务二 市场营销观念 …………………………………………………（ 7 ）
   任务三 市场营销组合 …………………………………………………（ 11 ）

项目二 战略规划与市场营销管理 ……………………………………（ 18 ）
   任务一 企业战略规划 …………………………………………………（ 18 ）
   任务二 市场营销管理 …………………………………………………（ 29 ）

项目三 市场营销环境分析 ……………………………………………（ 35 ）
   任务一 市场营销宏观环境的分析 ……………………………………（ 35 ）
   任务二 市场营销微观环境的分析 ……………………………………（ 44 ）

项目四 购买行为研究 …………………………………………………（ 51 ）
   任务一 消费者市场及其特点 …………………………………………（ 51 ）
   任务二 消费者购买行为分析 …………………………………………（ 53 ）
   任务三 组织市场购买行为分析 ………………………………………（ 58 ）

项目五 市场营销调研与预测 …………………………………………（ 73 ）
   任务一 市场营销信息系统 ……………………………………………（ 73 ）
   任务二 市场营销调研与预测 …………………………………………（ 76 ）

项目六 市场竞争分析 …………………………………………………（ 86 ）
   任务一 竞争者 …………………………………………………………（ 86 ）
   任务二 企业的竞争战略 ………………………………………………（ 91 ）
   任务三 市场竞争策略 …………………………………………………（ 93 ）

项目七 目标市场营销 …………………………………………………（ 104 ）
   任务一 市场细分 ………………………………………………………（ 104 ）
   任务二 选择目标市场 …………………………………………………（ 111 ）
   任务三 完成市场定位 …………………………………………………（ 116 ）

项目八 产品策略 ………………………………………………………（ 128 ）
   任务一 产品与产品组合 ………………………………………………（ 128 ）
   任务二 产品市场生命周期 ……………………………………………（ 134 ）
   任务三 新产品开发管理 ………………………………………………（ 140 ）
   任务四 产品品牌与包装 ………………………………………………（ 145 ）

项目九　价格策略 ……………………………………………………………………（156）
　　任务一　影响定价的因素 ……………………………………………………………（156）
　　任务二　企业定价的一般方法 ………………………………………………………（166）
　　任务三　企业定价的基本策略 ………………………………………………………（171）
　　任务四　价格调整策略 ………………………………………………………………（177）

项目十　渠道策略 ……………………………………………………………………（187）
　　任务一　分销渠道 ……………………………………………………………………（187）
　　任务二　中间商 ………………………………………………………………………（194）
　　任务三　分销渠道的设计与管理 ……………………………………………………（201）

项目十一　促销策略 …………………………………………………………………（216）
　　任务一　促销与促销组合 ……………………………………………………………（216）
　　任务二　人员推销 ……………………………………………………………………（220）
　　任务三　广告策略 ……………………………………………………………………（226）
　　任务四　营业推广 ……………………………………………………………………（234）
　　任务五　企业公共关系 ………………………………………………………………（237）

项目十二　服务市场营销 ……………………………………………………………（248）
　　任务一　服务及服务市场营销的要素 ………………………………………………（248）
　　任务二　服务质量管理 ………………………………………………………………（253）
　　任务三　服务的有形展示 ……………………………………………………………（258）
　　任务四　服务的定价、分销与促销 …………………………………………………（261）

项目十三　实现营销 …………………………………………………………………（270）
　　任务一　制订市场营销计划 …………………………………………………………（270）
　　任务二　设计市场营销组织 …………………………………………………………（273）
　　任务三　市场营销计划控制 …………………………………………………………（278）

参考文献 ………………………………………………………………………………（285）

项目一　认识市场　认识市场营销

◇ 学习目标

1. **知识目标**：了解市场的含义及分类、市场营销观念的演变过程及新发展；掌握市场营销相关核心概念和几个典型的市场营销组合。

2. **能力目标**：通过知识学习和基本训练，培养学生对市场营销的认知能力；锻炼学生的理解能力和思维能力；培养学生沟通与协助的能力；使学生树立现代市场营销观念。

◇ 工作任务

市场营销基本知识的理解；经营观念的正确把握。

任务一　市场营销的有关概念

【任务引例】

经过30多年的持续发展，海尔集团现已成为享誉海内外的大型国际化企业集团。作为在白色家电领域最具核心竞争力的企业之一，该企业有许多令人感慨和感动的营销故事。

该企业的营销人员在调查四川农民使用洗衣机的状况时发现，在盛产红薯的成都平原，每当红薯大丰收的时节，许多农民除了卖掉一部分新鲜红薯以外，还要将大量的红薯洗净后加工成薯条。但红薯上沾带的泥土洗起来费时费力，于是农民就动用了洗衣机。更深一步的调查发现，在四川农村有不少洗衣机用过一段时间后，电机转速减弱，电机壳体发烫。原来农民在冬天用洗衣机洗红薯，夏天用它来洗衣服。这令营销人员萌生了一个大胆的想法：发明一种洗红薯的洗衣机。1998年4月这批洗衣机投入批量生产，洗衣机不仅具有一般双桶洗衣机的全部功能，而且还可以洗红薯、水果甚至蛤蜊，而且价格低廉。该企业首次生产了1万台投放农村，立刻被一抢而空。

每年的 6—8 月是洗衣机销售的淡季，每到这段时间，很多厂家就把促销员从商场里撤回去。调查发现，这个季节不是老百姓不洗衣裳，而是夏天洗衣量 5 千克的洗衣机不实用，既浪费水又浪费电。于是，该企业的科研人员很快设计出一种洗衣量只有 1.5 千克的洗衣机。

一、市场与市场营销

（一）市场的含义及分类

1. 市场的含义

市场是经济学的范畴。对于市场的确切定义，由于角度不同，理解和描述也不一样。关于市场的理解和描述主要有以下几种。

第一种，市场是买主和卖主聚集在一起进行商品交换的场所。这是一种狭义而古老的理解。我国古籍中记载："日中为市"的市场，人们在其中从事商品交易活动，可以说就属于这种市场。

第二种，现代经济学家认为市场是商品所有者全部交换关系的总和，是买者和卖者相互作用并共同决定商品或劳务的价格和交易数量的机制，包含错综复杂的交换关系，构成了商品流通领域。这是广义的、反映实质的市场概念。市场是社会分工和商品生产的产物。随着电子商务的产生，具体的"市场空间"已无意义。

第三种，市场是指商品的需求，这是一种研究商品需求总量的概念。即市场是由那些具有特定的需要或欲望，愿意并且能够通过交换来满足这种需要或欲望的全部潜在顾客所构成的。用公式表述为

市场＝人口＋购买能力＋购买欲望。

市场的规模和潜力的大小，首先取决于人口这一基本前提，在此基础上我们考虑消费者购买商品和劳务的支付能力。生活资料的购买力主要取决于个人或家庭货币收入的多少；而生产资料的购买力主要还取决于国家的投资方向、生产群体的规模、扩大再生产中的资金积累的多少，同时还有消费者对所购买商品和劳务的需要的强烈程度。

在市场经济中，只有提供的产品符合市场需要，企业才能生存与发展，企业也才有存在的价值。市场是企业实现其目标的关键所在，是企业一切活动的外部基础。因此，企业只有认识市场，深刻地理解市场的需要，根据市场的需要有效地配置资源和培育企业的能力，才能更有效地开展市场营销活动。

2. 市场的分类

（1）根据购买者的性质、特征和行为进行划分。

根据购买者的性质、特征和行为，市场可以分为消费者市场和组织市场。

①消费者市场是指为了个人或家庭消费需要而购买、租用商品或劳务的市场。

②组织市场又称组织机构市场，是指购买者由各类组织所组成的市场。组织市场又可分为生产者市场、中间商市场和政府市场。

（2）根据出现的先后进行划分。

根据出现的先后，市场可以分为现实市场、潜在市场和未来市场。

①现实市场是指对企业经营的某种商品有需要、有支付能力、又有购买欲望的现实顾客的需求。

②潜在市场是指有可能转化为现实市场的市场。

③未来市场是指暂时尚未形成或只处于萌芽状态，但在一定条件下必将形成并发展成为现实市场的市场。

(3) 从经济学角度进行划分。

从经济学角度看，市场可以划分为完全垄断市场、寡头垄断市场、垄断性竞争市场和完全竞争性市场。

①完全垄断市场是指一种不存在竞争或基本不存在竞争的市场。

②寡头垄断市场是指由少数几家大企业控制的市场。

③垄断性竞争市场，是最常见的一种企业市场模式。垄断竞争是指在一个行业中有许多企业生产和销售有差别的产品，不同企业之间的产品可以相互替代又不能完全替代。

④完全竞争性市场是指在某一个行业里存在许多独立决策经营企业，它们都以相同的方式向市场提供同类的、标准化的产品，任何一个企业都是价格的"接受者"（Price Taker），而不是价格的"制定者"（Price Maker）。

(二) 市场营销及相关概念

1. 需要、欲望和需求

(1) 需要。

需要（Need）是市场营销活动存在的前提和出发点。需要是指没有得到某些基本满足的感受状态，是与生俱来的基本要求。如人们为了生存和繁衍，需要食品、衣服、住所。此外，人类还有安全、归属、受人尊重、自我实现等需要。这些取决于人的条件反射，市场营销者不能凭空创造它们。

(2) 欲望。

欲望（Want）是人们想得到某些基本需要的具体愿望，是对需要的特定追求，如需要一辆汽车、一块手表、一部手机等。欲望受个人所处的不同文化及社会环境的影响。虽然市场营销者不能创造需要，但是他们可以影响消费者的欲望，可以通过开发、创造、销售产品来满足消费者的欲望。

(3) 需求。

需求（Demands）是指人们有货币支付能力并且愿意购买某个具体产品的欲望。需求是对特定产品的市场需求。营销管理的实质就是需求管理，因为需求是企业营销的起点及终点，它指导企业营销的方向。市场营销者可以通过推出消费者喜欢的产品、为产品制定合适的价格、积极地宣传产品和使消费者更容易得到等各种营销手段来影响消费者的需求。只有当具备购买能力时，欲望才会转化为需求。

2. 产品和服务

(1) 产品。

从营销的角度看，产品是能够满足人们某种需要的"一切"东西，有实物、劳务、活动、场所、思想等多种形式。产品包括有形产品和无形产品。有形产品是指实物形态的产品，包括人们购买的食物、饮料、衣服、商品房、汽车等。无形产品包括服务、劳务、财产权和信息等。

（2）服务。

服务体现在产品销售的整个过程中，包括售前服务、售中服务和售后服务。

随着经济的发展，服务业在经济中所占的比重越来越大。广义地讲，服务属于产品的范畴，随着市场竞争越来越激烈，产品的竞争已经更多地体现在服务的差异上。

3. 交换、交易与关系

（1）交换。

交换是指人们各拿出自己的东西给对方。交换的发生必须具备五个条件：第一，至少要有交换的双方；第二，每一方都有对方想要的东西；第三，每一方都有沟通和传送产品的能力；第四，每一方都可以自由地接受或拒绝对方的产品；第五，每一方都认为与对方进行交换是称心如意的。具备了这五个条件，交换就可能发生。

（2）交易。

交易是指交换的基本组成单位，是交换双方之间的价值交换。交换是一个过程，在这个过程中双方达成的一致协议被称为发生了交易。交易通常有两种方式：一是货币交易；二是非货币交易，包括以物易物、以服务易服务的交易等。

（3）关系。

企业与其顾客、分销商、经销商等建立、保持并加强关系，通过互利交换及共同履行诺言，使各有关方实现各自目的。企业与顾客之间的长期关系是市场营销的核心概念。通过建立和保持这种关系达到促进销售的目的。建立关系是企业向顾客做出许诺，保持关系是企业履行诺言。

4. 市场营销

市场营销的定义有很多，其中，被誉为"现代营销学之父"的菲利普·科特勒对市场营销的定义最被大家所认同。他对市场营销的定义为：市场营销是个人或组织通过生产和制造，并同别人或其他组织交换产品或服务，以满足需求和欲望的一种社会和管理过程。

【小资料】

根据需求水平、需求时间的不同，需求有八种形态。在不同的需求形态下，营销管理的任务和类型有所不同。而营销管理的实质就是需求管理（见表1-1）。

表1-1 八种不同类型需求的营销管理

需求形态	营销管理的任务	营销管理的类型
充分需求（是指某种商品目前的需求水平和需求时间与企业期望的需求水平和需求时间相一致，这是一种很理想的需求状态）	维持需求：营销者的任务是保持和不断稳定并提高产品质量，经常测量消费者的满意程度，密切关注消费者需求偏好的变化和竞争对手的动态，设法维持现有的需求水平	维持性营销

续表

需求形态	营销管理的任务	营销管理的类型
有害需求（是指消费者对某种有害于个人或社会的商品或服务产生的需求，如对烟、酒、黄色小说和色情影片、毒品、手枪等）	消除需求：营销者的任务是设法使喜欢这些产品的消费者放弃这些产品。营销者可以通过提高某些产品的价格和限制其供应和宣传来减少消费者对这些产品的消费。对于一些产品，如毒品、黄色小说和色情影片，营销者应该坚决地打击，并积极地宣传其危害性	抵制性营销
不规则需求（是指需求与供给之间在时间和空间范围上的错位，这种需求形态会造成企业忙闲不均的状态，如羽绒服）	调节需求：企业营销管理的任务是通过同步性的营销（Synchro-marketing）配合需求，通过灵活定价及有效的促销手段使需求与供给在时空上的矛盾减至最低程度，从而充分利用资源，降低运营成本	同步性营销
下降需求（是指市场对一个或几个产品的需求呈下降趋势的情况。很多下降需求是由于消费者需求的变化、新产品的替代引起的）	恢复需求：营销者要分析需求下降的原因，思考能否通过开辟新的目标市场、改变产品特色或采用更有效的促销手段来重新刺激需求，扭转需求下降的趋势	恢复性营销
过度需求（是指市场对某产品的需求超过了企业所能或所愿提供的产品数量）	限制需求：营销者的任务是实施"逆营销"（Demarketing），即想办法降低消费者的需求水平，例如，可以提高产品的价格	限制性营销
潜在需求（是指顾客对产品存在强烈需求，而现在的产品不能满足这种需求，如人们对无害香烟的需求）	实现需求：营销者首先要正确评估潜在市场的容量，努力研究开发有效的产品来满足这种潜在需要，使之成为现实需求	开发性营销
无需求（是指目标市场对产品毫无兴趣或漠不关心，其主要原因在于消费者没有把商品的功效与自己的利益联系在一起）	激发需求：营销管理的任务是设法把产品的好处和消费者的自然需要、兴趣联系起来，刺激需求，使原来无需求的消费者产生需求	刺激性营销
负需求（是指绝大多数人讨厌某种产品，甚至愿意付出一定代价来回避这种产品，负需求产生的原因可能是消费者认为产品的价格太高或对商品缺乏了解）	扭转需求：营销者的任务是分析市场为什么不喜欢这种产品，通过重新设计产品、降低价格和更积极的营销方案，改变消费者的态度和信念，使之成为企业的现实顾客	扭转性营销

二、市场营销学的形成和发展

市场营销学诞生于西方国家，在经济高速发展中逐渐形成并日趋成熟。几十年来，随着社会经济及市场经济的发展，市场营销学发生了根本性的变化，从传统市场营销学演变为现代市场营销学，其应用从营利组织扩展到非营利组织，从西方国家扩展到世界各地。当今，市场营销学已成为同企业管理相结合，并同经济学、行为科学、人类学、数学等学科相结合的综合应用学科。其发展大致经历了如下四个阶段。

（一）初创阶段

市场营销学于19世纪末到20世纪20年代在美国创立，源于工业的发展。早在1902年，美国密歇根大学、加州大学和伊利诺伊大学的经济系就开设了市场学课程，以后相继在宾夕法尼亚大学、匹兹堡大学、威斯康星大学开设此课。在这一时期，出现了一些市场营销研究的先驱者。哈佛大学的教授赫杰特齐走访了大企业主，了解他们如何进行市场营销活动，并于1912年出版了第一本销售学教科书，它是市场营销学作为一门独立学科出现的里程碑。这一阶段的市场营销理论同企业经营哲学相适应，即同生产观念相适应。其依据是传统的经济学，是以供给为中心的。

这时，市场营销学的研究特点是：

（1）着重推销术和广告术，没有出现现代市场营销的理论、概念和原则；

（2）市场营销理论还没有得到社会和企业界的重视。

（二）应用阶段

20世纪20年代至第二次世界大战结束为市场营销学的应用阶段，此阶段市场营销的发展表现在应用上。市场营销理论研究开始走向社会，逐渐被广大企业界所重视。美国市场营销协会的成立意味着形成了全国范围的市场营销研究中心。世界范围内的经济危机的爆发推动了市场营销学的研究进程，使之走向了世界。1952年，《美国经济中的市场营销》一书全面地阐述了市场营销如何分配资源，如何指导资源的使用，尤其是指导稀缺资源的使用；市场营销如何影响个人分配，而个人收入又如何制约市场营销；市场营销还包括为市场提供适销对路的产品等。同年，市场营销界杰出学者美国人梅纳德和贝克曼在他们共同出版的《市场营销学原理》一书中提出了市场营销的定义，认为它是"影响商品交换或商品所有权转移，以及为商品实体分配服务的一切必要的企业活动"。梅纳德归纳了研究市场营销学的五种方法，即商品研究法、机构研究法、历史研究法、成本研究法和功能研究法。

由此可见，这一时期已形成市场营销的原理及研究方法，传统市场营销学已形成。

（三）发展阶段

这是从传统的市场营销学转变为现代市场营销学的阶段。20世纪50年代后，随着第三次科技革命的兴起，劳动生产率空前提高，社会产品数量剧增，商品花色、品种不断翻新，市场供过于求的矛盾进一步激化，原有的只研究在产品生产出来后如何推销的市场营销学显然不能适应新形势的需求，许多市场学者纷纷提出了生产者的产品或劳务要适合消费者的需求与欲望，以及营销活动的实质就是企业对于动态环境的创造性的适应的观点，并通过他们的著作予以论述。从而使市场营销学发生了一次变革，企业的经营观点从"以生产为中心"转变为"以消费者为中心"，市场成了生产过程的起点而不仅仅是终点，市场营销也就突破了流通领域，延伸到生产过程及售后过程；市场营销活动不仅是推销已经生产出来的产品，更是通过对消费者的需要与欲望的调查、分析、判断和通过企业的整体协调活动来满足消费者的需求。

（四）提升阶段

进入20世纪70年代，市场营销学更紧密地结合经济学、哲学、心理学、社会学、数学及统计学等学科，成为一门综合性的应用科学，并且出现了许多分支，例如，消费心理学、广告学、市场调研与预测学等。现在，市场营销学无论是在国外还是在国内都得到了广泛的应用。20世纪80年代至今为市场营销学的成熟阶段，表现在：

（1）与其他学科关联；

（2）开始形成自身的理论体系，开始进入现代营销领域，使市场营销学的面貌焕然一新。

任务二　市场营销观念

【任务引例】

日本著名的大仓饭店是世界上独具一格的高级饭店，是真正的"家外之家"。大仓饭店有一条不成文的信条，"顾客永远是正确的"。大仓饭店的职工都受到过严格的训练，必须诚心诚意地接受每个顾客的意见和建议，使顾客的要求尽可能得到满足，由此使该饭店成为名副其实的"顾客之家"。

一、市场营销观念的演变

企业的营销活动总是受一定的营销观念支配。所谓市场营销观念，是指企业开展营销活动的基本指导思想和经营哲学。企业的市场营销活动是在特定的市场营销观念指导下进行的，它是企业营销活动的出发点，对营销的成败具有决定性的影响，市场营销观念是一定的社会经济运行的产物，它不是一成不变的，会随着经济的发展而不断演变。纵观西方发达国家的市场营销历史我们可以发现，市场营销观念的演变可大致分为五个阶段，各个阶段皆有其发生的历史背景及任务。市场营销观念的演变受内外环境的影响，它的演变是动态的，是顺应竞争潮流的。归纳起来，市场营销观念在演变过程中主要出现了以下两类。

（一）以企业为中心的传统观念

1. 生产观念

生产观念是市场营销观念中最古老的的观念之一，产生于20世纪20年代以前。当时生产力水平较低，产品大多是生活、生产必需品，产品供不应求，选择性少，销售不成问题。

该市场营销观念的指导思想是以生产为中心。企业的重心在于有效地利用资源，提高劳动生产率，降低成本，大量生产。企业追求的是最低成本、最大产量、最大销售额和最多利润。生产观念的著名口号是"我生产什么，消费者就买什么"。

2. 产品观念

产品观念出现在生产观念的后期，消费者总是喜欢在同样的价格水平下选择质量高的产品，即那些质量高、款式新、有特色的产品。产品观念坚信企业只要提高产品的质量、增加产品的功能便会吸引顾客。其典型形式是"酒香不怕巷子深"。产品观念容易使人患上营销近视症。产品观念以品质为中心，企业管理重心在于产品创新和不断提高产品质量。

【小资料】

营销近视症（Marketing Myopia）是著名的市场营销专家、美国哈佛大学管理学院李维特教授在1960年提出的一个理论。营销近视症就是指企业把主要精力放在产品上或技术上，而不是放在市场需要（消费需要）上，其结果是企业丧失市场，失去竞争力。一旦有更能充分满足消费者需要的新产品出现，现有的产品就会被淘汰。

美国爱尔琴钟表公司自1869年创立到20世纪50年代，一直被公认为是美国最好的钟表制造商之一。该公司在市场营销管理中强调生产优质产品，并通过由著名珠宝商店、大百货公司等构成的市场营销网络分销产品。1958年之前，公司销售额始终呈上升趋势，但此后其销售额和市场占有率开始下降。造成这种状况的主要原因是市场形势发生了变化：这一时期的许多消费者对名贵手表已经不感兴趣，而趋于购买那些经济、方便、新颖的手表；而且，许多制造商为了迎合消费需要，已经开始生产低档产品，并通过廉价商店、超级市场等大众分销渠道积极推销，从而夺走了爱尔琴钟表公司的大部分市场份额。爱尔琴钟表公司竟没有注意到市场形势的变化，依然迷恋于生产精美的传统样式手表，仍旧借助传统渠道销售，认为自己的产品质量好，顾客必然会找上门。结果致使企业经营遭受重大挫折。

---

3. 推销观念

推销观念又称销售观念，是以销售为中心的企业指导思想。推销观念产生于20世纪30年代后期，由于科技进步和科学管理的广泛应用，生产大规模发展，产量迅速增加，从卖方市场向买方市场过渡，逐渐出现某些产品供过于求的现象。该市场营销观念以销售为中心，认为消费者存在购买惰性心理，企业的重心在推销上，用尽各种推销手段和推销工具,通过提高销售量而获利,不管产品是否符合消费者的需要。推销观念的著名口号是"我卖什么,消费者就买什么"。

这种营销观念比以前有所进步——开始重视广告和推销技术,但是仍然是以企业或生产为中心。

(二)以顾客为中心的现代营销观念

1. 市场营销观念

市场营销观念的基本思想是以满足消费者需求为出发点,认为企业实现目标的关键在于正确确定消费者的需求和欲望。发现消费者需求,满足消费者需求。该观念产生于20世纪50—70年代,是在买方市场形成后产生的。消费者需求是市场营销活动的起点及中心,企业的任务在于认清消费者的需求,比竞争对手更快地开发产品以满足市场需要。市场营销观念的著名口号是"消费者需要什么,我就生产什么"。

市场营销观念的出现使企业的经营观念发生了根本性的变化,也使市场营销发生了一次革命,从本质上讲是消费者主权论在企业营销管理中的体现。

2. 社会营销观念

社会营销观念是20世纪70年代出现的新观念。它强调企业不仅要满足消费者需求,而且要关注消费者总体和整个社会长远利益;不仅要满足消费者的当前需求,而且要树立经济和社会的可持续发展的观念。在当时的经济和社会背景下,人们认为单纯的市场营销观念不能解决消费者的当前需求和社会长远发展的矛盾,企业必须以兼顾顾客眼前利益和长远利益、顾客个人利益和社会整体利益为中心而开展营销活动。企业要统筹兼顾三方利益,即企业利润、消费者需要的满足和社会利益。

【小思考】

汉堡包很好吃,很受一部分人的欢迎。然而,却也遭到了公众的批评,人们认为长期吃汉堡包对身体健康是有害的,容易引起高血脂、高血压、心脏病等疾病。请你从社会营销观念的角度出发,分析汉堡包公司应确立什么样的营销导向,从而改进自己的产品。

从上述五种观念可以看出工商企业逐渐从小发展壮大的成长历程,同时其观念也在不断进步,由以企业为中心、以生产为中心的旧观念逐渐转变成兼顾企业、消费者和社会三方利益,以社会和消费者需求为中心的新观念,这是历史发展的必然结果,新旧营销观念的比较见表1-2。

表 1-2　新旧营销观念比较

营销观念		出发点	策　略	方　法
旧观念	生产观念	产品	提高生产效率，增加产量，降低价格竞争	坐店等客
	产品观念	产品	提高产品质量	坐店等客
	推销观念	产品	加强推销	派员销售，广告宣传
新观念	市场营销观念	市场需求	发现和满足消费者需求	通过满足消费者需求而获利
		企业利益		
	社会营销观念	市场需求	整体营销	通过满足消费者需求、满足社会利益而获利
		企业利益		
		社会利益		

二、市场营销观念的新发展

市场营销观念在经历了几个阶段之后，随着实践的发展不断深化。国内外关于市场营销观念的新发展主要包括为以下几种。

（一）文化营销观念

所谓文化营销观念，是指企业成员共同默认并在行动上实施的形成一种文化氛围的营销观念。文化走进营销，营销融入文化。文化营销是把商品作为文化的载体，通过市场交换进入消费者的意识，它在一定程度上反映了消费者对物质和精神追求的各种文化要素。企业卖的是什么？麦当劳卖的仅是面包加火腿吗？答案是否定的，它卖的是快捷时尚个性化的饮食文化。就是说，文化营销是企业有意识地通过发现、甄别、创造某些核心价值观念，对目标消费者加以因势利导，从而达成企业目标的一种营销理念。文化营销的创新点在于将对文化差异、不同文化发展的关注注入营销全过程中，使文化因素渗透于营销活动的始终，最终表现为商品中蕴含着文化，经营中凝聚着文化。

（二）体验营销观念

随着人们生活水平和生活质量的提高，现代社会中人们的消费观念不再停留于仅仅获得更多的物质产品以及获得产品本身；相反，消费者购买商品越来越多地是出于对商品象征意义和象征功能的考虑，即人们更加注重通过消费获得个性的满足。企业要想在市场上立于不败之地，就必须根据消费者需求的新特点，引导和创造满足个性需求的市场。于是，体验营销应运而生。体验营销就是企业以满足消费者的体验需求为目标，以服务产品为舞台，以有形产品为载体，生产经营高质量的体验产品，通过对事件、情景的安排和对特定体验过程的设计，让消费者沉浸于体验过程中，引爆他们心中的欲望，产生美妙而深刻的印象，并使其获得最大程度上的精神满足的过程。与传统营销相比，体验营销的创新在于：传统营销更多专注于产品的特色与消费者的利益，体验营销则把焦点集中在顾客体验上。

(三) 整合营销

整合营销是一种对各种营销工具和营销手段的系统化结合，根据环境变化对营销观念进行即时性的动态修正，以使交换双方在交互中实现价值增值的营销理念与营销方法。整合就是把各个独立的营销活动综合成一个整体，以产生协同效应。这些独立的营销活动包括广告、直接营销、销售促进、人员推销、包装、事件、赞助和客户服务等。

首先，整合营销的目标是对消费者的需求反应最优化，把精力浪费降至最低。在这个意义上才能实现理想的营销哲学：营销需要综合考虑更多的目标消费者的点滴需求。

其次，整合营销应该和消费者本身有关，也就是需要全面地观察消费者。一名消费者不仅仅是在某个时间购买企业产品（如防晒霜）的个人，消费者的概念更为复杂。例如，购买防晒霜的同一位消费者很可能购买其他的产品来搭配使用；购买衣服的消费者也要为购买的衣服搭配合适的鞋，这些都是经常发生的事情。因此，多角度地观察消费者将会为企业创造更多的销售机会，使得消费者不是"一次性购买"或重复购买同一商品。

最后，整合营销必须考虑到如何与消费者沟通。消费者和品牌之间其实有很多"联络点"或"接触点"，这不是单靠媒介宣传所能达到的。例如，消费者在使用产品时、打开包装见到产品时、拨打销售电话等都是一种沟通，消费者之间相互交谈往往也会产生"病毒传播"般的销售机会。

任务三　市场营销组合

【任务引例】

海尔集团的成功，与其成功的营销战略密不可分。该企业的洗衣机的营销组合策略主要包括五个方面。

1. 定价定位

在国内市场冰箱大战、空调大战、彩电大战愈演愈烈的条件下，许多厂商都采取了降价销售、买一送一、清仓大甩卖、特价销售等促销手段。该企业似乎总是远离降价，其产品都始终如一地保持着较高的价格。然而，该企业的市场占有率却始终占据市场的前几名。这一切，都是其坚定地实施品牌战略的结果。凭借良好的品牌形象打价值战，而不是打价格战，这正是该企业高人一等的地方。

2. 品牌战略

该企业品牌策略的核心是凸显服务优势和强调技术与创新。在缺乏诚信和好的服务理念的时期，该企业的策略是更加关注服务；而在服务差异越来越小的时代，该企业则更注重创新。

3. 销售特色

如果说服务也是产品的话，那么该企业的销售服务就是产品中的精品。与消费者之间零距离,随时了解他们的想法,及时跟踪服务,把服务向全方位拓展,这就是海尔的服务精神。

4. 渠道管理

为了实现自身与渠道的双赢,该企业实行了个性化营销,根据不同渠道的特点,进行专业化的分工。针对不同的代理,制定了不同的代理政策,提供不同的支持。

5. 产品差异化

该企业认为,市场的地域广大,不同地区、不同区域的特点不同,不同的消费者有不同的消费需求,并且消费者的需求会不断变化。所以,市场的差异性要求不断开发出差异化的产品,让高、新、全的产品满足不同地区不同层次消费者的需求,才能在市场竞争中不断创造市场和扩大市场份额。于是,该企业针对不同地区、不同环境和不同消费群体,开发出层出不穷的"差异化"产品。

(资料来源:李定川.海尔洗衣机的营销组合策略[J].企业改革与管理.2012(6):73—74.有删改)

所谓市场营销组合,是指企业根据目标市场需要,全面考虑内、外部影响因素,将企业可控因素加以最佳组合和应用,以取得最佳效益。

一、4P营销理论及其演变

在20世纪50年代初,根据需求中心论的营销观念,美国市场营销学者麦卡锡把企业开展营销活动的可控因素归纳为四类,即产品(Product)、价格(Price)、销售渠道(Place)和促销(Promotion),因此,提出了市场营销的4P组合。到20世纪80年代,随着大市场营销观念的提出,人们又提出了应把政治力量(Political Power)和公共关系(Public Relation)也作为企业开展营销活动的可控因素加以运用,为企业创造良好的国际市场营销环境,因此,就形成了市场营销的6P组合。

到20世纪90年代,又有人认为上述中的6P组合是战术性组合,企业要有效地开展营销活动,还要有为人们(People)服务的正确的指导思想以及正确的战略性营销组合[市场调研(Probe)、市场细分(Partition)、市场择优(Priority)、市场定位(Position)]的指导。

这战略性的4P营销组合与为人们服务的正确的指导思想和战术性的6P组合就形成了市场营销的11P组合。

二、4C营销理论

20世纪90年代,美国市场学家罗伯特·劳特伯恩提出了以"4C"[顾客(Customer)、成本(Cost)、便利(Convenience)、沟通(Communication)]为主要内容的市场营销组合,即4C营销理论。4C营销理论提出,针对产品策略,应更关注顾客的需求与欲望;针对价格策略,应重点考虑顾客为得到某项商品或服务所愿意付出的代价;并强调促销过程应是一个与顾客保持双向沟通的过程。

4C营销理论以顾客的需求为导向，但顾客的需求有其是否合理的问题。顾客总是希望买到质量好、价格低的商品，特别是在价格上，其要求是无界限的。如果只看到满足顾客的需求这一面，企业必然付出更大的成本，久而久之会影响企业的发展。所以，从长远来看，企业经营要遵循双赢的原则，这是4C营销理论需要进一步解决的问题。

4C营销理论总体上虽是4P营销理论的转化和发展，但被动适应顾客需求的色彩较浓。随着市场的发展，需要在企业与顾客之间建立起层次更高、更有效的、有别于传统营销的新型的主动性关系，如互动关系、双赢关系、关联关系等。

三、4R营销理论

针对4C营销理论的缺陷，美国学者舒尔茨提出了4R［关联（Relevance）、反应（Reaction）、关系（Relationship）和回报（Reward）］营销理论，阐述了一个全新的营销四要素。

1. 与顾客建立关联

在竞争性市场中，顾客具有动态性。顾客忠诚度是变化的，是会转移到其他企业上的。提高顾客的忠诚度，赢得长期而稳定的市场，重要的营销策略是通过某些有效的方式在业务、需求等方面与顾客建立关联，形成一种互助、互求、互需的关系。

2. 提高市场反应速度

在如今供求相互影响的市场中，对于经营者来说最现实的问题不在于如何制订、控制和实施计划，而在于如何站在顾客的角度倾听顾客的呼声，及时地了解顾客的需求并迅速做出反应，满足顾客的需求。

3. 维护与客户的关系

在企业与客户的关系发生了本质性变化的市场环境中，抢占市场的关键已转变为与顾客建立长期而稳固的关系，从交易变成责任，从顾客变成用户，从管理营销组合变成管理和顾客的互动关系。

4. 获得客户的回报

对于企业来说，市场营销的真正价值在于其为企业带来短期或长期的收入和利润的能力。

4R营销理论的最大特点是以竞争为导向，在新的层次上概括了营销的新框架。4R营销理论根据市场不断成熟和竞争日趋激烈的形势，着眼于企业与顾客互动与双赢，体现并落实了关系营销的思想。通过关联、反应、关系和回报，提出了如何建立关系、长期拥有客户、保证长期利益的具体操作方式。

当然，4R营销理论同任何理论一样，也有不足和缺陷，如与顾客建立关联、关系需要实力基础或某些特殊条件，并不是任何企业都可以轻易做到的。但是，4R营销理论提供了很好的思路，是经营者和营销人员都应当了解和掌握的。

4P、4C、4R三种营销理论之间不是取代关系，而是完善、发展的关系。由于企业层次不同，情况千差万别，市场、企业营销还处于发展之中，所以至少在一定的时期内，4P营销理论还是营销的一个基础框架，4C营销理论也是很有价值的理论和思路。4R营销理论不是取代4P、4C两种营销理论，而是在其基础上的创新与发展。

【项目知识结构图】

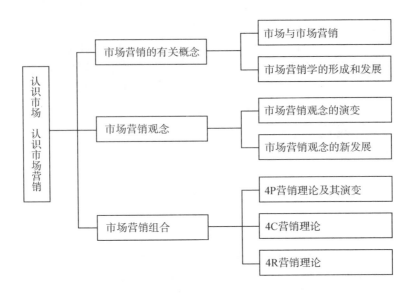

【延伸阅读】

在20世纪60年代以前,"日本制造"往往是"质量差的劣等货"的代名词。首次进军美国市场的日本××汽车,同样难逃美国人的冷眼。于是,该公司不得不卧薪尝胆,重新制定市场营销策略。他们投入大量的人力和资金,有组织地收集市场信息,对美国市场及消费者行为进行深入研究,去捕捉打入市场的机会。在美国的小型车市场上,也并非没有竞争对手,德国的大众牌小型车在美国就很畅销。该公司雇用美国的调查公司对大众牌汽车的用户进行了详尽的调查,充分掌握了大众牌汽车的长处和缺点,例如,除了车型满足消费者需求之外,大众牌汽车的高效、优质的服务网打消了美国人对外国车维修困难的疑虑;暖气设备不好、后座空间小、内部装饰差是众多用户对大众牌汽车的抱怨。

于是,该公司决定生产适合美国人需要的小型车,以大众牌汽车为目标,取其长处,克服其缺点,生产出了"××牌"小型车。该车的性能比大众牌汽车高两倍,车内装饰也高出一截,连美国人个子高、手臂长、需要驾驶空间大等因素都考虑进去了。

市场调查和市场细分只解决了"生产什么和为谁生产"的问题,要真正让顾客把车买回家,还需下一番功夫。当时,该公司遇到的问题有三:如何建立自己的销售网络;如何消除美国人心中的"日本货就是质量差的劣等货"的旧印象;如何与德国的小型车抗衡。美国人的质量观是以"产品与设计图纸相一致"为衡量标准,而该公司则是从顾客的立场出发,把"顾客的要求"作为自己提高质量、改进产品的目标。销售人员不厌其烦地面对面征求顾客的意见,以及在生产中广泛开展合理化和质量小组活动,是这一策略得以实现的保证。为了吸引客户,该公司在进入美国市场的早期采用了低价策略,"××牌"小型车定价在2000美元以下,比美国车和德国车都低了很多,连给经销商的赚头也比别的企业多,目的是在人们心中树立起"质优价廉"的形象,以达到提高市场占有率、确立长期市场地位的目的，而不是拘泥于亏与赚的短期利益。

【自测思考】

一、单项选择题

1. 国际知名品牌"胜家"缝纫机在1985年时还生产它们19世纪设计的缝纫机，这表明"胜家"持有的是（　　）营销观念。
   A. 生产导向　　　B. 推销导向　　　C. 市场营销导向　　　D. 产品导向
2. 夏季，波司登羽绒服通过打折等促销措施而出现了淡季热销的局面。可见，该厂家深刻领悟到羽绒服的需求属于（　　）。
   A. 潜在需求　　　B. 充分需求　　　C. 不规则需求　　　D. 过量需求
3. 许多冰箱生产厂家近年来高举"环保""健康"旗帜，纷纷推出无氟冰箱。它们所奉行的市场营销管理哲学是（　　）。
   A. 推销观念　　　B. 生产观念　　　C. 市场营销观念　　　D. 社会营销观念
4. 作为市场营销理论的核心和基础的概念是（　　）。
   A. 市场　　　　　B. 交换　　　　　C. 需求　　　　　　D. 促销
5. 从古至今许多经营者奉行"酒香不怕巷子深"的经商之道，这种市场营销管理哲学属于（　　）。
   A. 推销观念　　　B. 产品观念　　　C. 生产观念　　　D. 市场营销观念

二、多项选择题

1. 生产观念产生和流行的客观经济条件是（　　）。
   A. 产品供不应求　　B. 产品供过于求　　C. 产品质量高　　D. 产品成本高
2. 市场营销观念的类型主要包括（　　）。
   A. 生产观念　　　　　　　B. 产品观念　　　　　C. 推销观念
   D. 市场营销观念　　　　　E. 社会营销观念
3. 作为一个市场，至少包括相互联系、相互制约的以下因素（　　）。
   A. 有某种需要的若干人群　　B. 有可供交换的商品　　C. 有一定的购买力
   D. 有适当的交换场所　　　　E. 有购买商品的欲望
4. 以社会营销观念为指导思想的企业，在制定营销决策时应同时考虑三个方面的因素，包括（　　）。
   A. 重视产品质量　　　　B. 消费者需求的满足　　C. 企业经济效益
   D. 降低成本　　　　　　E. 社会长期整体利益
5. 在卖方市场条件下，一般容易产生（　　）。
   A. 推销观念　　　　　　B. 市场观念　　　　　　C. 市场营销观念
   D. 社会市场营销观念　　E. 产品观念

三、判断题

1. 所谓需求，是指没有得到某些基本满足的感受状态。　　　　　　　　　　　（　　）

2. "一招鲜，吃遍天"是产品观念的体现。（　　）
3. 推销观念更注重卖方需求，而市场营销观念则兼顾买卖双方的需要。（　　）
4. 当多个竞争企业同时存在时，这一市场就是完全竞争性市场。（　　）
5. 市场营销观念和社会营销观念的最大区别在于后者强调了社会和消费者的长远利益。（　　）

四、思考题

1. 试分析"满意的顾客就是最好的广告"这句话。
2. 市场营销观念对企业的经营活动有什么指导意义？
3. 如何理解"没有饱和的市场，只有饱和的思想"这句话？

【实训项目】

实训一：案例分析

新世纪科技发展公司是一家位于北京高新技术产业开发试验区的高科技企业，生产用于人体保健的电子按摩枕，年产值达4.6亿元，利润为3.2亿元。公司由生产部、营销部、行政部组成，各部门经理兼任公司副总，总经理是曾任中科院某研究所所长的李教授。近日来，李教授心绪欠佳，愁眉不展，原因是：本来公司发展十分顺利，可就在前天经理办公会上，生产部经理和营销部经理就营销与生产谁重要的问题发生了争执，而且各不相让，进而"上纲上线"，闹开了矛盾，影响了团结，两人见面都躲着走。调解了半天，也没见什么效果。这样下去，可如何是好？

忽然，李教授眼前一亮：何不利用休整一两天的机会，搞一次营销培训，顺便再开展深入的讨论，统一一下领导层的认识？主讲人就请营销权威高博士，人们都说"外来的和尚会念经"，就让他来说说营销与生产孰轻孰重！

1. 实训内容

以上述案例资料为背景，进行课堂实训练习，使学生从中理解市场营销观念、市场营销在企业经营活动中的重要性。

2. 实训要求和操作步骤

（1）仔细阅读相关理论和背景资料；
（2）以小组为单位，结合案例，讨论市场营销与生产孰轻孰重；
（3）各组采用角色扮演法，分别扮演营销部经理、生产部经理、总经理、营销权威高博士，先形成书面材料，然后以PPT的形式汇报；
（4）结合理论，要求各组能自圆其说，论点、论据及论证要充分。

3. 考核要点

（1）考核学生对市场营销基本概念的掌握情况；
（2）通过PPT演示，考核学生的论点、论证过程和论据的支撑。

实训二：

营销从推销自我开始——一分钟自我介绍

1. 实训内容

学生进行自我介绍训练。

2. 实训要求和操作步骤

每位学生以一分钟为时间限制进行自我介绍（内容包括学生的基本情况的介绍、学习市场营销课程的目标、学习市场营销学想要得到哪些收获，以及对教师教学的建议等），教师对学生的发言情况进行点评。

3. 考核要点

（1）锻炼学生克服胆怯心理，培养学生的口头表达能力、应变能力及自我控制能力。

（2）教师迅速掌握全班学生的情况，以便后期有针对性地组织教学与实践训练活动。

项目二　战略规划与市场营销管理

◇ **学习目标**

1. 知识目标：了解企业战略规划的特征、制定企业战略规划的过程、市场营销管理的步骤、市场营销组合等；理解战略的概念。
2. 能力目标：能够独立思考战略问题，会进行企业战略规划，能实施企业市场营销控制。

◇ **工作任务**

熟悉企业战略规划及其制定过程；掌握市场营销管理的一般过程。

任务一　企业战略规划

【任务引例】

某饮料企业创建于1987年，从3个人、14万元借款白手起家，现已发展成为规模巨大、效益非常好的饮料企业，饮料产量位居世界前列。该企业的快速发展得益于其创始人制定的战略规划。

该企业成立之初以代销汽水、棒冰及文具纸张起家，后来，研制开发了儿童营养口服液，之后，又研发和推出了一系列健康饮料产品，形成了系列化的产品集群。

该企业在不断扩大规模、稳固中国饮料行业龙头地位的同时探索多元化经营，制定新的企业战略规划，寻求更大发展。他们利用企业在资金、品牌等方面的优势，向上下游产业和高新技术产业发展，分别在生物工程领域、高新技术产业和零售业积极进行多元化探索，为企业进一步发展壮大开辟新的道路。经过30余年的发展，该企业除食品饮料研发、制造外，同时有两个精密机械制造公司，自己设计开发、制造模具和饮料生产装备，另外还有印刷厂、香精厂。公司近年开始向菌种、酶制剂、机电等高新技术产业发展，目前已形成自己的菌种资源库，正在建设菌种厂，已开发出节能电机及机器人，成为食品饮料行业少有的具备自行研发，自行设计，自行生产模具、饮料生产装备和工业机器人能力的企业。

随着我国经济体制的改革，市场经济得到发展，社会经济文化日益进步，经济运作方式也发生了质的变化。企业的经营观念、经营目的也随之发生了相应的变化。与之相适应，企业必须依照内外部经营环境发生的深刻变化，重新调整经营指导思想和经营战略。企业在运用各种经营战略从事经营管理与市场营销的过程中，也逐渐形成了一些新的经营指导思想。

一、企业战略规划概述

"战略"一词来源于希腊，是军事用语，指重大的、决定全局的计谋，是指挥军队的艺术及科学。在企业管理中，战略是确定企业长远发展目标、实现长远目标的策略和途径。战略确定的目标必须与企业的宗旨和使命相吻合。战略是一种思想、一种思维方法，也是一种分析工具和一种较长远和整体的规划。

企业的战略规划是指企业在综合分析外部环境和内部资源的基础上所编制的，力求使企业的经营目标、企业资源和外部环境保持动态平衡的整体规划。

企业的生产经营计划指的是以战略规划为基础，对生产经营的各方面所编制的具体实施计划，如市场调研和预测计划、原材料采购计划、产品计划、促销计划、价格计划、渠道计划、储运计划等。战略规划是企业的生产经营计划的前提和基础，企业的生产经营计划是战略规划的具体落实和保证，二者相互制约、相互促进。

二、企业战略规划的特征

企业战略规划具有以下几方面的特征。

1. 全局性

企业战略规划以企业大局为对象，根据企业整体发展的需要而制定。

2. 长远性

企业战略规划既是一家企业谋求长远发展要求的反映，又是这家企业对未来较长时期生存和发展的通盘考虑。

3. 抗争性

企业战略规划是关于企业在激烈的竞争中如何与对手抗衡的行动方案，同时也针对来自各方的冲击、压力、威胁和困难，是迎接这些挑战的基本安排。

4. 纲领性

企业战略规划所制定的是企业整体的长远目标、发展方向、重点及应当采取的基本方针、重大措施和基本步骤。

5. 风险性

企业战略规划着眼于未来，而未来是充满不确定性的。即使是再高明的决策者，利用再先进的预测技术也很难将所有的不确定性因素准确预测并做出准确的判断，这说明任何一种企业战略规划都会具有一定的风险性。

6. 观念性

企业战略规划体现了人们对客观世界以及企业所处的宏观环境、微观环境的认识方式。它以正确的观念作为基础和指导，指引人们向着企业目标而奋斗进取。决策者对客观世界的认识不同，其战略思想也会不同。战略规划的实质在于它同价值观、行为准则等企业精神内容一样为企业全体成员所共享。

以上企业战略规划的基本特征中，全局性指的是战略规划的控制对象，长远性指的是战略规划的时间跨度，纲领性指的是战略规划的作用，抗争性和风险性指的是战略规划的性质，观念性指的是战略规划的导向。只有具备了这六个方面的特征，一个战略规划才能称得上是比较完善的战略规划，只有理解了这六个方面，才能准确把握企业战略规划的内涵。

三、制定企业战略规划的过程

制定企业战略规划的过程，又称战略管理。它是指企业的管理者通过制定企业的任务、目标、业务组合计划和新业务计划，在企业的目标和资源（或能力）与迅速变化的经营环境之间发展和保持一种切实可行的战略适应的管理过程。

（一）规定企业的任务

企业的任务不能仅以利润作为衡量指标，企业的任务必须以企业满足外部环境何种需要的方式来表达。设计企业的任务往往要提出有关的任务报告书。一份有效的任务报告书要具备以下几个方面。

1. 明确企业业务的经营范围

经营范围可通过三个角度加以定位：

（1）所要满足的顾客群，即目标市场；

（2）要满足什么需求；

（3）用什么手段、技术。

传统的确定企业业务经营范围的方式是以产品来表示的，这是不科学的，无法确定企业业务的发展方向。企业的管理者应以满足需求过程来确定企业业务的经营范围。

2. 有可行性

企业的管理者应对任务的可行性进行评价，业务范围不能太广，也不能太狭窄。

3. 富有鼓动性

企业任务的确定必须给全体员工规定目标及其工作的意义，以激发员工的积极性和工作热情。

4. 具有必要的方针政策

企业的管理者要把企业的任务与现代市场营销观念及企业文化结合起来，明确列出完成这些任务的方针和措施。

（二）确定企业的目标或目的

企业的管理层规定了企业的任务之后，还要把企业的任务分解成一套完整的目标体系,使之成为企业各管理层的目标,使每个管理人员都有自己明确的目标,并负起实现这些目标的责任。围绕着企业的各个管理层,企业的任务可分解为各个管理层可操作的目标和目的,并有一系列指标。

1. 利润指标

利润指标有以下三个子指标:

投资收益率＝(纯利润/全部净资产)×100%;

销售收益率＝(纯利润/销售额)×100%;

股份红利率＝(纯利润/全部股份)×100%。

2. 市场占有率和市场份额指标

市场占有率＝(某产品的销售额/同行业同类产品的销售额)×100%;

市场份额＝(某产品的销售额/同行业同类产品的销售额)。

市场占有率能反映企业在市场中的综合竞争能力,市场占有率越高,产品的单位成本就越低。市场份额大的企业就能成为市场领袖或价格领袖,迫使竞争者不得不考虑该企业的战略来制定自己的战略,该企业便取得了主动地位。企业要想实现大市场份额,有时得牺牲短期利润。

3. 销售增长率指标

企业在市场上的销售变化一定程度上反映了该企业的竞争能力,但销售增长率高并不一定说明该企业的经济效益好。销售增长率只是辅助性指标,现在企业较关注市场份额指标。

在上述指标中,市场占有率指标和利润指标比销售增长率指标更能反映企业的经济效益。

确定企业的目标时应注意以下几点。

(1) 目标层次化,有轻重缓急之分;

(2) 目标数量化,目标制定必须相当具体;

(3) 现实性,目标的确定必须考虑企业的实力以及外部环境的机会;

(4) 协调一致性,企业多个目标之间,有时是互相矛盾的,要权衡利弊得失,如市场份额和最大利润,两者要同时实现是不可能的。

(三) 制定企业的业务组合(建立最优的业务产品结构)

在确定了企业的任务和目标之后,就需要对业务组合进行分析和安排。这是制定企业的战略规划的第三个重要步骤。大企业一般都有许多业务部门,经营不同的产品大类和品牌,各个业务部门的增长机会、经营效益是大不相同的。然而,再大的企业,资源也是有限的,必须对这些业务部门的重要性进行权衡,把企业有限的资源用于经营效益最好的业务,或者按重要性的顺序对资源进行合理安排,从而达到优化业务(或产品)组合的目的。企业需要对现有的业务经营结构进行分析、评价,然后发展出相关的战略和策略,确定应该发展何种业务、维持何种业务、收缩何种业务、淘汰何种业务,以建立最优化的业务经营组合。

企业战略规划的重要内容之一,就是要把所有业务分成若干个"战略业务单位"(Strategic Business Unit,SBU),即把一些相关的产品或同时能满足同一类需求的业务划分为一个产品群或业务群。一个战略业务单位可能包括一个或几个部门,或者是某部门的某类产品,或者是某种产品或品牌。战略业务单位被划分出来后,还要对其经营效果加以分析、评价,以便确定哪些单位应当发展、哪些单位应当维持、哪些单位应当减少或淘汰,使企业的资源得到合理的配置。每个战略业务单位都有自身的市场地位,企业可以根据以下两个步骤来分析判断它们并确定其市场地位:(1)先对现有的战略业务单位进行分析、评价,对每种业务进行分类并指出每种战略业务单位的市场地位及其获取利润的潜在能力;(2)发展出相关的战略和策略。

如何对现有的战略业务单位进行分析和评价呢?国际知名企业已经形成了比较成熟的对战略业务单位加以分类和评价的方法,其中最著名的分类和评价方法是美国波士顿咨询集团(Boston Consulting Group,BCG)法和通用电气公司(General Electric Company,GEC)法。

1. 波士顿咨询集团法

波士顿咨询集团法又称波士顿矩阵、四象限分析法、产品系列结构管理法等,是由美国大型商业咨询公司——波士顿咨询集团首创的一种规划企业产品组合的方法。20世纪60年代中后期,美国经济在经历了第二次世界大战后普遍的繁荣时期之后,进入了一个低速、缓慢增长阶段。多数企业面临的问题是:市场容量逐渐趋于饱和;市场需求变化大,产品寿命周期缩短;劳务费用上升和资金流动性差,使企业面临的经营不确定性与不稳定性增强;竞争加剧导致企业平均收益下降。上述情况尤其对跨行业、多种经营类型的企业影响最为显著。为了寻找原因,波士顿咨询集团对美国57个公司的620种产品进行了历时3年的调查,从中发现一个普遍规律:市场占有率高的公司,产品质量高,研究开发及促销费用占销售额的比重高,资金利润率也高;反之,市场占有率低的公司,资金利润率也低。而在差别较大的行业中,可能存在市场占有率低而收益高,或者市场占有率高而收益低的企业类型。问题的关键在于要使企业的产品品种及其结构适合市场需求的变化,只有这样,企业的生产才有意义。如何将企业有限的资源有效地分配到合理的产品结构中去,以保证企业收益,是企业在激烈竞争中能否取胜的关键。对于一个拥有复杂产品系列的企业来说,一般决定产品结构的基本因素有两个,即市场引力与企业实力。市场引力包括企业销售量(额)增长率、目标市场容量、竞争对手强弱及利润高低等,其中最主要的是反映市场引力的综合指标——销售量(额)增长率,这是决定企业产品结构是否合理的外在因素。企业实力包括市场占有率、技术、设备、资金利用能力等,其中市场占有率是决定企业产品结构的内在要素,它直接显示出企业的竞争实力。

图2-1为波士顿咨询集团法的模型。波士顿咨询集团法的矩阵分成四格,每格代表一类业务,对不同业务采用不同的策略。图2-1中的8个圆圈代表企业的8个战略业务单位。这些圆圈的位置表示各战略业务单位的市场增长率和相对市场占有率的高低;各个圆圈的面积大小表示各战略业务单位销售额占企业总销售额的比重。多数企业都是同时经营多项业务,其中有明日黄花,也有明日之星。为了使企业在千变万化的市场机会之间取得好的发展,就必须合理地在各项业务之间分配资源。在此过程中不能仅凭印象,认为哪项业务有前途,就将资源投向哪项业务;而应该根据潜在利润,通过分析各项业务在企业中所处的地位来决定资源的投向。

项目二　战略规划与市场营销管理

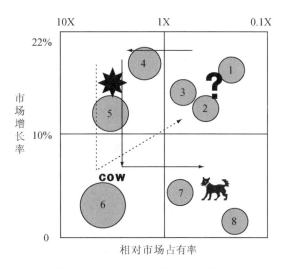

图 2-1　波士顿咨询集团法的模型

图 2-1 中的纵坐标轴代表市场增长率，即产品销售的年增长速度，假设以 10% 为分界线，10% 以上为高增长率，10% 以下为低增长率。横坐标轴代表相对市场占有率，表示企业各战略业务单位的市场占有率与同行业最大的竞争者（即市场上的领导者）的市场占有率之比。假设以 1X 为分界线，1X 以上为高相对市场占有率，1X 以下为低相对市场占有率。如果企业的某战略业务单位的相对市场占有率为 0.1X，则其市场占有率为同行业最大竞争者的市场占有率的 0.1；如果某战略业务单位的相对市场占有率为 10X，则表示其市场占有率为同行业最大的竞争者的市场占有率的 10 倍。

波士顿咨询集团法矩阵把企业所有的战略业务单位分为四种不同的类型：问题类、明星类、金牛类和瘦狗类（如图 2-2 所示）。

图 2-2　波士顿咨询集团法的四种战略业务单位

（1）问题类业务。

这类业务是高市场增长率和低相对市场占有率的业务，大多数业务最初都属于问题类。这类业务往往属于前途未卜的业务，也往往是一个企业的新业务。为发展问题类业务，企业必须跟上迅速发展的市场，并超过竞争对手，这些意味着大量的资金投入。问号非常生动、贴切地描述了企业对待这类业务的态度，因为这时企业必须慎重考虑是否继续投资以发展该业务这个问题。只有那些符合企业发展长远目标、具有资源优势、能够增强企业核心竞争能力的业务才能得到肯定的回答。一个企业往往同时有多项问题类业务，不可能全部投资发展，只能选择其中的一项或几项集中投资发展。然后，企业需要采取发展战略，集中投入现金，增添一些工厂、设备和人员，才能使该业务适应迅速增长的市场，进而把它培育成为明星类业务。图2-1中，企业有3个问题类战略业务单位，这类战略业务单位可能过多。企业管理层必须慎重考虑增加这类战略业务单位的投资是否合算，如果合算，则应努力提高其相对市场占有率，以期将其打造成为明星类业务；如不合算、无发展前途，就应精简或收缩、淘汰一些此类战略业务单位。

（2）明星类业务。

明星类业务是指高市场增长率、高相对市场占有率的业务，这是由问题类业务继续投资发展起来的，可以视为高速成长的市场中的领导者，它将成为企业未来的金牛类业务。但这并不意味着明星类业务一定可以给企业带来滚滚财源，因为市场还在高速成长，企业必须继续投资，以保持与市场同步增长并击退竞争对手。企业如果没有明星类业务，就失去了希望，但"群星闪烁"也可能会耀花了企业高层管理者的眼睛，导致做出错误的决策。如果企业中明星类业务比较多，企业必须具备识别"行星"和"恒星"的能力，将企业有限的资源投入到能够发展成为金牛类业务的"恒星"上。然后，针对这类业务，企业应采取维持战略，投入大量现金，维持市场成长率，保持其市场地位，如进行大量的广告宣传等。

（3）金牛类业务（现金的产出者）。

金牛类业务是指低市场增长率、高相对市场占有率的业务，是成熟市场中的领导者，它是企业现金的来源。当明星类业务的市场增长率下降到10％以下时，就转化为金牛类业务。由于市场已经成熟，企业不必通过大量投资来扩展市场规模；同时，作为市场中的领导者，该业务享有规模经济和高边际利润的优势，因而能给企业带来大量收益。企业往往用金牛类业务来支付账款并支持其他三种需大量现金的业务。图2-1中，企业只有1个金牛类业务，说明该企业的财务状况是很脆弱的。因为，市场环境一旦变化，将导致这项业务的市场份额下降，企业就不得不从其他业务单位中抽回现金来维持金牛类业务的领导地位，否则这个"强壮"的金牛类业务可能就会变弱，甚至成为瘦狗类业务。

（4）瘦狗类业务。

瘦狗类业务是指低市场增长率、低相对市场占有率的业务。一般情况下，这类业务常常是微利甚至是亏损的。图2-1中，企业有2个瘦狗类业务。一个企业中，这类业务单位不宜过多，否则将会拖累企业的整体运营状况。瘦狗类业务存在的原因更多是由于感情上的因素，虽然一直微利经营，但像人对养了多年的狗一样恋恋不舍而不忍放弃。其实，瘦狗类业务通常要占用很多资源，如资金、管理部门的时间等，多数时候是得不偿失的。因此，管理者应考虑对其采用清理变卖、放弃等策略。

企业要树立最优化的业务经营组合概念，明星类业务、金牛类业务应在整个业务结构中占较大的比重，而问题类业务、瘦狗类业务应在整个业务结构中占较小的比重。因此，企业要不断地调整业务结构，发展最佳业务，学会对有关资料进行评价并做出有关决策。

在图2-1中有8个战略业务单位，其中明星类业务有2个，金牛类业务有1个，瘦狗类业务有2个，问题类业务有3个。该企业的经营状况不容乐观，金牛类的这个战略业务单位规模最大，所提供的现金可支持其他战略业务单位。但该企业问题类战略业务单位过多，有 3 个；瘦狗类战略业务单位也较多，有 2 个，2 个明星类战略业务单位规模较大，所要付出的投入比重也就会相对较多。因此，该企业应采取一些措施解决问题类和瘦狗类战略业务单位的问题，以免负担过重，影响企业的经营和发展。

波士顿咨询集团法可以帮助我们分析一个企业的投资业务组合是否合理。如果一个企业没有金牛类业务，说明它当前的发展缺乏现金来源；如果一个企业没有明星类业务，说明该企业在未来的发展中缺乏希望。一个企业的业务投资组合必须是合理的，否则必须加以调整。在明确了各项战略业务单位在企业中的不同地位后，就需要进一步明确战略。通常有四种战略分别适用于不同的业务。

(1) 发展战略。

这种战略的目标是提高战略业务单位的相对市场占有率，为了达到这个目标，企业有时甚至不得不放弃短期收入。这种战略主要针对有发展前途的问题类业务和明星类业务中的"恒星"业务，因为这类战略业务单位如果继续得到大量投资，可扩大市场份额，从而使其转入明星类战略业务单位或金牛类战略业务单位。

(2) 维持战略。

这种战略的目标是维持现状，保持战略业务单位现有的市场份额。这种战略主要针对强大稳定的金牛类战略业务单位，因为这类战略业务单位能为企业带来大量收益。

(3) 收获战略。

这种战略的目标是在短期内尽可能地得到最大限度的现金收入，增加战略业务单位的短期现金流量，而不顾长期效益，实质上是一种榨取。这种战略适用于弱小、处境不佳的金牛业务，因为这类战略业务单位很快要从成熟期进入衰退期，前途暗淡，企业需要在其衰退之前从中获取更多的收益。此外，这种战略也可以用于没有发展前途的问题类战略业务单位和瘦狗类战略业务单位。

(4) 放弃战略。

这种战略的目标是出售和清理某些业务，将有限的资源转移到更有利的、经营效益较高的业务领域，从而增加盈利。这种战略特别适用于无利可图或妨碍企业增加盈利的瘦狗类战略业务单位和问题类战略业务单位。

波士顿咨询集团法可以提高管理人员的分析能力和战略决策能力，帮助他们以前瞻性的眼光看问题，更深刻地理解企业各项业务活动的联系，从而加强业务单位和企业管理人员之间的沟通，使企业的管理人员能及时调整企业的业务投资组合，收缩或放弃萎缩业务，加强在更有发展前景的业务中的投资。同时，我们也应该看到这种方法的局限性：评分等级过于宽泛，可能会造成两项或多项不同的战略业务单位位于一个个象限中；评分等级带有折中性，使很多战略业务单位位于矩阵的中间区域，难以确定使用何种战略；难以同时顾及两项或多项战略业务单位平衡。因此，使用这种方法时要尽量收集更多资料，全方位地分析问题，避免因方法的缺陷造成决策的失误。

2. 通用电器公司法

通用电器公司法较波士顿咨询集团法有所发展。它用"多因素投资组合矩阵"来对企业战略业务单位加以分类和评价（如图 2-3 所示）。通用电器公司法认为，企业在对其战略业务单位加以分类和评价时，除了要考虑市场增长率和相对市场占有率之外，还要考虑许多其他因素。这些因素可以分别包括在行业吸引力和业务力量这两个主要变量中。

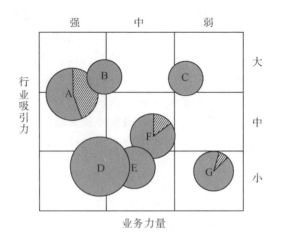

图 2-3 通用电器公司法

图 2-3 中,纵坐标轴表示行业吸引力,以小、中、大概括地表示。行业吸引力的大小取决于下列因素:

(1) **市场规模**。市场规模越大的行业,行业吸引力越大。
(2) **市场年增长率**。市场年增长率越高的行业,行业吸引力越大。
(3) **利润率**。利润率越高的行业,行业吸引力越大。
(4) **竞争强度**。竞争越激烈的行业,行业吸引力越大。
(5) **季节性**。受季节影响越小的行业,行业吸引力越大。
(6) **周期性**。受周期影响越小的行业,行业吸引力越大。
(7) **规模经济效益**。单位产品成本有可能随着经营管理经验的增长而降低的行业,行业吸引力大;反之,则行业吸引力小。
(8) **学习曲线**。单位产品成本随生产和分销规模的扩大而降低的行业,行业吸引力大;反之,则行业吸引力小。

图 2-3 中,横坐标轴表示企业战略业务单位的业务力量,即竞争能力,以强、中、弱概括地表示。影响业务力量的因素有:

①**相对市场占有率**。相对市场占有率越大,业务力量越强。
②**价格竞争力**。价格竞争力越大,业务力量越强。
③**产品质量**。产品质量越高,业务力量越强。
④**对顾客的了解程度**。对顾客了解程度越深,业务力量越强。
⑤**推销效率**。推销效率越高,业务力量越强。
⑥**地理优势**。市场位置的地理优势越大,业务力量越强。

企业将上述两类因素通过评估逐一打出分数,最高分数为 5 分,再按其重要性分别加权合计,求出多个变量的加权平均数,就可以算出行业吸引力和企业业务力量的数据。在图 2-3 中,行业吸引力分为大、中、小 3 个档次,企业的业务力量分为强、中、弱 3 个档次,共有 9 个方格,可分成 3 个区域。

第一区域:由左上方 3 个方格组成,即"大强""大中""中强" 3 个格,这是最佳区域。对这个区域的战略业务单位,企业应该追加投资,实施"拓展"战略,促进其进一步发展。

第二区域：由对角线上的 3 个方格组成，即"小强""中中""大弱"3 个格，这是中等区域。对这个区域的战略业务单位，企业应该采取"维持"战略，即维持现有投资水平，不增不减。

第三区域：由右下角 3 个方格组成，即"小中""小弱""中弱"3 个格，这是行业吸引力和企业业务力量都低的区域。对这个区域的战略业务单位，企业应采取"收割"和"放弃"的战略，收回现有投资或不再追加投资。

在图 2-3 中，A—G 7 个圆圈分别代表企业的 7 个战略业务单位。圆圈的大小表示其所在行业的规模大小，圆圈中的阴影部分表示该战略业务单位在本行业中所占的市场份额。

根据上述的分类、评价和战略，企业管理层还需要绘制出各个战略业务单位的计划位置图，并依据它来决定各个战略业务单位的目标和资源分配预算。企业各管理层和市场营销人员要贯彻、落实好管理层的计划。

（四）制定企业的增长战略

企业的最高管理层制定了企业的业务组合之后，还应对未来的业务发展方向做出战略规划。因为产品是具有生命周期的，在一定时期内，企业的预期销售额和盈利水平总是会出现低于企业希望达到的水平的情况，故企业需要制定增长战略，不断推出新业务，制定出新的战略规划。

企业的增长战略（即新业务计划）主要有三种。

1. 密集增长战略（Intensive Growth）

企业在现有市场中，现有产品还有潜力，还有尚未完全开发的市场机会的情况下，可采用此战略。企业通过产品与市场的对应关系，可将这一战略分为以下三种。

（1）市场渗透（Market Penetration）。

市场渗透是指企业采取种种措施，在现有市场上扩大现有产品的销售量，增加市场份额。市场渗透主要有以下三个途径。

①企业千方百计使现有顾客多购买现有产品，加快使用及废弃速度，开发新用途。例如，使用广告语：我天天洗头，你呢？×××木糖醇，记得饭后嚼两粒。

②吸引竞争对手的顾客，使其购买本企业的现有产品，如使用降价、功能开发等方法。

③想办法在现有市场上把产品卖给从未买过本企业产品的顾客。

（2）市场开发（Market Development）。

市场开发是指企业把现有产品卖给新细分市场上的新顾客，可以是区域性的市场，如农村市场。

（3）产品开发（Product Development）。

产品开发是指企业向现有市场提供新产品或改进后的产品，如智能扫地机器人。

2. 一体化增长战略（Integrative Growth）

如果企业所在行业本身很有发展前景，而且企业可以做到：对中间商和供应商进行控制、提高生产效率、提高营利能力和控制能力，则应实行一体化增长战略，以促进销售量的增长，增加盈利。该战略是一种将营销活动扩展到供产销各环节的战略，具体包括以下三种方法。

（1）后向一体化（Backward Integration）。

后向一体化是指企业通过收购或兼并若干原材料供应商，拥有或控制其供应系统，实现供产一体化的增长战略。例如，某啤酒厂原来向其他的大麦生产基地（农场）购进大麦，现在通过参股控制了某大麦生产基地。

（2）前向一体化（Forward Integration）。

前向一体化是指企业通过收购或兼并若干个中间商，以控制其分销系统，从而控制销售渠道，增加企业的营销、销售实力，实现产销一体化的增长战略。例如，某矿山集团兼并了某冶炼厂。

（3）水平（横向）一体化（Horizontal Integration）。

水平（横向）一体化是指企业通过收购或兼并与其相关的竞争企业，合资经营或共同经营某一产品，横向扩大企业销售渠道的增长策略。例如，大钢铁厂收购小钢铁厂。

3. 多角化增长战略（Diversification Growth）

多角化也称多元化或多样化，多角化增长战略是指企业尽量增加产品种类，跨行业向不同行业、不同市场开发、生产、经营不同产品或服务，把经营地盘伸展到各个领域，将企业的特长、人力、物力、财力充分发挥和利用，从而提高经营效益的增长战略。多角化增长战略主要有以下三种方式。

（1）同心多角化（Concentric Diversification Growth）。

同心多角化，即企业以现有产品及其相关技术为核心，不断向外拓展业务范围，利用原有技术、特长、经验等发展新产品，增加产品种类，从同一圆心向外扩大业务经营范围。同心多角化的特点是原产品与新产品的基本用途不同，但有着较强的技术关联性。这是面临不同的顾客层的一种多角化增长战略。例如，小汽车制造商延伸制造农用车。

（2）水平多角化（Horizontal Diversification Growth）。

水平多角化，即企业以稳定现有顾客为核心，不断向他们提供一系列新产品，即企业利用原有市场，采用不同的技术来发展新产品，增加产品种类。这些新产品与现有产品无太大关联。水平多角化的特点是原产品与新产品的基本用途不同，但存在较大的市场关联性，企业可以利用原来的分销渠道销售新产品。例如，原来生产某品牌汽车的企业又投资手机项目。

（3）跨行业（集团）多角化（Conglomerate Diversification Growth）。

跨行业（集团）多角化，即企业开发的产品与现有产品、技术、顾客毫不相关，产品之间也很少具有相关性，即大企业收购、兼并其他行业的企业，或者在其他行业投资，把业务扩展到其他行业中去。它是实力雄厚的大企业或集团经常采用的一种战略。例如，美国通用电器于20世纪80年代收购了美国的一家保险公司和美国无线电公司，从而从单纯的工业生产行业进入金融服务业和广播电视行业。

多角化增长战略是大型企业或集团发展的重要战略选择。在美国，特别是20世纪60年代以后，多角化增长战略越来越得到普遍采用，成为企业或集团发展壮大的一种典型方式。

任务二 市场营销管理

【任务引例】

互联网已经渗透到我们生活的方方面面，信息的主动权正转移到终端用户手中，能否满足用户的需求甚至将直接决定企业的生死存亡。某企业在此时提出"人单合一双赢"理论。"人"，即员工，"单"不是狭义的订单，而是用户需求。"人单合一"即让员工与用户融为一体。而"双赢"则体现为员工在为用户创造价值的过程中实现自身价值。在"人单合一双赢"理论下，该企业加快自身体系结构转型，使员工摆脱传统企业上下级的枷锁，在自己的店内有自己的想法与决策权，打破了以往的上下级、员工、用户及合作方等混乱而有冲突的关系，真正形成了从"唯尊是从"到"唯用户是从"的关系转变，从而使该企业平台通过用户交互，推出更多、更具创新能力的产品与服务。

企业战略规划规定了企业的各项任务和目标，为了实现这些任务和目标，企业必须十分重视市场营销管理，根据市场需求的现状与趋势制订计划、配置资源。通过有效满足市场需求来赢得竞争优势，从而求得生存与发展。

企业市场营销管理的目的在于使企业的营销活动与复杂多变的市场营销环境相适应，这是企业经营成败的关键。

一、市场营销管理的概念

市场营销管理是指企业为达成自身的目标，辨别、分析、选择和发掘市场营销机会，规划、执行和控制企业市场营销活动，实现企业任务和目标的全过程。即企业与最佳的市场机会相适应的过程。

二、市场营销管理的步骤

企业市场营销管理包含四个紧密联系的步骤：分析市场机会、选择目标市场、确定市场营销组合和实施市场营销控制。

（一）分析市场机会

分析市场机会是企业市场营销管理过程的第一步骤。所谓市场机会，是市场上未满足的需要。哪里有未满足的需要，哪里就有做生意赚钱的机会。市场机会又可分为环境机会和企业机会。市场上一切未满足的需要都是环境机会，但不是任何环境机会都能成为某一企业的营销机会，即企业机会。在竞争激烈的买方市场，有利可图的营销机会并不多。企业必须对市场结构、消费者、竞争者行为进行调查研究,识别、评价和选择市场机会。

1. 企业分析并获得市场机会的方法

对于市场,很多人往往以地理概念来对其进行区分,例如,东北市场、华北市场、华南市场等,他们通常不喜欢分析不同层次的消费者并以此来构建消费市场。由于各个国家和区域经济发展不平衡,不同国家和区域的市场会有所不同,同一地区各个行业也存在一定的差异;又由于人们在收入条件、风俗、宗教信仰、教育程度、年龄等方面都有差异,所以,不同的人群将构成不同市场,对产品的需求也不同。什么是潜在市场?潜在市场就是客观存在的市场,但是这个市场还没有被认识。有些企业未进行市场研究就大批量地生产某种产品,殊不知,市场容量总是有限的,盲目生产必然导致产品过剩、滞销。有些人想把潜力市场开发出来,但由于没有足够的研究,结果往往收效甚微。为了找出潜在市场,除了要充分认识当前形势外,也应该按照经济发展规律来预测未来的发展趋势。

企业市场营销管理者可以采取以下方法来探寻和发现市场机会。

(1) 广泛收集市场信息。

企业市场营销管理人员要不断提升自己的知识和技能,通过各种途径来寻求、发现、开发新的市场机会,例如,可以通过信息平台、参加展销会、举行研讨会以及和消费者进行有效沟通等手法来开发市场。

(2) 借助产品/市场发展矩阵。

企业市场营销管理人员也可以使用产品/市场发展矩阵来寻找、发现市场机会。经验表明,这是企业寻找、发现市场机会的一个很实用的方法。

(3) 市场细分。

企业市场营销管理人员也可以通过市场细分来找寻、发现最好的市场机会,以便拾遗补阙。

2. 企业要对市场机会进行合理的评估

企业市场营销管理者不仅要善于寻找市场机会,而且还要善于对已发现的市场机会进行评估,以确定哪些市场机会可能会成为一个有利可图的机会。因为一些看似有吸引力的市场机会可能并不适合本企业。

在现代市场经济中,市场机会能不能为本企业所用,不仅取决于该企业是否有适应这个市场机会的任务和目标,而且也取决于该企业是不是有能力、有优势把握这个市场机会,还取决于该企业利用这种市场机会的潜力是否比其他的竞争对手更大。企业应该善于通过发现消费者现实的和潜在的需求来寻找各种"环境机会",即市场机会;而且应当通过对各种"环境机会"的评估,来确定哪些机会最适合本企业。企业的市场营销管理者应做到以下几点:①充分重视市场营销调研,及时开展市场营销调研;②调查研究市场上需要什么,需要多少,谁需要;③预测需求的发展趋势;④调查研究哪些因素将影响市场需求和企业的营销活动,是有利影响还是不利影响;⑤对企业的自身能力、市场竞争地位、优势与弱点等进行全面、客观的评价;⑥检查市场机会与企业的宗旨、目标与任务的一致性,对可能的各种机会和挑战灵敏地做出反应。企业的市场营销管理过程可以把企业的营销活动和外界市场变化结合起来,以促使营销活动适应市场的变化,而这个过程也提升了企业自身的实力。我们可以把企业的市场营销活动看成是一个系统化的工程,市场营销管理过程就是这个系统工程的方法和手段,运用这个手段就可以分析和发现市场机会,进而把这种机会转化为营销机会。

总而言之，企业市场营销管理者要具备对市场机会进行评价的能力，要选择那些和自己企业的任务、目标、资源相协调的市场机会，同时还要选择具备竞争优势的机会，从而使得这种市场机会真正变为企业机会。企业市场营销管理者还要对有吸引力的市场机会进行评估，也就是要对市场机会做进一步的调研，研究谁购买这些产品，他们愿意花多少钱，他们买多少，谁是竞争对手，需要怎样的分销渠道等。此外，企业的财务部门和生产部门要对成本进行估算，以做出对市场机会的最后评估，判断它们是否可以成为一个有利可图的商业机会。企业市场营销管理者在发现、评价市场机会和目标市场选择的过程中，不仅要了解、分析市场营销环境和各种市场环境，而且还要进行市场调研、信息收集和市场预测，以此来决定企业应该在哪些新产品上下功夫，企业应该把哪个或哪些市场作为目标市场。

（二）选择目标市场

所谓目标市场，是指企业决定进入的目标客户群市场，也是企业发挥优势、为之服务的市场。对市场机会进行评估后，企业市场营销管理者就需要研究和选择企业的目标市场，对企业要进入哪个市场或者某个市场的哪个部分做出选择，目标市场的选择是企业市场营销管理的重要内容。

在现代市场经济中，无论什么样的产品，在市场上都有一定的客户群，这些客户群分布不同，需求也不同。所以，一般来说，不管多么大的企业都无法满足所有顾客群的所有需求。企业为了提高运作效率，就必须细分市场，并根据自己的任务目标、资源和特点等进行利弊的权衡，最终决定进入某个或某些细分市场中发展。企业在决定进入哪些细分市场时，还要考虑以下几种常用的策略。

1. 无差异市场营销策略

无差异市场营销策略是企业在细分市场后，不考虑市场的特点，只注重市场的共性，决定只推出单一的产品，使用单一的营销组合，努力使自己尽可能地在一定程度上适合更多的客户需求的营销策略。这种策略的优点是企业的产品品种、规格以简约的风格生产，有利于标准化和大规模生产，有助于降低科研、生产、库存、运输、推广和其他费用。主要缺点是单一的产品被广泛出售以后，很难受到所有买家的欢迎。特别是当行业中已经有几家企业实施了无差异市场营销策略时，因为产品没有较大差异，所以细分市场的竞争将越来越激烈。因此，往往是越大的细分市场，利润越小。企业要充分意识到这一策略的不足之处，提高进入到更小的子市场的意识。

2. 差异市场营销策略

差异市场营销策略是一个企业决定为几个子市场提供服务，设计不同的产品，同时在产品销售渠道、促销和定价等方面也做出相应的修改，以满足每个子市场的需求的营销策略。差异市场营销策略的优点是如果某企业的产品能在几个细分市场都占有优势，这将增加消费者对该企业的信任，从而提高消费者的重复购买率。同时，各种渠道和多样化的产品线的销售，通常会使企业的总销售额增加。差异市场营销策略的主要缺点是会使企业的生产成本和营销成本增加。有些企业曾实施"超级细分战略"，即将许多市场过分细分，从而导致产品价格上升，销售量和利润受到影响。由此，"反市场细分"的策略应运而生。

反市场细分主要的目的是将很多过于小的市场组合起来，以便形成合理的价格来满足这些市场的需要。

3. 集中市场营销策略

集中市场营销策略是一个企业把一个或几个细分市场作为目标市场，把自己所有的力量和资源集中于此，试图以较少的细分市场抢占较大的市场份额的营销策略。采用这种市场营销策略的企业一般都是一些资源有限的中小型企业，或第一次进入一个新的市场的企业。由于服务对象都集中在一个或几个特定的细分市场，所以对该细分市场的客户需求有更深入的了解，并且在生产和销售方面更加专业，可以使企业更容易在这个（或这些）特殊的市场上占有有利位置。因此，如果能正确选择细分市场，企业就可以得到更高的投资回报。然而，实施集中市场营销策略也有很大的风险，因为目标市场比较狭窄，一旦市场情况突然恶化，企业的发展就会受到影响。

综合来看，以上三个选择目标市场的营销策略各有优劣。企业为了在市场上占有有利地位，获得竞争力，在选择目标市场时，除了考虑以上三个营销策略外，还要考虑以下几个方面的因素。

1. 企业资源

如果一个企业资源丰富，则可以考虑采用差异市场营销策略；否则，最好选择无差异市场营销策略或集中市场营销策略。

2. 产品同质化

具有较大的通用性的产品，即国际化程度高的产品，一般采用无差异市场营销策略；反之，对于差异较大的产品，应该采用差异市场营销策略。

3. 市场同质性

如果市场中顾客在同一时期具有相同的喜好，甚至购买相同数量的产品，并具有相同的市场营销刺激，可视为同质化的市场，这种情况下应该采用无差异市场营销策略；相反，如果市场需求不同，则是异质市场，宜采用差异市场营销或集中市场营销策略。

4. 产品的生命周期阶段

企业生产新的产品后，为了获得营销效果，最好采用无差异市场营销策略，也可以根据特定市场采用集中市场营销策略，这都有利于巩固和引导消费者的偏好。

5. 竞争对手的战略

一般来说，企业在目标市场的选择上要与竞争对手有所不同，应该反其道而行之。如果竞争对手采用无差异市场营销策略，该企业则最好采用集中市场营销策略或差异市场营销策略。若竞争对手是比较弱的企业，也可以采用与之相同的市场营销策略，以自身的竞争力来赢得市场竞争。

（三）确定市场营销组合

在企业市场营销管理过程中，市场营销策略的制定体现在市场营销组合上。市场营销组合是企业为实现企业战略而采取的市场营销策略和有效手段、方法。随着市场营销学研究的不断深入，市场营销组合的内容也在不断发展和完善，从"4P""6Ps"到"11P"，随后又有人提出了"4Cs"和"4R"理论。

市场营销组合是企业可控因素多层次的、动态的、整体性的组合，具有可控性、复合性、动态性和整体性的特点。它必须随着不可控的环境因素的变化和自身各个因素的变化，灵活地组合与搭配。

（四）实施市场营销控制

市场营销控制就是对企业总体战略、市场营销的战略规划以及具体的策略的执行过程进行监测和管理，主要包括：了解和检查企业的目标、任务与发展战略与市场营销环境是否相适应；考察产品、价格、渠道和促销等营销组合策略是否有效；通过开展监测和管理，及时发现问题，促使企业及时调整和修订原有的决策。

【项目知识结构图】

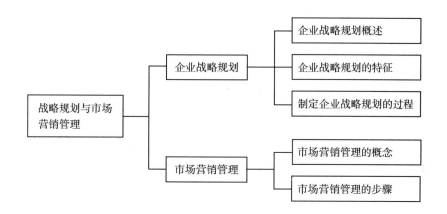

【延伸阅读】

《华为的企业战略》，作者李正道等，由海天出版社出版。该书理论与实际相结合，从企业战略着手，通过展示"战略定位""国际化战略""客户战略""竞争战略"等诸多华为式战略，使读者对华为公司的战略规划获得一个全新的认识。

【自测思考】

参考答案

一、单项选择题

1. 在微波炉行业，格兰仕占了较大的市场份额，根据波士顿咨询集团法，微波炉是格兰仕的（　　）战略业务单位。

A. 问题类　　　　　　　　B. 明星类
C. 金牛类　　　　　　　　D. 瘦狗类

2. 山东"三联"企业经营的业务是家电销售，近年触角伸向餐饮、房地产、旅游等业务，这种多角化增长方式属于（　　）。

A. 集团多角化　　　　　　B. 同心多角化

C. 水平多角化 D. 关联多角化

3. 天津某电脑公司计划在本地市场提高市场份额，同一产品除巩固老顾客外，欲争取更多新顾客购买本公司的产品。这种策略称为（　　）。

A. 市场渗透 B. 市场开发
C. 产品开发 D. 多样化经营

二、多项选择题

1. 企业战略规划的特征有（　　）。
A. 长远性 B. 全局性
C. 风险性 D. 抗争性

2. 波士顿咨询集团法采用（　　）进行评价。
A. 市场增长率 B. 相对市场占有率
C. 发展水平 D. 绝对市场占有率

3. 目标市场的选择策略包括（　　）。
A. 集中市场营销策略 B. 无差异市场营销策略
C. 差异市场营销策略 D. 补缺策略

三、思考题

1. 企业战略规划的特征有哪些？
2. 市场营销管理包括哪些主要步骤？

【实训项目】

1. 实训内容

企业战略规划的制定。

2. 实训要求和操作步骤

(1) 以 4～6 人为小组学习单位，确定企业并收集资料；

(2) 分析资料，开展讨论。制定一个简单的企业战略规划；

(3) 确定发言人，并由发言人介绍本组制定的企业战略规划。

3. 考核要点

(1) 制定企业战略规划的过程是否符合要求；

(2) 评价学生制定的企业战略规划的可行性、科学性；

(3) 考核学生的分析、计划和写作能力。

项目三 市场营销环境分析

◇ **学习目标**

1. 知识目标：了解企业的市场营销环境对企业市场营销活动的影响；理解市场营销环境变化时企业的对策；掌握市场营销宏观环境、微观环境的具体内容。
2. 能力目标：能运用所学的知识对企业营销环境进行分析。

◇ **工作任务**

某企业市场营销宏观环境与微观环境的分析。

任务一 市场营销宏观环境的分析

【任务引例】

美国有家洋娃娃公司，制造了一种美丽迷人的洋娃娃，在美国市场上十分畅销。然而这些洋娃娃被运到德国以后，却无人问津。美国人对此迷惑不解。

通过调查，他们终于发现，这种洋娃娃的神态和模样在德国是坏女孩的形象，使德国的女性很反感，因此难以打开销路。得知这一消息后，公司决策层立即做出决定，按照德国女性的审美情趣改变了洋娃娃的形象。改变形象后的洋娃娃被推向市场，立即受到了德国消费者的欢迎。

不同国家、不同民族有着不同的审美观，更有着不同的生活背景、消费习惯等，企业的生产和经营必须要适应目标市场的营销环境。

市场营销环境是指影响和制约企业市场营销活动的条件和因素的总和。市场营销宏观环境是指直接影响和制约企业市场营销活动的条件和因素，主要包括人口环境、经济环境、社会文化环境、政治与法律环境、科学技术环境、自然环境等。

一、分析人口环境

人口是构成市场营销宏观环境的第一因素。因为人口的多少直接决定市场的潜在容量,人口越多,市场规模就越大。而人口的其他指标,如年龄结构、地理分布、婚姻状况、出生率、死亡率、人口密度、人口流动性及其文化教育等,也都会影响企业的市场营销活动。

(一)人口数量及其增长速度

人口数量是决定市场规模的一个基本要素,根据一个地区的人口数目可大略推算出该地区的市场规模。一般情况下,人口数量多或增长速度快的地区,一方面,资源的人均占有量较低,这会给企业的生产和经营带来困难;另一方面,众多人口又预示着该地区是一个巨大容量的、有发展潜力的市场,其中蕴藏着无限商机。企业应了解目标发展地区的人口数量及其增长速度,从中发掘各种未满足的需求,从而开拓目标市场,扩大企业经营规模。

(二)人口结构

人口结构主要包括人口的年龄结构、性别结构、家庭结构以及民族结构。

1. 年龄结构

不同年龄的消费者对商品的需求不一样。一般情况下,儿童喜欢新奇好玩的玩具;青少年需要学习用品及流行商品;中年人喜欢实用大方的商品;老年人则侧重于营养保健方面的商品。随着我国"全面两孩"政策的实施,今后一段时间,儿童用品和少年学习用品及结婚用品的需求将明显增长。目前我国人口老龄化现象十分突出,而且人口老龄化速度将大大高于西方发达国家。反映到市场上就是老年人保健用品、营养品、老年人生活必需品等市场将会兴旺。因此,企业应充分认识这一趋势,抓住机会,开发经营产品,占领市场。

2. 性别结构

人口的性别不同,其市场需求也会有明显差异。男性与女性在消费心理、消费行为、购买商品类别、购买决策等方面有很大的不同。例如,我国市场上,妇女通常购买自己(或儿童)的用品、杂货、衣服等。在分析购买习惯和购买行为差别的基础上,市场已经开始出现男性用品市场和女性用品市场。企业应认真分析目标市场的性别结构,以占有更多的市场份额。

3. 家庭结构

家庭是购买、消费的基本单位。家庭结构将直接影响以家庭为基本消费单位的商品的销售情况。近年来,世界上普遍呈现家庭规模缩小的趋势,越是经济发达地区,家庭规模就越小。这必然引起对炊具、家具、家用电器和住房、汽车等的需求的迅速的增长,并且要求这些产品更加小型精巧,以适应小家庭的需要。

4. 民族结构

不同民族的生活习性、文化传统各不相同。如我国是一个多民族的国家,除了汉族以外，还有55个少数民族。汉族与其他少数民族之间的习惯有很大的差别，不同少数民族之间的习俗也有很大的差别。因此，企业的营销人员要注意民族市场的营销，重视开发适合目标市场民族特性的商品。

（三）人口分布及地区间的流动

人口分布是指人口在一定时间内的空间存在形式和分布状况，是受自然、社会、经济和政治等多种因素作用的结果。随着世界范围的工业化和城市化进程的加速，社会、经济和政治等因素对人口分布的影响越来越大。世界人口的水平分布很不均匀，按纬度地带来说，主要分布在20°～60°的范围之内。按地区来说，亚洲东南半壁、欧洲以及北美洲东部是三个最大的人口稠密区，其人口数占世界人口总数的70%左右。其余地区，除规模较小的密集区外，大都为人口稀疏区。从区域来看，亚洲人口占世界人口的50%以上。

我国人口分布也不平衡，表现为东南地区多，西北地区少；沿海多，内陆少。人口的流动仍然活跃。原国家卫生和计划生育委员会流动人口司发布的《中国流动人口发展报告2016》显示，2015年，我国流动人口规模达2.47亿人，占总人口的18%，相当于每6个人中有1个是流动人口。未来一二十年，我国仍处于城镇化快速发展阶段，按照《国家新型城镇化规划》的进程，2020年我国仍有2亿以上的流动人口。"十三五"时期，人口继续向沿江、沿海、沿主要交通线地区聚集，超大城市和特大城市人口继续增长，中部和西部地区省内流动农民工比重明显增加，中心城市以外的其他城市和地区吸纳省内农村户籍流动人口的比例在增加，逐渐成为吸收省内农村户籍流动人口的主要地区。在流动人口中，流动老人规模不断增长，照顾晚辈、养老与就业是老人流动的三大原因。这些因素均会影响流动地区的市场需求。

二、分析经济环境

经济环境是指影响企业营销活动的购买力因素，包括社会经济发展水平、消费者的收入、消费者的消费支出模式、消费者的储蓄和信贷情况等内容。

（一）社会经济发展水平

企业的营销活动受到一个国家或地区的整个经济发展水平的制约。以消费者市场来说，经济发展水平较高的地区，消费者更注重产品的款式、性能及特色；而经济发展水平低的地区，消费者则较侧重于产品的功能及实用性。因此，在经济发展水平不同的地区，企业应采取不同的市场营销策略。

（二）消费者的收入

消费者的收入是指消费者个人从各种来源中得到的全部收入。消费者的购买力来自于消费者的收入，但消费者并不会把全部收入用来购买商品或劳务，购买力只是收入的一部分。

从企业的市场营销角度来讲，我们必须把消费者的收入区分为以下两个部分来考察。

1. 个人可支配收入

这是在个人收入中扣除税款等后所得余额,它是个人收入中可以用于消费支出或储蓄的部分,构成消费者的实际的购买力。

2. 个人可任意支配收入

这是在个人可支配收入中减去用于维持个人与家庭生存不可缺少的费用(如房租、水电、食物、燃料、衣着等项开支)后剩余的部分。这部分收入是消费需求变化中最活跃的因素,也是企业开展营销活动时所要考虑的主要对象。消费者的这部分收入越多,企业的营销机会也就越多。因为这部分收入主要用于满足人们基本生活需要之外的开支,一般用于购买生活非必需品,如购买高档耐用消费品、旅游等。

(三)消费者的消费支出模式

消费者的消费支出模式是指消费者各种消费支出的比例关系,也就是常说的支出结构。随着消费者收入的变化,消费者支出模式及消费结构也会发生相应的变化。在西方国家,一些经济学家用恩格尔系数来反映这种变化。

$$恩格尔系数 = 食物支出额 / 个人消费交易 \times 100\%。$$

恩格尔认为,当一个家庭的收入越少时,其总支出中用来购买食物的比例就越大;随着家庭收入的增长,用于购买食物的支出占总支出的比例将会下降,而用于其他方面的开支(如通信、交通工具、娱乐、教育、保健等)和储蓄所占的比重将会上升,这就是恩格尔定律。

食物支出数额占消费总额的比重越大,恩格尔系数就越高,生活水平就越低;反之,食物支出数额占消费总额的比重越小,则恩格尔系数就越小,生活水平就越高。恩格尔系数反映了人们收入增加时支出变化的一般趋势,已成为衡量一个国家、地区、城市、家庭生活水平高低的重要参数。

(四)消费者的储蓄和信贷情况

消费者的购买力还要受其储蓄和信贷情况的直接影响。消费者的收入不可能全部花掉,总有一部分以各种形式储蓄起来,它是随时可以变成现金的潜在的购买力。在一定时期内,消费者的储蓄越多,现实的消费就越少,但潜在的购买力就越大。所以,企业营销人员应当了解消费者的储蓄情况,尤其是要了解消费者储蓄目的的差异,从而制定不同的营销策略,为消费者提供有效的产品和劳务。

所谓消费者信贷,是指消费者先凭信用取得商品的使用权,然后,再按一定的约定分期偿还贷款的行为。消费者信贷对其购买力的影响与消费者储蓄正好相反,它是消费者未来购买力的提前使用,目的主要是为了能在短期内或提前购买到大型商品,如住房、汽车等。目前,消费者信贷主要有以下几种形式。

1. 短期赊销

短期赊销的时间一般为一个月,可以不计利息,主要用于零售商店等。例如,消费者在某家零售商店购买商品时,这家商店规定无须立即付清货款,有一定的赊销期限,如果顾客在期限内付清货款,就不计利息;如果超过期限还未付清货款,则要计利息。

2. 房产分期付款

这是指消费者在购买房产时，仅需支付一部分房款，但须以所购买的房产作为抵押，向银行借款购买，以后按照借款合同规定在若干年内分期偿还银行贷款和利息。

3. 高档消费品分期付款

这是指消费者先付一部分货款获得所需商品，然后，按照约定时间加息分期偿还货款。例如，消费者在某商店购买昂贵的家具时，通常签订一个分期付款的合同，先支付一部分货款，其余货款按计划逐月加息分期偿还。

4. 信用卡信贷

信用卡有两大类：一类是由大百货公司、超级市场发给顾客的，顾客可凭卡在这些商店赊销购买商品，以后再分期付款；另一类是由各类金融机构签发的信用卡，顾客凭卡到与发卡银行（公司）签订合同的任何商店、饭店、医院、航空公司等企业、单位去购买商品，钱由发卡银行（公司）先垫付给这些企业、单位，然后再向赊款人收回。发卡银行在这些企业、单位与顾客之间起中间担保人的作用。随着我国经济的发展和人民生活水平的提高，信用卡信贷在我国发展迅速，这是企业在考察消费者信贷情况时必须着重注意的一个方面。

三、分析社会文化环境

市场营销学中所说的社会文化因素，一般指在一种社会形态下形成的价值观念、风俗习惯、宗教信仰等各种被社会所公认的行为规范。文化对企业营销的影响是多层次、全方位的。企业的市场营销人员应分析、研究和了解社会文化环境，以针对不同的文化环境制定不同的营销策略。

（一）价值观念

价值观念是指人们对社会生活中各种事物的态度、评价和看法。不同的文化背景下，人们的价值观念相差很大，价值观念决定了人的自我认识，直接影响和决定一个人的理想、信念、人生目标和追求的方向，同时，也反映人们的认识和需求。针对具有不同价值观念的消费者，企业的营销策略也应有所差别。

（二）风俗习惯

风俗习惯是指人们根据自己的生活内容、生活方式和自然环境，受一定社会物质生产条件长期影响，并世代相袭而形成的一种风尚。不同国家、不同民族有不同的风俗习惯，如西方国家的人们以超前享受为消费的主流，而我国人民长期以来形成积蓄的习惯，并注重商品的实用性；西方人的饮食追求营养、方便，中国人的饮食注重口感，风味等；在西方，圣诞节前会形成食品、日用品和礼品的销售高峰，在我国，春节前及劳动节、国庆节等节日一般会形成家用电器或其他商品的购买高峰。

每个民族都有自己的喜好和禁忌，企业的市场营销人员在开展营销活动时应做到入境问俗，了解不同国家和地区人们的传统喜好和禁忌。

（三）宗教信仰

宗教是构成文化的重要方面，宗教信仰对市场营销也有一定的影响，特别在一些信奉宗教的国家和地区，其影响力会更大。宗教对市场营销的影响主要受到宗教的分布、宗教要求和标志、宗教组织和派别等因素的影响，企业的市场营销人员应了解宗教的分布、宗教的信仰和禁忌，发挥宗教组织和派别的作用来开展营销活动。

四、分析政治与法律环境

政治与法律是影响企业市场营销的重要的宏观环境因素。政治因素像一只有形之手，调节企业市场营销活动的方向，法律则为企业规定商贸活动行为准则。政治与法律相互联系，共同对企业的市场营销活动发挥影响和引导作用。

（一）政治环境

政治环境指企业市场营销活动的外部政治形势和状况，以及国家方针政策的变化对市场营销活动带来的或可能带来的影响。

在国内，安定团结的政治局面不仅有利于经济的发展和人们收入的增加，而且会影响人们的心理状况，导致市场需求发生变化。党和政府的方针、政策规定了国民经济的发展方向和速度，也直接关系社会购买力的提高和市场消费需求的增长变化。

对国际政治环境的分析，应了解"政治权力"与"政治冲突"对企业市场营销活动的影响。政治权力对企业市场营销活动的影响主要表现在有关国家通过采取某种措施限制外来企业及产品的进入，如进口限制、外汇控制、劳工限制、绿色壁垒，等等。政治冲突则指的是国际上的重大事件和突发性事件，这类冲突即使在以和平和发展为主流的时代也从未绝迹过。这种冲突对企业市场营销活动的影响或大或小，或意味着机会，或产生巨大的威胁。

（二）法律环境

法律环境是指国家或地方政府颁布的各项法规、法令、条例等。对企业来说，法律是评判企业市场营销活动的准则，只有依法进行的各种市场营销活动，才能受到法律的有效保护。因此，企业开展市场营销活动时，必须了解并遵循国家或政府颁布的有关经营、贸易、投资方面的法律法规。法律环境不仅对企业的市场营销活动产生影响，而且对市场消费需求的形成和实现具有一定的调节作用。企业研究并熟悉法律环境，不仅可以保证自身严格依法经营和运用法律手段保障自身权益，而且还可以通过法律条文的变化对市场需求及其走势进行预测。

各个国家的社会制度不同，经济发展阶段和国情不同，法律制度也不同。从事国际市场营销的企业市场营销人员，必须对相关国家的法律制度和有关的国际法规、国际惯例和准则进行深入的学习研究并在实践中遵循。

> 【小案例】
>
> ### 政治风云导致"米沙"的失败
>
> 1977年,洛杉矶的斯坦福·布卢姆以25万美元买下西半球公司的一项专利,生产一种名叫"米沙"的小玩具熊,用作1980年莫斯科奥运会的吉祥物。此后的两年里,布卢姆先生和他的伊美治体育用品公司致力于"米沙"牌小玩具熊的推销工作,并把"米沙"商标的使用权出让给58家公司。成千上万的"米沙"牌小玩具熊被制造出来,分销到全国的玩具商店和百货商店,十几家杂志上出现了这种带4种色彩的小熊的形象。一开始,"米沙"牌小玩具熊的销路很好,布卢姆预计这项业务的营业收入可达5000万美元到1亿美元。不料,在莫斯科奥运会开幕前,由于苏联拒绝从阿富汗撤军,美国总统宣布不参加在莫斯科举行的奥运会。骤然间,"米沙"牌小玩具熊变成了被人深恶痛绝的象征,布卢姆的营利计划成了泡影。

五、分析科学技术环境

科学技术是社会生产力中最活跃的因素,它与其他环境因素相互依赖、相互作用,影响企业的市场营销活动。科学技术环境的变化,尤其是新科学、新技术的发展,会对整个社会经济产生促进作用,创造出新的需求。这既会给企业市场营销造就机会,又会带来威胁,因此,每一种新技术都是"创造性破坏"的因素。例如,晶体管冲击了电子管,后又被集成电路所取代;复印机取代了复写纸行业;电视拉走了电影的观众等。这种变化对企业的市场营销活动带来了深远的影响。

(一) 新技术引起的企业市场营销策略的变化

新技术给企业带来了巨大的压力,同时也改变了企业生产经营的内部因素和外部环境,从而引起企业市场营销策略的变化,这主要体现在以下几个方面。

1. 产品策略

科学技术的发展使得产品的市场寿命周期缩短。当今社会科学技术突飞猛进,新原理、新工艺、新材料等不断涌现,产品更新换代加快。开发新产品成了企业开拓新市场和赖以生存和发展的根本条件。因此,企业的市场营销人员要不断寻找新市场,预测新技术,时刻注意新技术在产品开发中的应用,赶上技术进步的浪潮,从而开发出给消费者带来更多便利的新产品。

2. 价格策略

科学技术的发展及应用,一方面降低了生产成本,使产品价格下降;另一方面使企业能够通过信息技术加强信息反馈,正确应用价值规律、供求规律、竞争规律来制定和修改价格策略。

3. 分销策略

由于新技术的不断应用,技术环境的不断变化使人们的工作及生活方式发生了重大变化。广大消费者的兴趣、思想等差异扩大，自我意识的观念增强，从而引起分销机构与分销方式的不断变化，大量的特色商店和自我服务的商店不断出现，如20世纪30年代出现的超级市场，40年代出现的廉价商店，六七十年代出现的快餐服务、自助餐厅、特级商店等。在信息技术迅猛发展的今天，网上销售已成为目前企业产品分销的重要途径，同时也引起分销实体流动方式的变化。

4. 促销策略

科学技术的应用往往会引起促销手段的多样化，尤其是广告媒体的多样化和广告宣传方式的复杂化。信息沟通的效率、促销组合的效果、促销成本的降低、新的广告手段及方式将成为今后促销研究的主要内容。

（二）新技术引起的企业经营管理的变化

技术革命是管理改革或管理革命的动力，它向管理提出了新课题、新要求，又为企业改善经营管理、提高管理效率提供了物质基础。目前，许多企业在经营管理中都使用电脑、传真机等设备，这对于改善企业经营管理、提高企业经营效益起到了很大作用。例如，很多企业引进了先进的交互式视频网络技术，利用现代化的网络设施，可以建设出完善的视频会议系统，不仅可以为分公司的员工做在线培训，提高他们的专业素质和业务水平；还可以让分公司与总部进行在线视频会议，总部可以在较短的时间内通过视频会议系统地向分公司传达最新指示，分公司的市场人员也可以通过视频会议向总部汇报最新市场动向、竞争对手情况、客户进展等；而且还可以让外地客商通过视频会议系统直观地了解企业实况，展示最新产品，把企业面貌和产品信息第一时间传达给客户，减免客户以及员工的舟车劳顿之苦，在节省企业费用支出的同时也有利于企业业务的开展。又如，商场、超市的商品包装上都印有条形码，使得结账作业迅速提高，大大提高了收款工作效率，缩短了顾客等候收款时间，提高了服务质量。

（三）新技术对零售商业和消费者购物习惯的影响

新技术的出现不仅带来了生产力的发展，而且也影响消费者的消费观念和生活方式，改变了人们的购物习惯。例如，自动售货机的出现使销售形式得到改变，这种方式对卖方来说，不需要营业人员，只需少量的工作人员补充商品，回收现金，保养、修理机械；对买方来说，购货不受时间限制，在任何时间都可以买到商品。又如，网络销售的出现使消费者足不出户即可完成购物，大大方便了消费者，也改变了消费者的购物习惯和生活方式。

六、分析自然环境

营销学上的自然环境主要是指一个国家或地区的自然物质环境。它是人类最基本的活动空间和物质来源，可以说，人类发展的历史就是人与自然关系发展的历史，自然环境的变化与人类活动休戚相关。20世纪90年代以来，大多数人已认识到，自然环境的恶化已成为企业与公众所面临的一个主要问题。在许多地区，空气与水的污染已达到了相当严重的程度。

（一）自然环境面临的危机

目前，自然环境面临的危机主要表现在以下两个方面。

1. 自然资源逐渐枯竭

传统意义上，人们将地球上的自然资源分成三大类：无限供给的资源，如空气、太阳能等；有限但可再生的资源，如森林、农产品等，这类资源短期内还不会出现大问题，但必须防止过量采伐和侵占；有限又不能再生的资源，如石油、煤及各种矿物，这类资源储量有限，有枯竭的危险。由于现代工业文明对自然资源无限度的索取和利用，导致矿产、森林、能源、耕地等日益枯竭，甚至连以前被认为永不枯竭的水、空气也在某些地区出现短缺。目前，自然资源的短缺已经成为各国经济进一步发展的制约力，甚至是反作用力。

我国是一个幅员辽阔的国家，但由于人口众多，绝大多数资源的人均占有量很低，特别是不可再生资源，越开采，储量越少。这对许多企业的发展是一种威胁；但反过来又迫使人们研究如何合理开发利用和寻找代用品，从而又给许多企业带来新的机会。当然，我国还有不少资源尚未开发或尚未被充分利用，自然资源的使用出现地区间不平衡等现象。

2. 自然环境受到严重污染

随着工业化、城镇化进程的加快，我国的环境污染日趋严重，在许多地区已经严重影响人们的身体健康，如土壤沙化、温室效应、物种灭绝、臭氧层被破坏，等等。环境的恶化正在使人类付出惨重的代价。企业面对的治理污染的挑战将会愈来愈严峻，这对企业的发展当然是一种压力和约束，要付出一定的代价，但也蕴含着若干开发新产品的发展机会。

（二）自然环境的变化对营销的影响

1. 企业经营成本增加

自然环境的变化使企业经营成本增加了，这主要通过两个方面表现出来：一方面，自然资源日趋枯竭和开采成本的提高，必然导致生产成本提高；另一方面，环境污染造成的人类生存危机，使得人们对环境的观念发生改变，环保日益成为社会主流意识，昔日粗放模式下的生产方式必须进行彻底改变，企业不仅要担负治理污染的责任，而且还必须对现有可能产生污染的生产技术和所使用的原材料进行技术改造，而这不可避免地加大了企业的生产成本。

2. 新兴产业市场机会增加

自然环境变化给企业带来的市场机会也主要体现在两个方面：一方面，为了应对环境变化，企业必须寻找替代的能源以及各种原材料，使生产企业面临大量的市场机会；另一方面，促使企业探索其他不破坏环境的方法去制造和包装产品。

任务二　市场营销微观环境的分析

【任务引例】

2017年8月16日，最高人民法院在第一法庭对上诉人广东加多宝饮料食品有限公司（以下简称"加多宝公司"）与被上诉人广州王老吉大健康产业有限公司（以下简称"大健康公司"）、广州医药集团有限公司（以下简称"广药集团"）擅自使用知名商品特有包装装潢纠纷上诉两案进行了公开宣判。最高人民法院终审判决认为，广药集团与加多宝公司对涉案"红罐王老吉凉茶"包装装潢权益的形成均做出了重要贡献，双方可在不损害他人合法利益的前提下，共同享有"红罐王老吉凉茶"包装装潢的权益。

2012年7月6日，广药集团与加多宝公司于同日分别向法院提起诉讼，均主张享有"红罐王老吉凉茶"知名商品特有包装装潢的权益，并据此诉指对方生产销售的红罐凉茶商品的包装装潢构成侵权。广东省高级人民法院一审认为，"红罐王老吉凉茶"包装装潢的权益享有者应为广药集团，大健康公司经广药集团授权生产销售的红罐凉茶不构成侵权。由于加多宝公司不享有涉案包装装潢权益，故其生产销售的一面"王老吉"、一面"加多宝"和两面"加多宝"的红罐凉茶均构成侵权。一审法院遂判令加多宝公司停止侵权行为，刊登声明消除影响，并赔偿广药集团经济损失1.5亿元及合理维权费用26万余元。

加多宝公司不服两案一审判决，向最高人民法院提起上诉。最高人民法院对此认为，结合红罐王老吉凉茶的历史发展过程、双方的合作背景、消费者的认知及公平原则的考量，因广药集团及其前身、加多宝公司及其关联企业，均对涉案包装装潢权益的形成、发展和商誉建树，各自发挥了积极的作用，将涉案包装装潢权益完全判归一方所有，均会导致显失公平的结果，并可能损及社会公众利益。因此，最高人民法院做出了上述判决。

市场营销微观环境与企业的市场营销活动关系紧密，主要包括供应商、营销中介、顾客、竞争者、公众等。

一、分析供应商

供应商是指向企业及竞争者提供生产经营所需资源的企业或个人。供应商对企业的市场营销活动有重要影响，其所供应的原材料数量和质量将直接影响企业所生产产品的数量和质量，所供应原材料的价格会直接影响企业所生产产品的成本、利润和价格。在现代化生产方式下，许多成品、半成品都是由许多企业合作生产的。因此，在寻找和选择供应商时，企业应特别注意两点：第一，必须充分考虑供应商的资信情况，要选择那些能够提供品质优良、价格合理的原材料,交货及时,有良好的信用的供应商,并且要与主要供应商建立长期稳定的合作关系,以保证企业生产资源供应的稳定性;第二,必须使自己的供应商多样化,为了减少供应商对企业的影响和制约,企业要尽可能多地联系供应商,向多个供应商采购,以免过分依赖一家或少数几家供应商,当与之的关系发生变化时,使自己陷入困境。

二、分析营销中介

营销中介是协助企业促销和分销其产品给最终购买者的个人或组织,包括中间商、实体分配机构和营销服务机构。商品经济愈发达,社会分工愈细,中介机构的作用就愈大。随着生产规模的增加,降低产品的配送成本就显得越来越重要,于是适应这种需求的生产性服务行业就得到了发展。这些组织都是市场营销所不可缺少的中间环节,大多数企业的市场营销活动都需要它们的协助才能顺利进行。企业在市场营销过程中,必须处理好同这些中介机构的合作关系。

中间商是指产品从生产者手中传递到消费者手中所要经过的中间环节的企业和个人,主要包括批发商、零售商或经纪人。实体分配机构是指协助生产者储存产品和把产品从原产地运往销售地的企业和个人,主要包括仓储企业和运输企业。营销服务机构是指调研公司、广告公司、市场营销咨询公司、银行、保险公司和信托投资公司等。

三、分析顾客

顾客是企业的目标市场,是企业服务的对象,也是企业市场营销活动的出发点和归宿。企业的一切市场营销活动都要以满足顾客的需要为中心,因此,顾客是企业最重要的环境因素。企业与顾客的关系实质上是一种生产与消费的关系。企业要投入很多的精力去研究顾客的真实需求情况,在产品营销的方方面面都要充分考虑顾客的需求,并尽可能地去满足他们的需求。企业要认真研究自己服务的不同顾客群,研究其类别、需求特点、购买动机等,使企业的市场营销活动能针对顾客的需要,符合顾客的愿望。

四、分析竞争者

竞争者是指那些与本企业提供的产品或服务相似,所服务的目标顾客也相似的其他企业和个人。企业在市场上都会存在一些竞争者,因此竞争是不可避免的。我们可以将企业的竞争者分为四个层次。

1. *产品品牌竞争者*

产品品牌竞争者是指与本企业生产的产品相同,规格、型号等也相同,但品牌不同的竞争者。这是企业最直接而且明显的竞争者。这类竞争者的产品的内在功能和外在形式基本相同,但因出于不同企业之手而品牌不同。有关企业通过在消费者和用户中培植品牌偏好而展开市场竞争。

2. 产品形式竞争者

产品形式竞争者是指生产同种产品，但提供不同规格、型号、款式的竞争者。如自行车既有普通轻便车，又有性能更优良的山地车，企业通过在顾客中发掘和培养品牌偏好来展开市场竞争。

3. 平行竞争者

平行竞争者是指提供能够满足同一种需求的不同产品的竞争者。如汽车、摩托车或自行车都能满足消费者对交通工具的需要，消费者可能选择其中的一种。这三种产品的生产企业存在一种竞争关系，它们由此而成为平行竞争者。

4. 需求愿望竞争者

需求愿望竞争者是指提供不同产品以满足顾客不同需求的竞争者。如房地产公司与汽车制造商为争夺顾客而展开的竞争。顾客现持有的钱有限，若用于购买汽车，则不能用于购买房子，汽车制造商与房地产公司实际是针对购买者当前所要满足的各种愿望展开竞争的。

五、分析公众

公众是指对企业实现市场营销目标的能力具有实际或潜在利害关系和影响力的团体或个人。企业所面临的公众包括金融公众、媒介公众、政府公众、社会公众、社区公众、内部公众、一般公众等七大类。公众对企业的评价和与企业的关系对企业的市场营销活动有着很大的影响。所有的企业都必须采取积极措施，保持和主要公众之间的良好关系。

1. 金融公众

金融公众是指关心并可能影响企业获得资金能力的金融机构，主要包括银行、投资公司、证券经纪行、股东等。它们对企业的融资能力有重要的影响。企业可以通过发布年度财务报告和回答有关财务问题的询问，稳健地运用资金，在金融公众中树立威信。

2. 媒介公众

媒介公众是指那些刊载或播送新闻、特写和社论等的机构，特别是报纸、杂志、电台、电视台等大众传播媒介。它们主要通过社会舆论来影响其他公众对企业的态度。因此，企业必须与媒介公众组织建立友善关系，争取有更多的有利于本企业的新闻、特写以及社论等。

3. 政府公众

政府公众是指负责管理营销业务的有关政府部门。企业管理者在制订市场营销计划时，必须认真研究和考虑政府政策与措施的内容及其发展变化。

4. 社会公众

社会公众是指消费者组织、环境保护组织及其他群众组织等。企业的市场营销活动关系社会各方面的切身利益，必须密切注意来自社会公众的批评意见。

5. 社区公众

社区公众是指与企业所在地临近的居民和社区组织。企业应与他们保持良好的关系。

6. 内部公众

内部公众是指企业内部的公众，主要包括生产一线的职工、职能部门员工以及中高层管理人员、董事会成员等。例如，大公司会通过发行业务通讯和采用其他的信息沟通方法，向企业内部公众通报信息并激励他们的工作积极性。当企业的员工对自己所在的企业感到满意的时候，他们的态度往往会感染企业以外的公众对该企业的认识和评价。

7. 一般公众

一般公众是指除企业所在地附近的居民和社区组织以及企业内部的公众以外的居民、员工或组织团体等。企业需要关注一般公众对企业的产品及经营活动的态度和评价，虽然一般公众并不是有组织地对企业采取行动，但是一般公众对企业的印象却会影响消费者对该企业及其产品的看法。

【项目知识结构图】

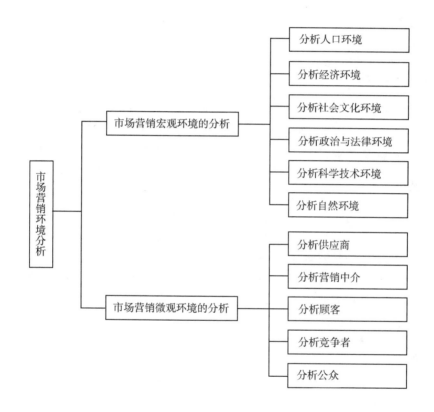

【延伸阅读】

恩格尔系数（Engel's Coefficient）是食品支出总额占个人消费支出总额的比重。家庭收入越少，用来购买食物的支出所占的比例就越大，随着家庭收入的增加，家庭收入所用来购买食物的支出比例则会下降。联合国根据恩格尔系数的大小，对世界各国的生活水平有一个划分标准，即一个国家平均家庭恩格尔系数大于60%为贫穷，50%～60%为温饱，40%～50%为小康，30%～40%属于相对富裕，20%～30%为富足，20%以下为极其富裕。

《经济学人》公布了一份全球22个国家的恩格尔系数，其中美国的恩格尔系数最低，人均每周食品饮料消费43美元，占人均收入的7%；英国人均每周食品饮料消费与美国相同,占人均收入的9%。中国人均每周食品饮料消费9美元,占人均收入的21%。

虽然恩格尔系数理论并不绝对严谨,但也可以从一个侧面衡量一个家庭或一个国家的富裕程度。

我国的恩格尔系数也在持续下降。2017年2月28日,国家统计局发布了《中华人民共和国2016年国民经济和社会发展统计公报》。公报显示,2016年我国经济总体保持了平稳运行的态势,经济增长质量提高,就业稳定增加,价格温和上涨。2016年全年居民消费价格上涨2.0%,涨幅比2015年提高0.6个百分点,但总体呈现温和上涨的态势。恩格尔系数继续下降。2016年,全国居民恩格尔系数为30.1%,比2015年下降0.5个百分点,接近联合国划分的20%~30%的富足标准。

【自测思考】

参考答案

一、单项选择题

1. （　　）是向企业及竞争者提供生产经营所需资源的企业或个人。
   A. 供应商　　　B. 中间商　　　C. 广告商　　　D. 经销商
2. （　　）就是企业的目标市场,是企业服务的对象,也是营销活动的出发点和归宿。
   A. 产品　　　B. 顾客　　　C. 利润　　　D. 细分市场
3. 恩格尔定律表明,随着消费者收入的提高,恩格尔系数将（　　）。
   A. 越来越小　　　B. 保持不变　　　C. 越来越大　　　D. 趋近于零
4. 下列不属于市场营销微观环境的是（　　）。
   A. 零售商　　　B. 政府公众　　　C. 人口环境　　　D. 顾客
5. 旅游业、体育运动业、图书出版业及文化娱乐业为争夺消费者一年内的支出而相互竞争,它们彼此之间是（　　）。
   A. 需求愿望竞争者　　　　　　B. 属类竞争者
   C. 产品形式竞争者　　　　　　D. 品牌竞争者
6. （　　）指人们对社会生活中各种事物的态度和看法。
   A. 社会习俗　　　B. 消费心理　　　C. 价值观念　　　D. 营销道德
7. （　　）是指企业所在地邻近的居民和社区组织。
   A. 社会公众　　　B. 社区公众　　　C. 内部公众　　　D. 政府公众
8. 消费习俗属于（　　）因素。
   A. 人口环境　　　B. 经济环境　　　C. 社会文化环境　　　D. 地理环境
9. 消费流行属于（　　）因素。
   A. 社会文化环境　　　B. 人口环境　　　C. 地理环境　　　D. 顾客环境
10. 以下（　　）是影响消费者需求变化的最活跃因素。
    A. 人均国民生产总值　　　　　　B. 个人收入
    C. 个人可支配收入　　　　　　D. 个人可任意支配收入

二、多项选择题

1. 下列属于市场营销微观环境的是（　　）。
   A. 中间商　　　　　　　B. 政府公众　　　　　　C. 人口环境
   D. 消费者收入　　　　　E. 国际市场
2. 以下属于宏观营销环境的有（　　）。
   A. 公众　　　　　　　　B. 人口环境　　　　　　C. 经济环境
   D. 营销中介　　　　　　E. 政治与法律环境
3. 营销中介包括（　　）。
   A. 中间商　　　　　　　B. 物流公司　　　　　　C. 营销服务机构
   D. 财务中介机构　　　　E. 供应商
4. 企业面对的公众有（　　）。
   A. 金融公众　　　　　　B. 社区公众　　　　　　C. 中间商公众
   D. 内部公众　　　　　　E. 消费者公众
5. 营销环境包括（　　）。
   A. 宏观环境　　　　　　B. 间接环境　　　　　　C. 作业环境
   D. 微观环境　　　　　　E. 人口环境

三、思考题

1. 市场营销的宏观环境和微观环境分别包含哪些方面？
2. 谈谈我国人口环境对企业营销活动的影响。
3. 企业所面临的公众一般有哪几类？

【实训项目】

实训一：
1. 实训内容
课前预习本项目各主要知识点，以学校食堂为例，对其经营环境予以分析。
2. 实训要求和操作步骤
(1) 学生自由组合，分成5～8人项目学习小组。
(2) 以小组为单位，课前收集、选择该项目的相关资料。
(3) 根据资料信息，分析该项目的市场营销环境。
(4) 在小组讨论的基础上，提交项目研究报告。
(5) 选出小组发言代表，拟定发言稿（1～2分钟）。
3. 考核要点
(1) 学生运用环境分析的基本方法，分析情况；
(2) 对环境因素分析是否全面、到位。

实训二：

1. 实训内容

调查一个实际的企业，分析其市场营销的宏观环境和微观环境。

2. 实训要求和操作步骤

全班交流研讨，分析并讨论该企业所处的市场营销宏观环境与微观环境。

3. 考核要点

（1）学生对企业市场营销环境的分析情况；

（2）学生对知识点的掌握情况。

项目四　购买行为研究

◇ **学习目标**

1. **知识目标**：了解消费者市场的概念以及组织市场的概念和类型；理解消费者购买行为模式和影响消费者购买行为的因素；掌握消费者市场和组织市场的特点。
2. **能力目标**：能对消费者市场和组织市场的购买行为做出分析。

◇ **工作任务**

消费者市场和组织市场购买行为分析。

任务一　消费者市场及其特点

【任务引例】

我国某肉类企业的熟肉制品和冷鲜肉广受大众的喜爱。然而，2011年，该企业旗下公司被央视"3·15"特别节目曝光，其子公司使用的肉猪在喂养过程中添加了大量的瘦肉精，食用这种猪肉产品将严重危害消费者的身体健康。

消费者是市场营销活动的中心，现代营销思想是从满足消费者需求入手来制定企业整个营销决策的。因此，研究消费者的需求，了解分析消费者的购买动机、购买习惯和购买行为，就成了提高企业管理水平，增强企业的竞争力，有针对性地开展市场营销活动，制定正确市场营销策略的基础。

一、消费者市场的概念

消费者市场是指消费者个人或家庭为满足自身需要而购买产品或服务的市场。在市营销学的研究领域中,消费者市场与其他形态的市场相比,占有非常重要的地位。

二、消费者市场的特点

企业研究消费者市场,首先要了解它的特点。与其他市场相比,消费者市场主要有以下几个特点。

1. 消费需求的多样性

消费者的人数众多,由于消费者的收入水平、文化程度、职业、性别、年龄、民族和生活习惯的不同,因而他们会有不同的爱好和兴趣,会对不同的商品或同种商品产生多种多样的要求,购买的行为也有所不同。

2. 消费需求的发展性

随着社会的进步和消费者经济收入的变化,消费者对商品和服务的需求也在不断地变化和发展。例如,中国青年结婚需求的大件商品,20世纪70年代是缝纫机、收音机、自行车;80年代是电视机、收录机、电风扇;90年代是大彩电、高级音响、电冰箱、摩托车;21世纪是电脑、摄像机、柜式空调、小轿车。从以上结婚需求的大件商品上就可看出,随着年代的不同和时间的推移,中国青年结婚需求品的品名、功能、价值都在发生变化,这种变化充分表现出消费者市场消费需求的可发展性,同时也反映出社会的进步。

3. 消费需求的层次性

美国心理学家马斯洛的需求层次理论将人的需求分为五个层次,即生理需求、安全需求、交往需求、尊重需求和自我实现需求。马斯洛认为人是有欲望的动物,需求什么取决于已经有了什么,只有尚未被满足的需求才会影响人的行为,即已满足的需求不再是一种动因。人的需求是以层次的形式出现的,按其重要程度不同,由低级需求逐级向上发展到高级需求。

马斯洛的需求层次理论对企业市场营销者研究消费者的心理、行为有着极为重要的现实意义。企业的市场营销人员应懂得区别不同的消费者,并根据消费者的不同需求层次向他们提供不同的商品,这是一条基本原则。

4. 消费需求的伸缩性

消费者的需求量随消费者收入或商品价格因素的变化而变化。消费者收入或商品价格因素的变化幅度大,消费者需求的伸缩性就大;反之伸缩性就小。其中,基本的日常消费品需求的伸缩性比较小;而奢侈品、非生活必需品、耐用消费品、装饰品等消费需求的伸缩性比较大。

5. 消费需求的可诱导性

消费者的需求是可以引导和调节的。通过企业的市场营销活动,消费者的消费需求可以发生变化和转移,潜在的欲望可以变为明显的行动,未来的需求可以变成现实的消费。因为大多数消费者缺乏专门的商品知识,对消费品的性能、特点、使用、保养和维修等很少有专门研究,所以他们对消费品的购买容易受市场供应、广告宣传、消费服务、相关群体等因素的影响。正因为消费者的消费需求具有可诱导性,企业的宣传及促销活动对于刺激消费、引导消费才具有可行性和必要性。

6. 消费需求的可连带性和可替代性

在消费者市场中，消费需求在商品上具有关联性，消费者往往会在购买一些商品时，顺便购买与其相关的其他商品。例如，消费者在买皮鞋时，可能会顺便购买鞋油、鞋刷等。所以，企业经营有关联的商品，不仅会给消费者带来方便，而且能扩大商品销售。另外，在消费者市场中，有些商品相对于其他的商品具有可替代性，即如果某种商品的销售量增加，另一些商品的销售量可能会减少。例如，洗衣粉的销售量上升，肥皂的销售量可能就会下降。

任务二　消费者购买行为分析

【任务引例】

随着新的医疗保险办法的实施、药品分类管理办法的出台、非处方药品目录的公布和病人自主治疗意愿的增加，大量的零售药店出现了。消费者从公开渠道及充足货源里购买非处方药物的机会大大增加，药品的零售额快速增长，非处方药市场充满机遇。

越来越多的制药企业进入零售市场，希望通过广告和促销，建立自己的非处方药品牌，获得经济效益。在这一领域获得成功的关键是企业直接向消费者进行营销的能力，即制定有效的非处方药市场营销策略并付诸实施的能力。

而市场营销策略的制定，必须建立在研究消费者市场和消费者行为的基础之上。研究消费者市场需要研究：购买者、使用对象、购买目的、购买行为、购买时间和购买地点等；研究消费者购买行为需要研究：消费者购买行为受哪些因素的影响？消费者是怎样做出购买决策的？典型的购买过程是怎样的？

一、消费者购买行为模式

消费者购买行为模式是指消费者为了满足某种需要，在把购买动机转化为实际购买行为的过程中逐渐养成的不易改变的购买形态。消费者购买行为模式具有客观性、规律性和相对稳定性的特点。另外，消费者购买行为模式与现代企业市场营销行为息息相关，通过对消费者购买行为模式的研究，企业可以更好地了解消费者的购买行为。

消费者购买行为模式一般包括六个基本模块：买什么（What）、何时买（When）、何地买（Where）、为何买（Why）、由谁买（Who）和如何买（How），可归纳为"5W1H"模式。

1. 买什么

这是对购买客体的分析，即消费者购买什么商品，是指消费者在一定时期内购买力的投向。它直接关系企业生产什么样的商品，对企业新产品的开发方向有重要影响。

2. 何时买

这是对购买时间的分析，即消费者在什么时间进行购买。消费者购买商品在时间上一般具有一定的规律性。这主要是受消费地区、季节、商品性质、假日等的影响而形成的规律。一般来说，城市居民多在假日购买商品，农村居民在集日购买商品的居多。

3. 何地买

这是对购买地点的分析，即消费者在什么地方、什么商店购买所需商品。比如，购买化妆品可以选择专柜、超市或者美容院，也可以选择线上购买。

4. 为何买

这是对消费者购买特定商品原因的分析，它涉及消费者的购买动机。这对企业市场营销的影响十分明显，由于消费者的购买动机不同，企业及其市场营销人员对消费者所采取的接待方式及促使其将购买动机转化为购买行为的措施就不同。

5. 由谁买

这是对购买主体的分析，是指谁是购买者。购买某种商品，从表面上看，是一个人的行动；但实际上，是由发起者、影响者、决策者、执行者和使用者等角色共同作用的结果。作为企业的市场营销人员，承担着诱导发起者、鼓励影响者和争取决策者的任务。家庭决策一般有三种类型：丈夫决定型、妻子决定型、共同决定型。一般情况下，家庭日用品、化妆品、陈列品的决定者一般是妻子；家电商品的决定者多是丈夫；耐用品或旅游等服务需求大多数是由夫妻共同决定的。

6. 如何买

这是对购买方式的分析，市场上的商品多种多样，对不同的商品，消费者的期望，选择的标准、方式以及对购物地点和市场营销人员的要求会有一定的差别。如果企业满足了消费者的需求，就能增加产品的销量，实现企业的市场营销目标。

二、影响消费者购买行为的因素

（一）文化因素

文化是人类知识、信仰、艺术、道德、法律、美学、习俗、语言文字以及人作为社会成员所获得的其他能力和习惯的总称。文化是人们在社会实践中形成的，是一种历史现象的沉淀；同时，文化又是动态的，处于不断的发展变化之中。

1. 文化

文化是引发人类愿望和行为的最根本原因。不同年龄段的消费者文化背景不同，因此他们的购物行为明显存在差距，例如，青少年购物一般在于求新求奇，但他们也会更多地参考一下价格，他们更喜欢在专卖店购买衣物；中年人一般都在职场，他们更多地会选择购买职业装或比较显示身份地位的休闲装；老年人比较想穿出"青春活力"，他们在挑选衣物时也更细心仔细。

2. 亚文化

亚文化包括民族、宗教、种族和地域等。亚文化为其成员带来更明确的认同感和集体感。许多亚文化构成了重要的细分市场。

(1) 民族亚文化。世界上有好多不同的民族，每个民族都在漫长的历史发展过程中形成了独特的风俗习惯和文化传统。所以，不同民族的人们的购物习惯和购买行为也会有很大的不同。

(2) 宗教亚文化。世界上存在不同的宗教，每种宗教都有自己的教规或戒律。相关人群的购买行为也会因受其影响而有所不同。

(3) 种族亚文化。不同的种族有不同的生活习惯和文化传统，那么他们的购买行为也必将有所差异。

(4) 地域亚文化。生活在不同国家或同一国家内不同地区的人们有着不同的文化和生活习惯。所以，处于不同地理位置的消费者的购物行为也会有所不同。

（二）社会因素

消费者的购买行为同样也受到一系列社会因素的影响，这些社会因素主要包括社会阶层、相关群体、家庭、身份和地位等。

1. 社会阶层

社会阶层是社会学家根据职业、收入来源、教育水平、价值观和居住区域等对人们进行的一种社会分类，是按层次排列的、具有同质性和持久性的社会群体。处在不同社会阶层的人们的购买行为各有特点。例如，受过高等教育的知识分子阶层，由于知识丰富、素质较高，购买行为就显得比较理智和专业。

2. 相关群体

相关群体指能够影响消费者购买行为的个人或集体。相关群体中有影响力的人物被称为"意见领袖"或"意见领导者"，他们的行为会引起群体内追随者、崇拜者的仿效，从而影响整个相关群体的购买行为。相关调查数据显示，接近57%的消费者认为自己的购买行为易受他人的影响；43%的消费者更愿意遵循自己的购物意向，不喜欢盲从，追求另类与个性。针对易受他人影响的消费者，企业要密切关注他们的"领衔者"；对于那些不易受他人影响的消费者，企业要抓住他们求异的心理，可以适销商品，先看看口碑，再扩大销量。

3. 家庭

家庭是社会组织的一个基本单位，也是消费者的首要参照群体之一，对消费者购买行为有着重要影响。家庭购买决策大致可分为三种类型：一人独自做主；全家参与意见，一人做主；全家共同决定。这里的"全家"虽然包括子女，但主要还是指夫妻二人。夫妻二人购买决策权的大小取决于多种因素，如各地的生活习惯、妇女就业状况、双方工资及教育水平、家庭内部的劳动分工以及产品种类等。

4. 身份和地位

每个人的一生会参加许多群体，一个人在群体中的位置可用身份和地位来确定。身份是周围的人对一个人的要求或一个人在各种不同场合应起的作用。比如，某人在女儿面前是父亲，在妻子面前是丈夫，在公司是经理。每种身份都伴随着一种地位，反映了社会对这个人的总评价。消费者做出购买选择时往往会考虑自己的身份和地位，企业若把自己的产品或品牌变成某种身份或地位的标志或象征，将会吸引特定目标市场的顾客。

(三）个人因素

个人因素指消费者的经济、生理、个性、生活方式等会对其购买行为产生影响的一系列因素。

1. 经济因素

经济因素指消费者的可支配收入、储蓄、资产和借贷的能力。经济因素是决定消费者购买行为的首要因素，决定着消费者能否发生购买行为以及发生何种规模的购买行为，决定着消费者购买商品的种类和档次。

世界各国消费者的储蓄、债务和信贷倾向不同。例如，日本人的储蓄倾向强，结果使日本银行有更多的钱和更低的利息贷款给日本企业，日本企业可用较便宜的资本以加快发展；美国人的消费倾向强，贷款利率高。市场营销人员应密切注意居民收入、支出、利息、储蓄和借款情况的变化。

2. 生理因素

生理因素指年龄、性别、健康状况和嗜好等生理特征的差别。生理因素决定着消费者对产品款式、构造和细微功能有不同需求。例如，儿童和老人的服装要宽松，穿脱方便；身材高大的人要穿特大号鞋；江浙人嗜甜食，四川人嗜麻辣；病人需要药品和易于吸收的食物等。

3. 个性因素

个性指一个人的心理特征。一个人的个性影响其消费需求和对市场营销因素的反应。例如，性格外向的人爱穿浅色和时髦的衣服，性格内向的人爱穿深色和庄重的衣服；追随性或依赖性强的人对市场营销因素敏感度高，易于相信广告宣传，易于建立品牌信赖和渠道忠诚，独立性强的人对市场营销因素敏感度低，不轻信广告宣传。

4. 生活方式因素

生活方式指一个人在生活中表现出来的活动、兴趣和看法的模式。具有不同生活方式的群体对产品和品牌有不同的需求。市场营销人员应设法从多种角度区分不同生活方式的群体，在设计产品和广告时应明确针对某一生活方式群体。例如，保龄球馆不会向节俭者群体推广保龄球运动；名贵手表制造商应研究高端消费者群体的特点以及如何开展有效的营销活动；西方国家的妇女服装制造商为"俭朴的妇女""时髦的妇女""有男子气的妇女"分别设计不同的服装。

受个人因素的影响，每个人对产品的购买因素各不相同，有的人比较注重价格，有的人更在意外形包装，这就需要企业在销售时派出有经验的市场销售人员，针对不同的消费者做出相应的营销策划。

（四）心理因素

消费者心理活动过程指消费者在消费决策中支配其购买行为的心理活动的整个过程。影响消费者心理活动过程的主要因素有动机、知觉、态度、学习等。

1. 动机

动机是一种升华到足够强度的需要，它能够及时引导人们去探求满足需要的目标。在马斯洛的五个需求层次中，生理需求和安全需求属于生理的、物质的需要，交往需求、尊重需求和自我实现需求属于心理的、精神的需要。购买行为需产生动机,消费者的购买动机是消费者内在需要与外界刺激相结合而产生一种动力。

2. 知觉

所谓知觉,是指个人选择、组织并解释信息,以便创造一个有意义的外界事物图像的过程。知觉不仅取决于刺激物的特征,而且依赖于刺激物同周围环境的关系,以及个人所处的状况。处于相同的激励状态和目标情况下的两个人,其行为可能大不一样。这是由于他们对相同情况的知觉不同而导致的。因此,企业的市场营销人员必须精心设计相关的市场营销活动,来突破消费者知觉的壁垒。例如,对一些低端的日常用品,不少企业常采用低价来吸引消费者,引起消费者的注意,从而引导消费者发生购买行为。

3. 态度

所谓态度,是指一个人对某些事物或观念长期持有的好与坏的认识上的评价、情感上的感受和行动倾向。通常一个人的态度呈现为稳定一致的模式,改变一种态度往往需要在其他态度方面做重大调整。所以,企业最好使自己的产品、服务和市场营销策略符合消费者的既有态度,而不是试图去改变。

4. 学习

学习是由于经验而引起的个体行为的改变。人类的行为大多来源于学习。一个人的学习是通过驱使力、刺激物、诱因、反应和强化的相互影响而产生的。企业必须提供大量的产品信息以供消费者收集和学习。例如,宝洁公司为了扩大飘柔洗发水的市场需求,通过广告反复提供诱发消费者购买该洗发水的信息,尽量使消费者购买后感到满意,从而促成消费者对该产品的积极的反应。

影响消费者购买行为的因素都会对消费者的购买决策产生积极或者消极的影响,这对市场营销者在进行产品宣传和消费引导时会产生一定的指导作用。企业如果能有效地利用这些因素,对消费者决策施加积极的影响,便可促使消费者做出对产品销售有利的决策和行为。另外,企业如果能尽量控制个性因素中的不稳定因素,并采取一定的方式因势利导,使其转化为消费者对产品正面而稳定的总体印象,便可使营销工作顺利进行,从而为企业赢得利润。

【小案例】

抛出小玩意 引来大财富

20世纪20年代,美国一个糖果商罗宾拥有一家糖果小厂和几家小店,但销售状况不理想。一天,他看到一群孩子玩游戏,立即被吸引住了。孩子们把几颗糖果平均放在几个口袋里,由一个公选的人把一个"幸运糖"(一颗大一些的糖)放进其中某个口袋里,不许别人看见,然后大家随意选一个口袋,有幸拿到"幸运糖"的人就要享受特权,即他就可以扮演皇帝,其他人扮演臣民,每人要上供一颗糖……罗宾思索着这种奇怪而有趣的游戏规则,突然一个灵感从头脑中冒出来,他欣喜若狂。

当时,美国的许多糖果是以1美分的价格卖给小孩的。罗宾就在糖果包里包上

1美分的铜币作为幸运品,并在报纸和电台打出口号:"打开,它就是你的!"这一招很有效果,因为如果买的糖中包有铜币,就等于此糖果完全免费,所以孩子们都去买来吃。因为方法奇特新颖,罗宾的糖果立即闻名全国,糖果的销量像长了翅膀一样,迅速涨了几百倍。

罗宾抛出的只是些小玩意儿,但引来的却是一笔巨大的财富。

任务三 组织市场购买行为分析

【任务引例】

由中国机械工业联合会和中国欧洲经济技术合作协会共同主办的"纪念中国汽车60周年——中国自主汽车发展论坛暨第四届中国自主品牌汽车博览会"于2013年8月2—5日在北京国家会议中心举行。《政府采购信息报》社长兼总编辑刘亚利会上致辞,她的汇报分为四个部分,第一部分是政府采购为什么要扶持自主品牌,第二部分是自主品牌汽车如何打开政府采购市场,第三部分是分享公务车市场目前的规模以及采购趋势,第四部分分享了两个关于自主品牌的案例。

一、组织市场的概念、类型和特点

购买商品和服务的不仅有消费者,而且还有各种社会组织。组织市场的购买者是企业的重要营销对象,企业应当充分了解他们的特点和购买行为。

(一)组织市场的概念和类型

组织市场是指工商企业为从事生产、销售等业务活动,以及政府部门和非营利组织为履行职责而购买产品和服务所构成的市场。组织市场包括生产者市场、中间商市场、非营利组织市场和政府市场。

1. 生产者市场

生产者市场是指购买商品或服务用于制造其他产品或劳务,然后销售或租赁给他人以获取利润的单位和个人。组成生产者市场的主要行业有工业、农业、林业、渔业、采矿业、制造业、建筑业、运输业、通信业、公共事业、金融业、服务业等。

2. 中间商市场

中间商市场是指那些通过购买商品和服务然后转售或出租给他人从而获取利润的个人和组织,主要包括批发商和零售商。

3. 非营利组织市场

非营利组织泛指所有不以营利为目的、不从事营利性活动的组织。我国通常把非营利组织称为"机关团体、事业单位"。非营利组织市场是指为了维持正常运作和履行职能而购买商品和服务的各类非营利组织所构成的市场。

4. 政府市场

政府市场是指那些为执行政府的主要职能而采购或租用商品的各级政府单位。政府通过税收、财政预算掌握了相当部分的国民收入，形成了潜力极大的政府采购市场。

（二）组织市场的特点

与消费者市场相比，组织市场的特点主要表现在以下几个方面。

1. 组织市场的规模和复杂性

通常情况下，组织市场的顾客数量较消费者市场的少，但每个顾客每次交易的规模和价值相对比较大。组织市场在总交易量、每笔交易的当事人数、客户经营活动的规模和多样性等方面，都要比消费者市场大得多、复杂得多。同时，组织市场的购买者往往集中在某些区域。

2. 组织市场需求的特性

组织市场的需求具有派生性。组织市场通过一系列的增值阶段为最终消费者市场提供产品，所以对最终消费品的需求是引发组织市场供给的最终力量。例如，酒店对餐饮原料市场的需求取决于消费者的用餐需求。如果对最终消费品需求疲软，那么对所有用以生产这些消费品的企业产品的需求也将下降。组织市场的供应商必须密切关注最终消费者的购买类型和影响他们购买的各种环境因素。

组织市场对商品或服务的总需求量受价格波动的影响较小，即在一定的时间内，需求的品种和数量不会应价格的变动发生很大变化。在短期内，组织市场的需求一般无弹性，因为组织一般不能随时对其生产方式或运营模式做许多变动。

3. 组织市场购买的特性

由于组织市场具有购买者数量较少，而其购买规模较大的特点，因此，与消费者市场相比，通常影响购买决策的人较多。大多数组织有专门的采购委员会，该委员会一般由技术专家、高层管理人员和一些相关人员组成。

二、生产者市场及其购买行为

在组织市场中，生产者市场的购买行为具有典型意义，它与消费者市场的购买行为有相似性，又有较大的差异性。

（一）生产者购买行为的主要类型

企业购买决策过程的复杂性取决于购买类型。生产者购买行为的类型可分为三种：直接重购、修正重购和新购。

1. 直接重购

这是一种在供应者、购买对象、购买方式都不变的情况下购买以前曾经购买过的产品的购买类型。这种购买类型所购买的多是低值易耗品，花费的人力较少，无须联合采购。针对这种购买类型，原有的供应者不必重复推销，而应努力使产品的质量和服务保持一定的水平，以节省购买者的时间，争取维持与购买者间的稳定的关系。

2. 修正重购

修正重购指购买者想改变购买产品的相关参数，如规格、价格、交货条件等，这需要调整或修订采购方案，包括增加或调整决策人数等。对于这种类型的购买行为，原有的供应者要清醒地认识到面临的挑战，积极改进产品规格和服务质量，大力提高生产效率、降低成本，以留住现有的客户；新的供应者要抓住机遇、积极开拓，争取更多的业务。

3. 新购

新购指购买者首次购买某种产品或服务。由于是第一次购买，买方对新购商品可能了解不多，在制定购买决策前，往往需要收集大量的信息，因此，制定购买决策所花时间也就较长。首次购买的成本越大，风险就越大，参加制定购买决策的人员就越多。新购是营销人员的机会，需要采取措施，设法影响决策的中心人物。例如，可以通过实事求是的广告宣传，使购买者了解本企业的产品。为了达到这一目标，企业应将最优秀的推销人员组成一支营销队伍为购买者服务，以赢得购买者的信任，并促使其实施购买行动。

（二）生产者购买的特点

1. 购买过程的特点

（1）供求谈判时间较长。例如，工业品的购买涉及厂房、建筑、能源、机器、设备、交通工具、各种规格型号的原材料、辅助设备、标准件等，投入的资金大，有的设备使用时间长，购买者不仅要考虑设备的物质寿命，而且还要考虑技术寿命和经济寿命，从而导致谈判协商时间较长。

（2）高尖技术设备和定制设备的购买，因为需要根据购买者提出的技术要求进行设计和制造，所以一般是供需直接见面。

（3）原材料及次要的小设备和标准件一般通过批发商、零售商购买。

（4）购买次数较少。例如，设备一次购入，使用多年；原材料、标准件按企业预先制定的经济订购批量和采购次数进行采购或一次合同分批分期交货；生产者客户比消费者客户要少。

（5）需要提供技术服务。例如，有部分工业产品（如工业锅炉等）需要为购买者提供安装、操作培训、维修等多方面的技术服务，才能激发购买者的购买动机。

（6）在商品质量和供应时间上有一定的要求。例如，工业品的质量直接影响生产者产品的质量，工业品的质量要符合化学的、物理的性能要求。供应时间是保证生产者进行正常生产经营的条件，既不能推迟，又不能过早。

（7）生产者购买决策复杂。例如，工业品的购买不是由采购人员一人所能决定的，它通常要根据计划提出的品种、规格、型号、材质、数量和期限等进行购买，有关技术要求、货款的支付还要同主管领导、工程技术人员、财会人员和厂商确定之后才能最后决定。

2. 购买行为的特点

（1）购买的目的性。生产者购买的目的是为了生产出市场需要的产品。所以，生产者要根据市场的需求量确定生产量，进而决定所需购买商品的数量。购买的物资既不能多，又不能少，否则都会影响生产者的经济效益。

（2）购买的理智性。生产者所购买的商品必须考虑质量、品种、规格、价格、供货期及售后服务等。如果某几种商品的质量与功能相似，生产者会购买价格低的商品；在质量上，生产者会购买符合技术特性要求的生产设备和原材料。生产者的购买是技术性很强的理智性业务活动，涉及由生产者的产品质量而引起的人身安全、假冒伪劣产品等法律问题，所以他们不会轻率购买。

（3）购买的组织性。购买的组织性是指在生产者市场中，企业内部是有一定的组织体系的。生产者的购买要根据每个购买组织自己的目标、政策、程序、组织结构及组织系统的要求而进行。市场营销人员应当了解生产者（购买者）企业组织体系结构，了解有多少人参加购买决策，哪些人参加购买决策，购买标准是什么，以及哪些政策会影响购买行为等。

（4）购买的集团性。一项重大工业品的购买往往由一个集团来决定，它通常由许多具有不同地位、权力、职能的人组成，如质量管理者、采购申请者、使用者、财务主管、工程技术人员及经理等。他们的购买心理与期望不同，往往会导致决策的矛盾及决策过程复杂化。

（5）个人动机性。因为参加购买决策的每个人的年龄、收入、受教育程度、职业、个性及对风险的态度不同，这就可能导致每个人的购买动机不同。营销者要善于抓住和引导正确的动机，使营销顺利进行并最终获得成功。

（6）购买的环境性。生产者购买时受当时的经济、技术、政治环境及文化、竞争环境的影响，其中最主要的是经济、技术环境因素的影响。当今时代，科技飞速发展，产品更新换代也相当快，生产者往往会担心购回的商品是即将换代的产品，或是即将降价的产品，所以市场营销者要恰如其分地介绍有关经济技术的前景，便于加速销售。

（三）生产者购买决策

1. 购买决策的参与者

生产用品供货企业不仅要了解谁在市场上购买和产业市场的特点，而且要了解谁参与购买决策过程，他们在购买决策过程中分别充当什么角色，起什么作用，也就是说要了解顾客的采购组织。

各企业的采购组织有所不同。小型企业只有几个采购人员，大型企业有很大的采购部门，往往由一位副总裁主管。有些企业的采购经理有权决定采购什么规格的产品、由谁供应；有些企业的采购经理只负责把订货单交给供应商。通常，采购经理只对小产业用品有决策权；至于主要设备的采购，采购经理只能按照决策者的意图办事。在企业中，除了专职的采购人员之外，一般还有一些其他人员也参与购买决策过程。所有参与购买决策过程的人员构成采购组织的决策单位，市场营销学称之为采购中心。企业的采购中心一般由下列五种人组成。

（1）使用者。

即具体使用欲购买的某种商品的人员。例如，公司要购买实验室用的电脑，其使用者是实验室的技术人员；要购买打字机，其使用者是办公室的秘书。使用者往往是最初提出购买某种商品的人,他们在计划购买商品的品种、规格中起着重要作用。

(2) 影响者。

即从企业的内部和外部直接或间接影响购买决策的人。他们常协助企业确定商品规格。在众多的影响者中,企业外部的咨询机构和企业内部的技术人员对购买决策的影响最大。

(3) 采购者。

即企业中具体执行采购决定的人。他们是企业里有组织采购工作正式职权的人员,其主要任务是交易谈判和选择供应者。在较复杂的采购工作中,采购者还包括企业的高层管理人员。

(4) 决定者。

即企业里有权决定购买产品和供应者的人。在通常的采购中,采购者就是决定者;而在复杂的采购中,决定者通常是企业的主管。

(5) 控制者。

即控制企业外界信息流向的人,诸如采购代理商、技术人员、秘书等,他们往往可以阻止供应者的推销人员与使用者和决定者见面。

应该指出的是,并不是所有的企业在采购任何商品时都必须由上述五种人员参加决策。一个企业的采购中心的规模和参加的人员,会因欲购商品种类的不同和企业自身规模的大小及企业组织结构不同而有所区别。如企业欲采购一部传真机和几部普通电话,前者由于技术性强、价格较高,因而参与决策的人较多,采购中心的规模较大;而后者因其技术性和价格都没有特殊之处,属普通购买,因此其决策者可能就是采购者,采购中心的人员较少,规模亦较小。在一些企业中,采购中心只有一个人或几个人组成;而在另一些企业中,采购中心则可能由数人或数十人组成,有的企业还设有专管采购的副总裁。

对相关市场营销人员来说,关键是了解企业采购中心的组成人员,包括他们各自所具有的相对决定权以及采购中心的决策方式,以便采取有针对性的市场营销措施。市场营销人员必须了解谁是主要的决策参与者,以便影响最有影响力的重要人物。对采购中心成员较多的企业,市场营销人员可以只针对几个主要成员做工作。如果本企业的实力较强,则可采取分层次、分轻重、层层推进、步步深入的营销方针。

2. 影响生产者购买决策的主要因素

同消费者的购买行为一样,生产者的购买行为也会受到各种因素的影响。美国市场营销学教授韦伯斯特和学者温德将影响生产者购买决策的各种因素概括为四个主要方面:环境因素、组织因素、人际关系因素和个人因素。

(1) 环境因素。

在影响生产者购买决策的诸多因素中,经济环境是主要的影响因素。生产者的购买决策常常会受当前经济状况和预期经济状况的影响。例如,当经济不景气或前景不佳时,生产者就会缩减投资、减少采购,压缩原材料的库存和采购数量。此外,生产者的购买决策也受科技、政治和竞争环境的影响。市场营销者要密切关注这些环境因素,力争将问题变成机遇。

(2) 组织因素。

每个企业的采购部门都会有自己的目标、政策、工作程序和组织结构。市场营销人员应了解并掌握生产者企业内部的采购部门在该企业里的具体情况：是一般的参谋部门，还是专业职能部门；企业的购买决策权是集中的还是分散的；在决定购买的过程中，哪些人参与最后的决策，等等。只有对这些问题做到心中有数，才能使市场营销活动有的放矢。

(3) 人际关系因素。

这是指企业内部的人事关系因素。生产资料的购买决策，是由企业不同部门的人员组成的采购中心做出的。如前所述，采购中心一般由使用者、影响者、采购者，决定者和控制者组成。这些成员的地位不同、权力有异，话语权就有区别，他们之间的关系亦有所不同，因此他们对生产资料的采购决策所起的作用也就有所不同。市场营销人员必须了解参与生产者购买决策的主要人员、他们的决策方式和评价标准、决策中心成员间相互影响的程度等，以便采取有效的营销措施。

(4) 个人因素。

生产者市场的购买行为虽为理性活动，但参加购买决策的仍然是一个一个具体的人，而每个人在做出决定和采取行动时，都不可避免地受其年龄、收入、所受教育、职位和个人特性以及对风险态度的影响。因此，市场营销人员应了解生产者市场参与购买决策相关人员的个人情况，以便采取"因人而异"的营销措施。

3. 生产者购买决策过程

生产资料的购买和消费资料的购买一样，也有决策过程，供货企业的最高管理层和市场营销人员还要了解该过程的各个阶段的情况，并采取适当措施，以适应顾客在各个阶段的需要，才能使其成为现实的买主。生产资料购买者购买过程的阶段多少，也取决于其购买情况的复杂程度。在直接重购这种最简单的购买情况下，生产资料购买者的购买过程的阶段最少；在修正重购情况下，购买过程的阶段较直接重购要多一些；而在新购这种复杂的情况下，购买过程的阶段最多，一般要经过以下八个阶段。

(1) 提出需求。

提出需求是生产者购买决策过程的起点。需求的提出，常常是由内部刺激或外部刺激引起的。内部刺激，例如，因企业决定生产新产品，需要新的设备和原材料；因存货水平开始下降，需要购进生产资料；因发现过去采购的原料质量不好，需更换供应者。外部刺激，例如，商品广告、营销人员的上门推销等使采购人员发现了质量更好、价格更低的产品，促使他们提出采购需求。

(2) 确定需求。

确定需求指确定所需产品的数量和规格。简单的采购由采购者直接决定；而复杂的采购则须由企业内部的使用者和工程技术人员共同决定。确定需求包括：①对设备的确认需求，如为生产某种新产品，或提高某种老产品的质量、产量或降低消耗，经工艺研究需购置某种设备，并已被企业内相关组织批准购置若干台。②对原材料、标准件的确认需求，如采购人员根据企业计划产量和定额资料可以确定某种原材料、标准件的需要量，再查阅该物资的库存量，进而确定需购买的数量。

(3) 说明需求。

说明需求指由专业技术人员对所需产品的规格、型号、功能等技术指标做具体分析，并做出详细的说明，供采购者参考。

(4) 物色供应商。

为了选购满意的产品，生产者要通过查阅工商企业名录等途径，物色服务周到、产品质量高、声誉好的供应商。对所需原材料、标准件及外协件的供应者，生产者通常会进行深入的调查、了解、分析和比较。对原材料、标准件的供应商，主要从产品的质量、价格、信誉及售后服务方面进行分析、比较。对大批量外协件的供应商的了解，除上述的几个方面外，还必须深入到提供外协件的各企业内部，调查了解该企业的生产技术、检验水平及企业的管理能力，经分析、比较后再确定。供货企业应通过广告等方式，努力提高本企业的知名度。

(5) 征求供应建议书。

对已物色的多个候选供应商，生产者一般会请他们提交供应建议书，尤其是对价值高、价格贵的商品，生产者还会要求他们提供详细的说明。对经过筛选后留下的供应商，生产者会要求其提供正式的说明。因此，供应商的市场营销人员应根据市场情况，写出实事求是且又能别出心裁、打动人心的产品说明，力求全面而形象地表达所推销产品的优点和特性，力争在众多的竞争者中脱颖而出。

(6) 选择供应商。

在收到多个供应商的有关资料后，生产者将根据资料选择比较满意的供应商。在选择供应商时，生产者不仅会考虑其技术能力，而且还会考虑其能否及时供货，能否提供必要的服务。选择供应商的主要条件包括交货快慢、产品质量、产品价格、企业信誉、产品品种、技术能力和生产设备、服务质量、付款结算方式、财务状况、地理位置等。

根据上述条件遴选出数个供应商，生产者在最后确定供应商之前，有时还要和供应商面谈，以争取更优惠的条件。不少生产者最后确定的供应商不限于一个，其目的在于：有多个供应商，以免受制于人；可以通过几个供应商的竞争，促使他们改进服务质量。当然，在企业确定的几个供应商中，必定有一个为主，其他几个为辅。比如，生产者最后确定了3个供应商，可能会向为主的供应商购买所需产品总量的60%，向为辅的两个供应商分别购买所需产品总量的30%和10%。

(7) 签订合约。

生产者的采购中心最后选定供应商以后，采购经理就会开订货单给选定的供应商，并在订货单上列举技术说明、需要数量、期望交货期等。现在许多企业日趋采用"一揽子合同"，即和某一供应商建立长期的供货关系，这个供应商允许只要购买者需要购买时，供应商就会按原定的价格条件及时供货。这种"一揽子合同"为供求双方都带来了方便。对生产者来说，不但减少了多次购买签约的麻烦和由此增加的费用，也减轻了库存的压力，因为在这种方式中，实际上生产者将存货放在了供应商的库里，如果需要进货时，只需打印或电传一份订单给供应商便可。因此，"一揽子合同"又称"无库存采购计划"。对供应商来说，企业的产品有了固定的销路，减轻了竞争的压力。

(8) 绩效评价。

商品购进后，生产者还会及时向具体使用人员了解其对产品的评价，考查各个供应商的履约情况，并根据了解和考查的结果，决定今后是否继续采购某供应商的产品。为此，供应商在产品销售出去以后，要加强追踪调查和售后服务，赢得生产者的信任，以保持长久的供求关系。

总之，生产者市场的购买过程比消费者市场复杂得多，卖方企业的市场营销人员应对买方企业内的采购工作流程有详细的了解，市场营销工作才能有的放矢。

三、中间商市场及其购买行为

中间商市场是沟通生产和消费的桥梁，其职能在于有效地促进产品从生产者向消费者转移。中间商市场的购买行为与生产者市场存在很多相似之处，但两者在购买组织、购买决策类型和购买方式上也各有特点。

（一）中间商市场的概念和特点

1. 中间商市场的概念

绝大多数制造商并不是将其产品直接销售给最终用户，即使是在网络营销时代，生产者也不可能将其产品直接销售给每个消费者，在产销之间仍然需要中介机构架起一座座桥梁，这些中介机构的集合就构成了中间商市场。

中间商是指从生产企业或其他中间商购买商品，再将其转售给消费者、社会集团、中间商或生产者的企业和个人。如果按经营产品的用途划分，中间商可以分为生产资料中间商和消费资料中间商。如果按经营产品是否发生所有权转移划分，中间商可以分为经销中间商和代理中间商。如果按销售对象划分，中间商可以分为批发中间商和零售中间商。

2. 中间商市场的特点

中间商购买者的采购目的与生产者购买者相同，都是为了营利，但二者在社会再生产中的地位不同。中间商特定的地位决定了中间商市场具有如下鲜明特点。

（1）中间商市场由需求派生性引发的波动比生产者市场小。中间商市场的需求同样也属于引申需求，但由于与最终消费者比较接近，尤其是零售中间商直接为最终消费者服务，消费者需求的变动会首先反映到零售中间商，再传导到批发中间商。因此，中间商市场能够及时根据最终消费者需求的变化调整其购买行为，故由需求派生性引发的中间商市场购买的波动效应比生产者市场要小。

（2）中间商市场对购买价格较敏感。中间商是为卖而买，因此，购进价格是中间商占据竞争优势地位的最重要条件之一。中间商市场的购买者对价格的敏感程度一般都很高。

（3）中间商市场普遍要求交货迅速。中间商一旦发现市场机会，就会提出订单，要求立即交货，以满足消费者的需要，赚取利润。因此，中间商市场近期购买商品数量比远期订货量大。

（4）中间商的实力一般比生产者的实力弱，他们需要同时经营多家企业的产品，在购买商品时往往需要供应商资助广告费。

（5）中间商市场的购买者在购买的同时常常需要供应方提供各种服务。由于中间市场的购买者不擅长技术，他们在购进商品时往往需要供应方提供技术、培训、维修、退货等服务。

（二）中间商市场的购买类型

中间商市场的购买类型可以分为以下三种。

1. 直接重购

直接重购是指中间商直接从原销售者处购买产品的活动,一般由中间商的有关人员以例行方式处理。

2. 重新选定供应商

重新选定供应商是指中间商在采购常规品种的情况下,重新选择供应商的购买活动。采用此种购买类型的原因有两点:其一是因为供应商竞争激烈,中间商有选择最佳供应商的余地;其二是因为中间商准备用私人品牌,即自己的品牌经营产品,故需选择愿意提供无品牌产品的供应者。

3. 采购新项目产品

采购新项目产品是指中间商变更产品编配策略、开拓经营范围或新成立的中间商要从产品、供应商等方面进行新的选择时的购买活动。

在这三种购买类型中,直接重购最简单,购买阶段最少;采购新项目产品最复杂,经过的购买阶段最多。三种购买类型的购买过程包括的阶段分别与生产者市场的直接重购、修正重购、新购类似,在此不再赘述。

(三) 中间商购买决策过程的参与者

中间商的购买决策过程同生产者的购买决策过程一样,也分为八个阶段,即提出需求、确定需求、说明需求、物色供应商、征求供应建议书、选择供应商、签订合约和绩效评价。

中间商购买决策过程参与者的多少与中间商所经营单位的规模和类型有关。在小型"方便商店"中,店主人亲自进行商品选择和采购工作。在大公司里,有专人或专门的组织从事采购工作,重要的项目有更高层次和更多的人员参与。这些人和组织像生产者市场那样形成了一个事实上的"采购中心",分别扮演着五种角色中的一种或几种,虽然不同类型中间商的(如百货公司、超级市场、杂货批发商等)采购方式不同,同类中间商的采购方式也有差别,但是其中也有许多共性。以连锁超市为例,参与购买决策过程的人员和组织主要有以下几种。

1. 商品经理

商品经理是连锁超市公司总部的专职采购人员,负责收集同类产品不同品牌的信息、选择适当的品种和品牌及各类商品的采购工作。

2. 采购委员会

采购委员会通常由连锁超市公司总部的各部门经理和商品经理组成,负责审查商品经理提出的新商品采购建议并做出购买与否的决策。由于商品经理控制信息和提出建议,事实上具有决定性作用,采购委员会只是起着平衡各种意见的作用,在新商品评估和购买决策方面产生重要影响,并代替商品经理向供应商提出拒绝购买的理由,充当二者之间的调解人。

3. 分店经理

分店经理是连锁超市公司下属各分店的负责人,掌握着分店一级的采购权。在美国,连锁超市公司各个分店的货源常常有2/3是由分店经理自行决定的。即使某种商品被连锁超市公司总部的采购委员会接受,也不一定被各个分店经理接受,因为分店经理有较大的决定权。

(四)中间商市场购买决策的影响因素

中间商市场的购买动机是"为卖而买",其目的是为了赚取利润。从产品的使用价值看,中间商市场的购买行为是为了满足各类市场的需要;从价值上看,中间商的购买是为了取得货币的增值。影响生产者市场购买决策的四个因素——环境因素、组织因素、人际关系因素、个人因素,同样对中间商市场的购买也产生影响。

(五)中间商购买决策和进货方式

1. 中间商购买决策

中间商在进行购买决策时,涉及的主要内容有:商品编配决策、供应商选择决策、购买条件和定价决策等。其中,商品编配决策在批发商和零售商的购买决策中是最重要的。商品编配决策是指中间商经营商品品种的搭配策略,它既决定着中间商在市场中的位置,又制约着中间商的采购范围。商品编配决策具体又包括以下四种策略。

(1) 独家编配。

这是指中间商只经营一家企业提供的各种品种的商品。

(2) 深度编配。

这是指中间商经营来自同行业不同企业的各种品种的同类商品。

(3) 广度编配。

这是指中间商经营来自同行业多家企业的多种品种的不同类商品。

(4) 混合编配。

这是指中间商经营来自不同行业多家企业的各种商品,这些商品关联性不强。

2. 中间商的进货方式

中间商的进货方式,对于批发商与零售商来说有所不同。批发商在进货批量、进货途径等方面与生产者用户的采购差别不大,都向"一揽子合同"(无库存采购)和合作广告等方面转化。而零售商的进货方式一般有以下三种类型。

(1) 集中进货。

这是指零售商设置专门采购人员统一进货,然后分配到各商品组(柜台)销售。这种方式一般适用于人员少、资金少、经营品种少的小型零售店和专卖店。

(2) 分散进货。

这是指由零售商各商品部在核定的资金范围内自行采购。这种方式一般适用于大型零售商店。

(3) 联购分销。

这是指由若干个零售商统一从配送中心进货,然后再分别销售。联购分销的优点是可以降低进货成本,节约交易和运输费用;缺点是在组织工作上有一定的难度。联购分销是伴随着物流革命和现代化的大规模配送中心的兴起而发展起来的连锁业普遍采用的一种进货方式。

四、非营利组织市场和政府市场的购买行为

非营利组织市场和政府市场是组织市场的重要组成部分,它们与生产者市场和中间商

市场存在明显的差别,其购买行为具有鲜明的特点,需要专门进行研究。

(一)非营利组织市场及其购买行为

1. 非营利组织的类型

按照职能的不同,非营利组织可分为以下三种类型。

(1)履行国家职能的非营利组织。

这是指服务于国家和社会,以实现社会整体利益为目标的有关组织,工商联、消费者协会等单位。

(2)促进社会群体交流的非营利组织。

这是指促进某群体内成员之间的交流、推动某项事业发展、维护社会群体利益的各种社会组织,包括各种职业团体、业余团体、宗教组织、专业学会和行业协会等。

(3)提供社会服务的非营利组织。

这是指为某些有特定需要的公众提供服务的非营利组织,包括学校、医院、红十字会、卫生保健组织、新闻机构、图书馆、博物馆、文艺团体、基金会、福利和慈善机构等。

2. 非营利组织市场的购买特点

(1)限定总额。

非营利组织的采购经费总额是既定的,不能随意突破。比如,一些经费来源于财政拨款的组织,拨款不增加,采购经费就不可能增加。

(2)保证质量。

非营利组织的采购不是为了营利,而是为了维持组织运行和履行组织职能,因此对所购商品的质量和性能都特别重视。

(3)受到控制。

非营利组织的采购人员的采购行为受社会公众和上级机构的严格监督和控制,只能按照条件购买,缺乏自主性。

(4)程序复杂。

非营利组织购买过程的参与者较多,经过的审批环节也较多,故采购程序复杂。

3. 非营利组织市场的采购方式

(1)公开招标。

非营利组织的采购部门通过媒体发布广告或发出信函,说明拟采购商品的名称、规格、数量等要求,邀请供应商在规定的期限内投标(投标者进行密封投标)。招标单位在规定的日期开标,由专家委员会选择最符合要求的供应商为中标单位。

(2)议价合约选购。

非营利组织的采购部门同时与若干供应商就某一采购项目展开商务谈判,最后与最符合要求的供应商签约。该方式适用于复杂的大型工程项目。

(3)日常性采购。

非营利组织为了维持日常办公和组织运行的需要常常会进行日常性采购。这类采购金额少,一般是即期付款,即期交货。

（二）政府市场及其购买行为

为执行政府职能而采购商品或租用货物的各级政府单位构成了政府市场。政府市场是服务于国家和社会、以实现社会整体利益为目标的有关组织，包括各级政府和其下属各部门、军队、警察、消防队和监狱等。

1. 影响政府采购的主要因素

政府采购者的采购行为同样也受到环境因素、组织因素、人际关系因素和个人因素的影响。但值得指出的是，政府采购者的行为还要受到社会公众的制约。纳税人有责任监督和制约政府采购者的采购行为。在我国，近年来随着各级人民代表大会监督机制的日益增强，社会公众对政府采购行为的制约力度在不断加大。

2. 政府采购者的决策过程

政府采购者的决策过程根据购买情况的不同而不同，这一点与生产者市场采购者的决策过程基本一致。在政府的常规性商品的采购活动中，由于购买对象、购买数量和购买时间有较强的计划性，供应商的更换频率不高，所以，决策的内容并不复杂，但审批手续比较烦琐，需要的时间较长。根据政府采购决策程序的特点，政府市场的市场营销者应做到两点：第一，对于政府的常规性采购，在进行大力促销工作的同时，要有较强的耐心和自制力，以保持长期的供货关系；第二，对于新购，特别是投资巨大的复杂项目，企业要给予高度重视，要组织技术专家、财务专家和公关专家等专家小组进行行之有效的促销工作，在竞争中充分显示企业的实力，方能一举成功。世界各大公司常常会为获得政府订单而建立专门的营销部门。

【项目知识结构图】

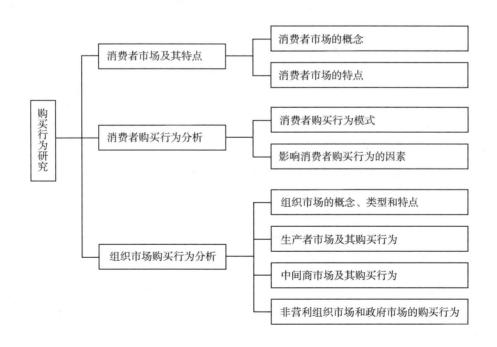

【延伸阅读】

近年来,中央国家机关政府采购中心(以下简称"国采中心")努力推动信息化建设工作不断迈向更高台阶,为政府采购用户提供更加高效、优质的服务。新的电子化招投标系统已安全平稳运行,完成信息类单独委托的公开招标项目200多个,大大提高了招投标工作的效率和服务水平,节约了供应商的投标成本。

据了解,国采中心从成立之初就非常重视信息化建设工作,始终将业务建设工作与信息化建设工作同步协调推进。在经历起步阶段和发展阶段后,信息化工作现已全面进入创新发展阶段。在国务院"放管服"改革向纵深发展,公共资源交易平台整合工作如火如荼的大背景下,国采中心科学规划,精心组织,严格落实,努力推动信息化建设工作不断迈向更高台阶,为政府采购用户提供更加高效、优质的服务。

【自测思考】

参考答案

一、单项选择题

1. 满足最终消费者的需求,是市场营销活动的(   )。
   A. 起点　　　　B. 中间点　　　　C. 终点　　　　D. 起点和终点
2. 个人为了人身安全和财产安全而对防盗设备、保安用品、保险产生的需要是(   )。
   A. 生理需求　　B. 社交需求　　　C. 尊重需求　　D. 安全需求
3. 消费者的购买决策在很大程度上受到文化、社会、个人和心理等因素的影响。其中,社会角色与地位属于(   )。
   A. 文化因素　　B. 社会因素　　　C. 个人因素　　D. 心理因素
4. 在复杂的购买行为中,消费者购买决策过程的第三个阶段是(   )。
   A. 确认需要　　B. 收集信息　　　C. 评价可行方案　D. 购买决策
5. 马斯洛认为人类最高层次的需求是(   )。
   A. 生理需求　　　　　　　　　　B. 自我实现的需求
   C. 安全需求　　　　　　　　　　D. 社交需求
6. 在消费者购买决策中,对是否买、为何买、如何买、何处买等购买决策做出最终决定的人是(   )。
   A. 购买者　　　B. 发起者　　　　C. 使用者　　　D. 决策者
7. 下列(   )不是影响消费者购买行为的主要因素。
   A. 文化因素　　B. 社会因素　　　C. 自然因素　　D. 个人因素

二、多项选择题

1. 组织市场包括(   )。
   A. 生产者市场　　　　　　　　　B. 中间商市场

C. 非营利组织市场和政府市场　　　　D. 消费者市场

2. 有权决定买与不买，决定购买商品的规格、购买数量和供应商的人员称为（　　）。

A. 影响者　　　　B. 批准者　　　　C. 决策者　　　　D. 采购者

3. 影响生产者购买决策的因素是（　　）。

A. 环境因素　　　　　　　　　　　　B. 组织因素
C. 人际关系因素　　　　　　　　　　D. 个人因素

4. 按照不同的职能，非营利组织可分为（　　）。

A. 履行国家职能的非营利组织　　　　B. 促进群体交流的非营利组织
C. 提供社会服务的非营利组织　　　　D. 政府部门

【实训项目】

实训一：

1. 实训内容

以小组为单位，选择一种产品，确定目标客户，讨论该产品的卖点并制订出可行性的营销方案。

提示：

（1）分析所选定的产品具备哪些卖点？

（2）制订出一套较为可行的营销方案来打动你的目标客户。

（3）思考如何能更有效地激发目标客户的购买动机并使之转化成为实际的购买行动。

2. 实训要求和操作步骤

实训要求：本次实训的要求是让学生通过分析消费者的需要、购买动机及个体特征，有针对性地制订选定产品的营销方案。

操作步骤：

（1）小组成员分工协作，制订出切实可行的产品营销方案；

（2）小组代表简要说明本组方案的特色与优势；

（3）由教师点评每个小组的方案，引导大家梳理消费者的需要、购买动机及个体特征，完善各自的产品营销方案。

3. 考核要点

（1）学生对消费者的需要分析情况。

（2）学生对消费者的购买动机分析情况。

（3）学生对消费者的个体特征分析情况。

实训二：

1. 实训内容

从两部不同的电视剧中分别选出一个家庭。首先按照本章中社会阶层的分类方法确定他们所处的社会阶层，然后分析各家庭的生活方式和消费行为。如果他们分属不同的社会阶层，请对他们进行比较。

2. 实训要求和操作步骤

实训要求：本次实训的要求主要是引导学生运用所学的有关文化、家庭、参照群体和社会阶层等方面的知识，对不同家庭所属的社会阶层进行划分，通过对其消费行为特征的分析，总结每个家庭的生活方式和消费行为。

操作步骤：

（1）分组开展相关课题的交流与探讨；

（2）写出分析报告。

3. 考核要点

（1）学生对不同家庭所属的社会阶层进行划分的情况。

（2）学生对不同家庭消费行为特征的分析情况。

（3）学生分析比较每个家庭生活方式和消费行为的情况。

实训三：

1. 实训内容

假设你已具备了一定的基础（资金、经验等），请根据自己的兴趣爱好，在特定范围内寻找目标客户，选择自己最擅长的项目开始你的创业营销之旅。

2. 实训要求和操作步骤

实训要求：本次实训要求学生根据所选择的项目，综合所学内容，对消费者行为特点与规律进行系统分析和总结；并根据所提供的条件，对商店选址、广告媒体策略等提出建议。

操作步骤：

（1）预先开展调研，针对所选项目自行分组；寻找目标客户，讨论行动方案；

（2）小组成员分工协作，制订出切实可行的产品营销方案；

（3）小组代表用PPT简要说明本组方案的特色与优势。

3. 考核要点

学生对消费者行为特点与规律进行系统分析和总结的情况。

项目五　市场营销调研与预测

◇ **学习目标**

1. 知识目标：了解市场营销信息系统；掌握市场营销调研的方法和步骤。
2. 能力目标：能独立开展市场营销调研活动，灵活运用市场预测方法进行市场营销预测。

◇ **工作任务**

把握市场营销调研的步骤；独立进行市场营销预测。

任务一　市场营销信息系统

【任务引例】

美国巨富亚默尔在少年时代，只是一名种地的小农夫。在他17岁那年，加州传来发现黄金的消息，于是，很快掀起了一股找金热。亚默尔也被这一浪潮所席卷，他历尽千辛万苦，来到加州，一头扑进山谷，投入到寻金者的行列。

山谷里气候干燥，水源奇缺，寻找金矿的人最感痛苦的就是没有水喝，他们一面寻找金矿，一面不停地抱怨："要是有一壶凉水，我愿意给他一块金币。""谁要是让我痛饮一顿，让我出两块金币也干！"这些话只不过是找金矿人一时发的牢骚，没有人在意，说过之后，人们又埋头找起金矿来。但在这一片"渴望"声中，亚默尔那具有企业家素质的头脑第一次开始转动。这些抱怨对于他来说，无疑是一个小小的但却非常有用的信息，他想，如果把水卖给这些人喝，也许比挖金子更能赚钱。于是，亚默尔毅然放弃了找矿，把手中的铁锹掉转了方向，由挖掘黄金变为挖水渠。他把河水引进水池，经过细沙过滤，变成清凉可口的饮用水。然后，他便把水装在桶里、壶里，卖给找金矿的人们喝，立即受到找金矿者的欢迎。

当时不少人都嘲笑他："我们千辛万苦到加州，就是为了挖金子、发大财，如果要干这种蝇头小利的生意，哪儿不能干，何必背井离乡跑到加州来呢？"对于这些挖苦，亚默尔根本不介意，继续卖他的饮用水。结果，在很短的时间里，亚默尔靠卖水就赚了6000美元。这在当时不算个小数目，亚默尔受到鼓舞，继续坚持卖水，后来，当许多人因找不到金矿而忍饥挨饿，流落他乡时，亚默尔已经成为一个小富翁了。

第二次世界大战之后，西方世界随着经济的恢复与发展和新技术的爆炸，竞争愈加激烈，企业界开始日益重视信息资源的利用与开发。但由于缺乏一套完善的、系统的收集、处理信息的方法，企业主管人员发现在他们所得到的信息中，真正有用的信息往往很少；信息的时效性差，准确性也不高；企业内部各单位指标名称不统一，缺漏较多，甚至主管人员不知有些信息究竟由哪个部门提供。针对上述情况，20世纪60年代开始出现了市场信息系统，它是一套用以有计划、有规则地收集、分析和提供信息的程序和方法。计算机并非市场信息系统的必备工具，不过为了提升该系统的效率和适应性，许多企业都使用了计算机。市场信息系统最根本的要求是有计划、有规则和连续地处理信息，该系统和其他任何系统一样，其产出的有效性依靠投入的有效性。如果资料陈旧、有错误或分析不正确，都会产生不良信息。

一、市场营销信息系统的概念

市场营销信息系统（Marketing Information System，MIS）是指一个由人员、机器和程序所构成的相互作用的复合体。企业借助市场营销信息系统收集、挑选、分类、分析、评估和分配适当的、及时的、准确的信息，为市场营销管理人员改进市场营销计划、执行和控制工作提供依据。市场营销信息系统处于环境与市场营销管理人员（即信息的实际使用者）之间。

市场调研信息是洞察消费需求、挖掘市场机会、确立企业竞争优势、建立市场竞争战略的出发点。目前，国内部分中小型企业普遍缺乏对市场调查、竞争情报收集的了解和价值认知。随着各行业市场竞争范围逐步扩大，市场规则进一步规范，企业步入了全方位、激烈的市场竞争环境。各企业需要从市场信息调研入手，挖掘市场机会，把握竞争优势，只有这样才能在激烈的竞争环境中立于不败之地。

二、市场营销信息系统的功能

市场营销信息系统的功能主要包括以下五个方面：
（1）能向各级管理人员提供其从事工作所必需的一切信息。
（2）能对信息进行选择，以便使各级管理人员获得与其能够且必须采取的行为有关的信息。
（3）提供信息的时间限于管理人员能够且应当采取行动的时间。
（4）提供使用者所要求的任何形式的分析数据与信息。
（5）提供的信息一定是最新的，并且所提供的信息的形式都是有关管理人员最易了解和消化的。

三、市场营销信息系统的构成

市场营销信息系统由企业的内部报告系统、营销情报系统、营销调研系统和营销分析系统构成。

（一）内部报告系统

内部报告系统是企业营销经理使用的最基本的信息系统，主要包括以下内容。

1. 客户订单信息

客户订单信息可按行业、地区、交货期、产品规格等指标进行归类。

2. 销售报告

销售报告可按产品、时间段、地区及人员、市场占有率等指标进行划分。

3. 销售预测

销售预测可按种类、成交可能评估值、交货期（年/季/月）进行划分。

4. 库存状况

库存状况是将企业内部产品供应状况做明细统计，与销售预测表结合使用，同时注意存货的动态变化。

5. 应收账款统计

应收账款统计应结合客户信用分析使用。

（二）营销情报系统

营销情报系统为市场营销管理人员提供关于市场营销内外部环境发展变化的最新信息，市场营销管理人员可依此调整方案、制定决策。企业通常把收集到的大量信息录入到数据库，再应用决策工具和技术进行系统分析，然后运用于企业的营销决策当中。

（三）营销调研系统

1. 行业状况调研

这主要是研究本行业的现状、发展趋势及行业生存条件等方面内容，需要密切注意新技术在本行业的运用，也要关注与本行业相关的其他行业的动向。

2. 消费者调研

这里主要是指对消费者的需求、消费习惯与态度、满意度、媒体接触习惯与方式、生活形态与价值观、产品概念等进行分析与研究。

3. 竞争对手调研

这里主要是指了解行业内主要竞争品牌的知名度，分析其市场占有率和市场行为（包括主要经营者的变动及其他动向）。竞争不仅来自于同行业的同类产品，还来自于替代品、新加入的竞争者等。有些行业新技术不断涌现，产品更新换代较快，替代品威胁成为该行业中企业主要的竞争压力，故也应成为调研的重点内容。

4. 营销网络信息收集

这里主要了解营销代理成员的所在地区、数量、规模、性质、营销能力、信用等级，代理竞争品牌产品情况、合作情况，营销网络调研需做动态的调研并定期进行更新。

（四）营销分析系统

营销分析系统也称市场营销决策支持系统，该系统通过软件和硬件的支持，协调企业各数据的收集、整理和分析，使得各种信息分析转换为企业自身的信息资源。

四、市场营销信息系统的信息要素

市场营销信息系统的信息要素主要包括内部数据和外部信息两个部分。

（一）内部数据

内部数据主要包括企业的产品销量、销售额、账款回收情况、客户订单、库存、促销情况、折扣、质量事故等。

（二）外部信息

外部信息主要包括市场环境和竞品分析两个方面。

1. 市场环境

市场环境主要包括人口数量及结构、市场容量、区域 GDP 增长率、职工人均工资收入水平、消费结构、产品流通结构、行业趋势、竞争态势、主流产品、价格水平、市场特点、宏观政策等，属于市场外部环境信息要素。

2. 竞品分析

竞品分析主要包括以下六个方面。

（1）产品，包括结构、质量、特点、名称、包装及规格等。

（2）价格，包括出厂价、一批价、二批价、零售价、折扣、运补等。

（3）渠道，包括一批数量、二批网络、终端网络、终端服务等。

（4）促销，包括市场推广、广告、公共关系等。

（5）销售组织，包括业务员、促销员等。

（6）销量和目标消费人群等。

任务二　市场营销调研与预测

【任务引例】

××洗衣机市场调查方案

1. 调查目的：为了更好地扩大××洗衣机的销路，进一步提高其市场占有率和提高其声誉，特作此次调查。

2. 调查地点：上海、北京、深圳、成都、广州、长沙、青岛、大连。
3. 调查对象：以各地消费者、经销商为主。
4. 调查人数：每地选消费者500人（户）、经销商50家。
5. 调查时间：20××年××月××日—××日。
6. 调查内容：

(1) 当地主要经济指标：如人口数量、国民生产总值、人均收入、居民储蓄情况和消费支出情况等。

(2) 当地洗衣机销售的基本情况：如每百户家庭洗衣机拥有量、市场潜量、相对市场占有率等。

(3) 当地消费者的基本情况：消费者的家庭状况，消费者的职业、教育程度、收入水平等。

(4) 当地消费者对洗衣机的基本态度：如购买洗衣机的主要目的、有何要求和爱好等。

(5) 当地消费者对该产品的态度：如是否愿买该产品，对该产品的名称、标志、质量、价格、广告等方面有何看法等。

(6) 当地经销商的经销情况和经销态度：如当地经销商销售洗衣机的数量多少、当地经销商的规模与类型、哪些经销商对经销该产品持积极态度等。

(7) 当地市场主要竞争产品的基本情况：如当地市场销量较大的主要有哪些产品，这些产品的不足之处何在等。

(8) 本产品与主要竞争产品的比较情况：如与主要竞争产品比较，本产品有何优势和不足等。

7. 调查方式：问卷调查。
8. 调查结果：写出书面调查报告。

市场营销调研是市场预测的前提和基础，通过市场营销调研，企业可以有目的地、系统地收集市场信息，分析和研究市场营销环境，为企业决策者制定和实施有效的市场营销战略提供依据。

一、市场营销调研的概念

市场营销调研就是运用科学的方法，有目的、有计划、有系统地收集、整理和分析研究有关市场营销方面的信息，并提出调研报告，以便帮助管理者了解营销环境，发现问题及机会，并作为市场预测和营销决策的依据。

二、市场营销调研的作用

市场营销调研是企业市场营销活动的起点，作用十分重要。

1. 市场营销调研可为企业发现市场机会提供依据

市场情况瞬息万变，环境变化难以预测。一些新的产品会流行起来，而另一些产品则会退出市场。激烈的竞争给企业进入市场带来困难，同时也为企业创造出许多机遇。通过市场营销调研，企业可以确定产品的潜在市场需求和销售量的大小，了解顾客的意见、态度、消费倾向、购买行为等，据此进行市场细分，进而确定其目标市场，分析市场的销售形势和竞争态势，并将此作为发现市场机会、确定企业发展方向的依据。

2. 市场营销调研是企业产品更新换代的依据

科学技术的日新月异，顾客需求的千变万化，使市场的竞争日趋激烈，新产品层出不穷，产品更新换代的速度越来越快。通过市场营销调研，可以发现企业的产品目前处于产品生命周期的哪个阶段，以便适时调整营销策略，对是否要进行产品的更新换代做出决策。

3. 市场营销调研是企业制定市场营销组合策略的依据

市场的情况错综复杂，有时难以判断，因为现象也会掩盖问题的本质。例如，某产品在南方深受顾客青睐，可在北方却销售不畅，通过市场营销调研可以指出问题所在，或许是因南北方顾客的需求差异所致，或许……只有找到原因，才能制定出产品策略。又如，产品的价格不仅取决于产品的成本，而且还受供求关系、竞争对手的价格、经济大环境、价格弹性等多种因素的影响。毫不夸张地说，市场上产品的价格是瞬息万变的，通过市场营销调研，企业可以及时地掌握市场上产品的价格态势，灵活调整价格策略。再如，产品打入市场，能否制定出切实有效的促销策略至关重要，销售渠道是否畅通无阻亦同样重要。这一切都需要通过市场营销调研来提供市场信息，为企业制定营销组合策略的依据。

4. 市场营销调研是企业增强竞争能力和提高经济效益的基础

通过市场营销调研，企业可以及时了解市场上产品的发展变化趋势，掌握市场相关产品的供求情况，清楚顾客需要什么等，并据此制订市场营销计划，组织生产适销对路的产品，增强企业的竞争能力，实现企业的营利目标，提高企业的经济效益。

三、市场营销调研的方法

市场营销调研以所收集的信息是否是原始资料为标准可分为实地调研和案桌调研。实地调研是通过发放问卷、面谈、抽样调查等方式收集原始资料的调研。调研人员通过收集经别人收集、整理和公开发表过的二手资料的调研称为案桌调研。这里主要讲实地调研。

实地调研的方法主要有询问法、观察法和实验法三种。

（一）询问法

询问法是指调研人员通过与被调查者的相互交流过程获得相关事实、观点和态度等方面信息的方法。询问法是收集描述性信息和原始数据最主要的方法。

询问法包括面对面访谈和问卷两种方式。面对面访谈可以在被调查者家中、购物中心或企业进行。问卷是获取数据的一种有序的、结构化的方法，这里主要讲问卷法。

1. 问卷法的分类

问卷法可以分为封闭式问卷和开放式问卷。两种问卷设计的主要内容分别如下。

(1) 封闭式问卷。
①是非式问题,即被调查者只需对所提问题回答"是"或"否"便可。
②多项选择,调研人员一般提供3个以上答案供被调查者选择。
③李克量表,调研人员请被调查者在坚决同意和坚决不同意间选择。
④语义级差,调研人员请被调查者在最好和最差之间进行选择。
⑤重要量表,调研人员请被调查者在最重要和最不重要之间进行选择。
(2) 开放式问卷。
①自由格式,调研人员对被调查者无任何引导、暗示或限制。
②填充式,调研人员请被调查者在不完整的语句中填入有关内容。
③联想式,调研人员请被调查者对于给定的词汇、情节等进行联想。
④图示式,调研人员给出一幅图画,请被调查者增添内容或进行联想。
2. 设计问卷时不宜采用的问题
在设计问卷时不应采用以下问题:
(1) 您每月的收入是多少?(涉及隐私)
(2) 您每月的支出是如何分配的?(问题太抽象)
(3) 您是经常到这家商店来吗?("经常"的含义有不确定性)
(4) 您喜欢这家企业吗?
(5) 您上星期看到我们的广告几次?(人们可能无法准确记住)
(6) 您对我们的商品结构是否满意?
(7) 您是否赞成这种"削价倾销"的做法?(用词带有明显的倾向性)

(二) 观察法

观察法是指市场营销人员通过观察正在进行的某一特定市场营销过程,来解决某一市场营销调研问题的方法。观察法可用于研究售货技术、顾客行为、顾客反应等市场营销问题。其主要优点是客观实在,能如实反映问题。不足之处是运用这种方法很难捕捉到被观察者的内在信息;对被观察者的行为或环境无法加以控制。

(三) 实验法

实验法是指将选定的刺激措施引入被控制的环境中,进而系统地改变刺激程度,以测定顾客的行为反应的方法。该方法一般包括以下几个方面:
(1) 实验主体,指可被施以行动刺激,以观测其反应的单位;
(2) 实验投入,指研究人员将试验其影响力的措施变量;
(3) 环境投入,指影响实验投入及其主体的所有因素;
(4) 实验产出,也就是实验结果,包括销售额的变化、顾客态度与行为的变化等。

实验设计是用来决定主体数目的多少、实验时间的长短以及控制类型的。实验设计的主要类型有简单时间序列实验、重复时间序列实验、前后控制组分析、阶乘设计、拉丁方格设计等。调研人员常常将选定的刺激措施引入被控制的环境中,进而系统地改变刺激程度,以测定顾客的行为反应。

四、市场营销调研的过程

市场营销调研一般包括五个步骤，即确定问题和目标、制订调研方案、收集信息、分析信息、撰写调研报告并提出调研结论。

（一）确定问题和目标

市场营销调研的第一个步骤就是要确定调研的问题和欲达到的目标。有了明确的目标，才能着手开展调研工作。企业营销管理者对问题的确定要适度，既不要太大，又不要太小，可以通过分析企业现况、明确企业面临的营销问题（如诸多市场影响因素中，哪些值得调查分析，企业希望的市场情况是怎样的等）深入探讨，明确了解企业借由市场营销调研所拟达成的目标。

（二）制订调研方案

市场营销调研的第二个步骤是确定方案，调研方案是整个市场营销调研工作的行动纲领，起到保证市场营销调研工作顺利进行的重要作用。调研方案一般包括以下主要内容。

（1）明确市场营销调研目的。即说明为什么要做此项调研，通过市场营销调研要解决哪些问题，要达到什么目标。

（2）市场营销调研的项目和工具。调研项目是市场营销调研过程中用来反映市场现象的类别、状态、规模、水平、速度等特征的名称；调研工具是指调研指标的物质载体。设计出的调研项目最后都必须通过调研工具表现出来。

（3）规定市场营销调研的空间和时间。调研空间是指市场营销调研在何地进行，有多大范围。调研空间的选择要有利于达到调研目的，有利于收集资料工作的进行，有利于节省人、财、物。调查时间是指调查资料所属的时间，确定调查时间是为确保数据的统一性和有效性。

（4）规定调研对象和调研单位。调研对象是指市场营销调研的总体，调研对象的确定决定市场营销调研的范围大小，调研单位是指组成总体的个体，每一个调研单位都是调研项目的承担者。

（5）确定市场营销调研的方法，包括选择适当的组织调研方式和收集资料的方法等。

（6）落实调研人员、经费和工作安排。这是市场营销调研顺利进行的基础和条件，也是设计调研方案时不可忽视的内容。

（三）收集信息

市场营销调研的信息包括原始资料和二手数据，企业调研收集的资料必须做到真实准确、全面系统，否则准备阶段的工作和研究阶段的工作都将失去意义。

1. 原始资料的收集

原始资料是通过专门调研方法实地收集得来的。收集原始资料的方法主要有观察法、实验法、调查法以及专家估计法等。企业借助市场营销调研可以获得较为广泛的数据，并且对许多问题的研究都具有实用性。在市场营销活动中，调研是收集有关产品特征、广告文稿、广告媒介、促销及分销渠道等信息的有效方法。在企业没有充足的时间或不能收集到适当的数据时采用专家估计法也不失为一种好办法。市场营销人员可以从专家那里收集市场规模估计、某一事件的不确定性、对某些变量的评分或赋予的权数等。

2. 二手数据及其评审标准

二手数据为已经收集的现成的信息资料，来源包括企业的信息系统、报刊书籍和网络等。二手数据一般是经过编排、加工处理的数据。评估二手数据的标准有三个。

（1）公正性。这是指提供该项数据的人员或组织不怀有偏见或恶意。

（2）有效性。这是指相关数据是由原研究人员使用某一特定的相关测量方法或一系列相关测量方法收集到的。

（3）可靠性。这是指从某一群体中抽出的样本数据能准确反映其所属整个群体的实际情况。

（四）分析信息

这一阶段的主要任务是对收集信息阶段取得的市场信息进行鉴别与整理，并对整理后的市场资料做统计分析和开展理论研究。对实际取得的市场信息进行全面的审核，目的是消除信息中虚假的、错误的、短缺的信息，保证信息的真实性、准确性和全面性。对信息进行分析，就是运用统计技术和决策模型，研究市场现象总体的数量特征和数量关系，揭示市场现象的发展规模、水平，总体的结构和比例及发展趋势等，为营销决策提供有效的依据。

（五）撰写调研报告并提出调研结论

这是市场营销调研的最后阶段，也是市场营销调研的重要环节。其主要任务是撰写市场调研报告、总结调研工作和评估调研结果。调研报告是市场营销调研成果的集中体现，是对市场营销调研工作最集中的总结。调研报告的内容一般包括内容提要、调研情况描述、问题分析（或预测）、营销对策建议（营销策划）和附录等。要想使调研报告在理论研究和实际工作中发挥重要作用，还要对市场营销调研工作的经验和教训加以总结。认真做好总结工作，对于提高市场营销调研的能力和水平，有很重要的作用。

五、几种典型的市场营销调研

1. 消费者调研

消费者调研主要围绕市场规模、市场结构、购买偏好、行为特征等进行。

2. 市场竞争调研

市场竞争调研主要围绕供应总量、市场份额、主要品牌、品牌忠实度等进行。

3. 流通渠道调研

流通渠道调研主要围绕流通环节、中间商类型、中间商品质、交易条件等进行。

4. 市场趋势调研

市场趋势调研主要围绕相关因素排列、发展轨迹分析、未来环境变化等进行。

5. 商圈调研

商圈调研主要围绕人口及其结构、客流及其结构、消费者及其购物习惯、区域功能性质、商圈竞争状况等进行。

6. 企业形象调研

企业形象调研主要围绕企业知名度、美誉度、偏好度、形象因素评价等进行。

六、市场营销预测

市场营销预测一般包括环境预测和市场需求预测两个部分。

环境预测就是分析通货膨胀、失业、利率变化、消费者支出和储蓄、企业投资、政府开支、净出口以及其他一些重要因素。

企业从事市场需求预测，主要是进行市场需求、企业需求、企业销售及企业潜量几个方面的测量和预测。

1. 市场需求

某个产品的市场需求是指一定的顾客在一定的地理区域、一定的时间、一定的营销环境和一定的营销方案下购买该产品的总量。

市场需求预测一般要经过三个阶段，即环境预测、行业预测和企业销售预测。市场需求预测的主要方法有购买者意向调查法、销售人员综合意见法、专家意见法、市场试验法、时间序列分析法、直线趋势法、统计需求分析法等。

同计划的营销费用相对应的市场需求就称为市场预测。市场预测是估计的市场需求，但它不是最大的市场需求。当营销费用达到一定数量时，进一步增加营销力量，不会刺激产生更大的市场需求。这时的市场需求就是最大市场需求，也称市场潜量。

即使没有任何需求刺激，不开展任何营销活动，市场对某种产品的需求仍会存在，这种情况下的市场需求就是最低市场需求。我们把这种情形下的销售量称为基本销售量（也称市场底量）。

可扩张的市场，如服装市场、家用电器市场等，其需求规模受营销费用水平的影响很大。不可扩张的市场，如食盐市场等，几乎不受营销水平的影响，其需求不会因营销费用增长而大幅度增长。

2. 企业需求、企业销售预测与企业潜量

企业需求表示不同水平的企业营销力量刺激产生的企业的估计销售额，这也就是说，企业营销力量的大小将决定销售额的大小。

与计划水平的营销力量相对应的一定水平的销售额，称为企业销售预测。当企业的营销力量相对于竞争者不断增加时，企业需求所达到的极限称为企业潜量。如果企业的市场占有率为100%，即企业成为独占者时，企业潜量就等于市场潜量，但这只是一种极端状况。在大多数情况下，企业销售量小于市场潜量，这是因为每个企业都有自己的忠诚购买者，他们一般不会轻易地转而购买其他企业的产品。

【项目知识结构图】

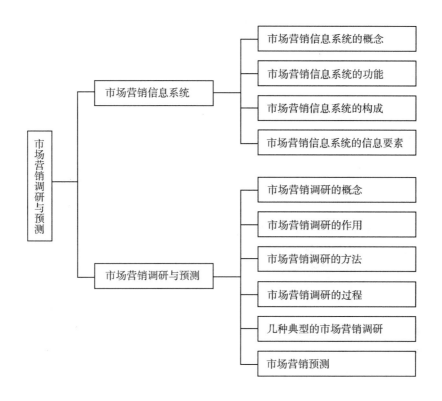

【延伸阅读】

2014年，国家统计局在全国开展网购用户专项调查，通过收集网购用户网络购物情况、网上购物评价等购物消费习惯信息，客观反映网络购物对传统消费的影响程度，科学测算网购替代率等重要参数数据。通过对8333个网购用户调查数据的整理和分析，主要发现如下：

(1) 2014年网购用户网购替代率为78%。

(2) 网购替代率较高的商品（服务）依次是：飞机票和火车票、通信充值和游戏充值、餐饮旅游和住宿等，其替代率分别为91.6%、87.9%和82.0%。

(3) 在网购用户的网购总额中，实物商品所占比重接近八成；服务类消费所占比重为19.4%。

(4) 22%的网购消费是网络刺激下所产生的新增消费需求。

(5) 选择网购的主要原因是网购价格比实体店便宜和网购足不出户节约时间。

(6) 城镇居民的网购替代率高于农村。

(7) 东、中、西部地区网购替代率差异不大。

(8) 网购替代率随着收入水平由低到高的变化而呈"V"字走势。其中，低收入和较高收入人群网购替代率高于中等收入用户。

(9) 网购替代率随着年龄的增长总体呈下降趋势。

(10) 有86％的网购用户对网购体验表示满意。

(11) 49.3％的网购用户因为网购而增加了购买商品的数量，53.7％的网购用户因为网购而增加了消费支出，48.4％的网购用户表示今后会提高网购消费支出比重。

(12) 75.9％的网购用户认为网购商品质量参差不齐，有些商家存在欺诈行为。

【自测思考】

参考答案

一、单项选择题

1. 市场营销调研首先要解决的问题是（　　）。
   A. 确定调查方法　　　　　　　　B. 选定调查对象
   C. 确定问题和目标　　　　　　　D. 解决调查费用
2. 在互联网上发布问卷，进行某种产品的购买需求调查，属于（　　）。
   A. 询问法　　　B. 观察法　　　C. 实验法　　　D. 文案法
3. 市场营销调研和市场预测的关系是（　　）。
   A. 市场营销调研是市场预测的基础　　B. 市场预测是市场营销调研的基础
   C. 两者无关系　　　　　　　　　　　D. 两者并列
4. 市场调研人员亲自收集的资料称为（　　）。
   A. 单一来源　　B. 二手资料　　C. 原始资料　　D. 便利数据

二、多项选择题

1. 二手资料的信息来源有（　　）。
   A. 内部来源　　B. 政府刊物　　C. 报刊书籍　　D. 商业资料
2. 市场营销信息系统包括（　　）。
   A. 内部报告系统　　　　　　　　B. 营销情报系统
   C. 营销调研系统　　　　　　　　D. 营销分析系统
3. 市场营销实地调研的方法包括（　　）。
   A. 询问法　　　B. 观察法　　　C. 实验法　　　D. 案桌调研

三、思考题

1. 什么是市场营销调研？
2. 请举例说明市场营销信息系统对顾客信息的管理作用。

【实训项目】

实训一：
1. 实训内容
以"学生课余打工"为题，设计一份调查问卷。

2. 实训要求和操作步骤

实训要求：培养学生设计调查问卷、开展调查的能力。

操作步骤：

（1）学生进行初步设计；

（2）教师协助学生修订调查问卷。

3. 考核要点

学生设计调查问卷的能力、实施调查能力。

实训二：

1. 实训内容

围绕某一主题开展模拟访谈。

2. 实训要求和操作步骤

实训要求：培养学生访问、收集和整理信息的能力。

操作步骤：

（1）学生以 10～15 人为一组，分角色模拟访问；

（2）将访问的结果进行整理分析，形成总结材料。

3. 考核要点

（1）围绕主题设计问题，获得信息的能力。

（2）组织活动，表达的能力。

项目六　市场竞争分析

◇ **学习目标**

1. 知识目标：了解分析竞争者的基本步骤和方法；掌握企业常用竞争战略和市场领先者、市场挑战者、市场跟随者、市场补缺者常用的市场竞争策略。

2. 能力目标：能够识别市场上的竞争者，会进行竞争分析，能识别和判断不同竞争者采用的竞争策略。

◇ **工作任务**

竞争者分析；竞争策略的分析。

任务一　竞争者

【任务引例】

瓜子二手车直卖网利用广告语，加强了其竞争定位。

1. 进一步清晰品类价值，加速收割

该企业的第一波信息——"没有中间商赚差价"，非常清晰地传递出去以后，很多原来在线下交易的顾客就被吸引过来。

2. 传递热销信息，成就主流模式

"创办一年，成交量就已遥遥领先"包含两个层面的信息。

首先是"热销"。不同模式比较之下，"直卖网"模式最先进，因为"没有中间商赚差价"，所以它增长最快，也最受顾客欢迎。其次是"领导地位"。成交量遥遥领先，是对其领导地位的清晰表达。对于线上不同模式而言，因为发展得又快又好，该企业的模式已经代表了一种趋势，成为主流。

优胜劣汰是市场竞争的原则，任何企业都无法回避。准确恰当地对竞争者进行分析，制定正确竞争战略，对企业的生存和发展具有重要意义。

一、识别竞争者

竞争者有狭义和广义之分。狭义的竞争者指的是现实的、直接的竞争者，是生产、经营与本企业提供的产品相似的或可以互相替代的产品，以同一类顾客为目标市场的其他企业。广义的竞争者是来自于多方面的，企业与顾客、供应商之间都存在某种意义上的竞争关系。

竞争者在市场经济中是一种客观存在，但企业通常不能轻易地发现和识别出本企业所有的竞争者。一般来说，企业能够直接感受到现实的竞争者的存在，却往往不能够准确地把握哪些企业是本企业潜在的竞争者。而潜在的竞争者也许要比现实的竞争者更具有威胁性。企业可从以下三个方面识别竞争者。

（一）从本行业角度识别竞争者

提供同一类产品或服务的企业，或者提供可相互替代的产品的企业，构成一个行业，如汽车行业、家电行业、食品行业等。由于同行业之间产品的相似性和可替代性，彼此之间形成了竞争关系。因此，企业要首先从本行业出发识别竞争者。在本行业内部，由于价格、质量和其他方面的差异以及各种因素的影响，就可能会出现需求量此升彼降的情况。因此，企业需要全面、透彻地了解本行业的竞争状况，识别强劲的竞争者。

【小资料】
行业的含义：行业是一组提供一种或一类密切替代产品的相互竞争的企业群。密切替代产品指具有高度需求交叉弹性的产品。如海尔电视的降价会引起其他品牌电视需求的减少。

（二）从市场和消费者需要的角度识别竞争者

企业还可以从市场和消费者需要的角度来识别竞争者。凡是满足相同的市场需要或者服务于同一目标市场的企业，无论是否属于同一行业。都可能是彼此潜在的竞争者。例如，从市场的观点来看，特别是从满足消费者出行需要的角度来看，乘汽车、坐火车、坐飞机、骑自行车或电动自行车和自驾都能满足消费者出行需求。这些交通工具虽然分属于不同的行业，但它们之间也存在竞争。从满足消费者需要的角度出发来识别竞争者，可以帮助企业管理者开拓思路，从更广泛的角度识别企业的现实竞争者和潜在竞争者。潜在的竞争者往往是更难辨识的。

（三）从市场细分的角度来识别竞争者

为了更好地识别竞争者，企业需要估计各个细分市场的容量和现有竞争者的市场占有率，以及各个竞争者当前的实力和他们在各个细分市场的市场目标与策略。

二、分析竞争者的目标和战略

（一）分析竞争者的市场目标

分析竞争者的市场目标具有重要的意义。企业在不同的时期和不同的发展阶段，制定的目标和目标组合是不同的。通过了解竞争者的市场目标，企业既可以借此了解竞争者目前的市场地位、经营状况、财务状况和其对自己的状况是否满意，又可以推断这个竞争者的发展动向和其对外部环境因素的变化或其他企业竞争策略的反应。

企业的市场目标多种多样，如获利能力、市场占有率、现金流量、成本降低、技术领先、服务领先等，每个企业都有不同的侧重点和目标组合。了解竞争者的市场目标及目标组合，可以判断他们对不同竞争行为的反应。比如，一个以低成本领先为目标的企业对竞争企业在制造过程中的技术突破一般会做出强烈反应，而对竞争企业增加广告投入却往往不太在意。

竞争者的市场目标由多种因素决定，包括企业的规模、历史、经营管理状况、经济状况等。

（二）分析竞争者的战略

竞争者会采取什么样的竞争战略，对于企业制定自己的竞争战略具有重要意义。竞争者之间可能采取不相同的战略，也可能采取类似的战略，战略的相似度越高，竞争则越激烈。

企业通常采用价格竞争和非价格竞争两种基本战略形式。

价格竞争是指企业运用价格手段，通过价格的提高、维持或降低，以及对竞争者定价或变价的灵活反应等，来与竞争者争夺市场份额的一种竞争方式。价格竞争是市场运作中不可避免的一种经济规律，关键在于如何根据自身的资源以及所处的环境，采取有效的措施使本企业在竞争中得以生存与发展。价格竞争是竞争者易于仿效的一种方式，很容易招致竞争者以牙还牙的报复，以致两败俱伤，最终不能提高经济效益。以削价为手段，虽然可以吸引顾客于一时，但一旦恢复正常价格，销售额也将随之减少；如果定价太低，往往会迫使产品质量或服务质量下降，以致失去买主，损害企业形象；价格竞争往往使资金力量雄厚的大企业能继续生存，而使资金短缺、竞争能力弱的小企业蒙受更多不利。因此，在现代市场经济条件下，非价格竞争已逐渐成为市场营销的主流。

非价格竞争即价值竞争，就是为顾客提供更好、更有特色或者更能满足顾客的差异化需求的产品和服务的一种竞争。随着社会经济的发展和人们生活水平的提高，需求的个性化、差异化、多样化、层次化、动态化已逐步成为当今市场消费的基本特征。而非价格竞争则可以通过了解消费者需求的变化，不断按照消费者潜在的和现实的需求改进产品，改进营销策略，以丰富多彩的竞争手段和竞争形式，满足消费者的消费需求，应付竞争者的挑战。非价格竞争可以通过产品升级、技术革新、质量改良、品牌建树、超值服务等多种方式来吸引消费者，以达到扩大产销量的目的。

三、评估竞争者

竞争者能否执行和实现战略目标,取决于他们拥有的资源和能力。对竞争者的评估一般可分为以下三步。

(一)收集信息

收集竞争者业务上最新的关键数据,主要包括销售量、市场份额、心理份额、情感份额、毛利、投资报酬率、现金流量、新投资、设备能力利用率等。收集信息的方法主要包括查找第二手资料和向顾客、供应商及中间商调研获取第一手资料。

(二)分析评价

收集竞争者的上述信息资料是一件相当困难的事,但企业还是要为此付出努力,因为只有这样才可以对竞争者的优势与劣势做出较为准确的判断,从而帮助企业做出向谁挑战、怎样挑战的决策。在收集到足够的信息资料后,企业就必须利用分析比较的方法对竞争者的情况进行评价。

每位竞争者能否有效地实施其战略并达到目标,取决于他们的资源与能力、优势与弱点。企业可通过收集每位竞争者过去的重要业务数据,如销售额、市场占有率、投资收益率、生产能力等情况来分析其优势和不足,也可通过向中间商、顾客调查来了解竞争者的实力,还可跟踪调查竞争者的各项财务指标的变化情况,特别是可以通过分析竞争者的利润率和资金周转速度的变化来了解竞争者的相关情况。

(三)评估竞争者的优势和劣势

竞争者的优势和劣势通常体现在以下几个方面。
(1)产品,包括产品的地位、适销性、产品组合等;
(2)营销渠道,包括营销的水平、能力和渠道的广度和深度、效率和实力、服务能力等;
(3)生产和经营,包括规模经济、设备状况等因素所决定的生产规模与生产成本,设施与设备的技术先进性与灵活性,专利与专有技术,生产能力的扩展,质量控制与成本控制,区位优势,员工状况,原材料的来源与成本等;
(4)研究与开发能力,包括企业内部在产品、工艺、基础研究、仿制等方面所具有的研究与开发能力,研究与开发人员在创造性、可靠性、简化能力等方面的素质与技能等;
(5)资金实力,包括资金结构、筹资能力、现金流量、资信度、财务比率和财务管理能力等;
(6)组织和管理能力,包括企业组织成员价值观的一致性与目标的明确性、组织结构与企业策略的一致性、组织结构与信息传递的有效性、组织对环境因素变化的适应性与反应程度、组织成员的素质和企业管理者的领导素质及能力等。

四、估计竞争者的反应模式

由于竞争者的策略、目标、优势和劣势不同,企业对于市场上的各种竞争行为可能做出不同的反应。企业要估计竞争者的市场反应和可能采取的行为,为本企业的市场策略提供决策依据。一般情形下,竞争者的市场反应可以分为以下几种类型。

(一)从容型或迟钝型

某些企业对于竞争者在市场竞争中措施的反应不强烈,行动缓慢。这可能是因为企业受到自身在资金、规模、技术等方面的能力的限制,无法及时捕捉到信息,不能及时做出适当的反应;也可能是因为企业对自己的竞争力过于自信,对于竞争者的表现不屑于采取反应行为;还可能是因为企业对市场竞争措施的重视程度不够,未能及时捕捉到市场竞争变化的信息。

(二)选择型

某些企业对不同的市场竞争措施的反应是有区别的,有时无动于衷,有时反应强烈。例如,大多数企业对降价这样的价格竞争总是反应敏锐,倾向于做出强烈的反应,在第一时间采取报复措施以进行反击;而对于非价格竞争,如改善服务、改进产品等措施则不大在意,认为对自己不构成直接威胁,因此不会及时做出反应。

(三)强烈反应型

许多企业对市场上任何竞争因素的变化都十分敏感,当受到竞争者的挑战时会迅速地做出强烈的市场反应,并进行激烈的反击。这种类型的企业通常都是市场上的领先者,具有某项竞争优势。因此,一般企业轻易不敢或不愿挑战其在市场中的权威,会尽量避免与其作直接的正面交锋。

(四)随机型

有些企业往往不按规则出牌,使人觉得不可捉摸。这类企业在某些时候可能会对市场竞争的变化做出反应,也可能不做出反应;他们既可能迅速做出反应,也可能反应迟缓;其反应既可能是剧烈的,也可能是柔和的。

【小任务】假如你是一家生产电视机的企业的总经理,请你收集3家你的竞争对手的有关信息,并对其进行分析,然后归纳出分析结果。

任务二　企业的竞争战略

【任务引例】

空调领军企业奥克斯在 2016 年完美上演"一路奔跑"之后，又于 2017 年年初再度成功变道超车，上演从过去一路奔跑到全线领跑大转身。

1. 定义品牌口号

对于已经拉开大幕的 2017 空调市场，奥克斯率先面向商家释放的"变频机定频价"这句品牌新口号，将市场竞争的战术与战役通过品牌公开引爆，明确要继续在变频空调市场上打响一场新战役。从表面上看，这貌似是重启价格竞争，实际上是在完成从健康空调到变频空调的竞争战略的再升级。

2. 创新营销模式

奥克斯继 2016 年在全国主要机场、高铁火车站及火车座位上投放特色广告之后，2017 年再次抓住春节返乡这一契机，投放广告。不仅如此，2017 年 1 月奥克斯的卡通形象更是变身食神，在高铁列车上送年货礼包，为归家的游子带去一份厚重的年味。

竞争战略就是一个企业在同一使用价值的竞争上采取进攻或防守行为。企业常用的竞争战略包括成本领先战略、差异化战略和集中（专一化）战略。

一、成本领先战略

成本领先战略是指通过有效的途径，降低产品的成本，以实现竞争优势的战略。这种战略要求企业努力取得规模经济，严格控制生产成本和间接费用，促使企业的总成本下降。这样，企业就可以通过让利消费者或在相同价格下获得更多的盈利而处于市场优势地位。

成本领先者的竞争优势是总成本比竞争对手的要低。成本领先战略要使企业的某项业务成本最低，虽然任何一种战略之中都应当包含成本控制的内容，它是管理的任务，但并不是每种战略都要追求成为同行业的成本最低者。

成本领先战略的优点表现为实行该战略的企业的优势是显而易见的，低成本可以有效地防御竞争对手的进攻，成本领先者足以对潜在竞争者构成进入壁垒，强有力的成本领先者还可以迫使供应商维持原价格。

总成本领先战略要求企业必须建立起高效、规模化的生产设施，全力以赴地降低各方面的成本，包括严格控制生产成本、管理费用及研发、服务、推销、广告等方面的成本费用。为了达到这些目标，企业需要在管理方面对成本高度重视，以确定总成本低于竞争对手。

二、差异化战略

差异化战略是指企业设法使自己的产品或服务有别于其他企业,在行业中树立别具一格的经营特色,从而在竞争中获取有利地位的战略。实施这一战略成功的关键是在消费者感兴趣的方面和环节树立自己的特色。比如,航空公司的乘客最关心的是什么呢?首先是安全,然后是便利。顾客关心的产品环节可能不止一个,企业在执行差异化战略时也就有多种选择。例如,卡特皮勒推土机公司不仅以其经销网络和优良的零配件供应服务著称,而且以其极为优质耐用的产品享有盛誉。

企业决定实施差异化战略时,必须仔细研究顾客的需求或偏好,以便提供将某种或某几种差异化特色结合在一起的独特产品、技术或服务,以满足顾客的需求。实施差异化战略可以有许多方式,如设计名牌形象,保持技术、性能、特点、顾客服务、商业网络及其他方面的独特性等,最理想的状况是企业在这些方面都具有自己的特点。但这一战略与提高市场份额的目标不可兼顾,企业实施差异化战略有可能要放弃较高的市场占有率目标。另外,企业在实施差异化战略的同时,总是伴随着很高的成本代价,有时即便全产业范围的顾客都了解某企业的独特优点,也并不意味着所有顾客都愿意或有能力支付企业要求的高价格。

三、集中(专一化)战略

集中(专一化)战略是指企业将经营范围集中于行业内某一细分市场,使企业有限的资源得以充分发挥效力,在某一局部超过其他竞争对手,赢得竞争优势;或企业主攻某个特殊的顾客群、某产品线的一个细分区段、某一地区市场等,从而赢得竞争优势的战略。成本领先战略与差异化战略都是要在全产业范围内实现其目标,而集中(专一化)战略的前提是企业业务的集中或专一化能够使企业以较高的效率、更好的效果为某一狭窄领域的对象服务,从而使企业超过在较广阔范围内竞争的对手。集中(专一化)战略主要有以下几种主要形式。

(一)产品线重点集中

产品开发和工艺装备成本偏高的行业(例如,汽车工业和飞机制造业),通常以产品线的某一部分作为经营重点。

(二)用户重点集中

将经营重心放在不同需求的顾客群上是用户重点集中形式的主要特点。例如,有的企业以市场中高收入顾客为重点,产品集中供应给那些注重最佳质量而不计较价格高低的顾客。

(三)地区重点集中

细分市场可以以地区为标准进行划分。如果某种产品能够按照特定地区的需要实行重点集中，也能获得竞争优势。此外，在经营地区有限的情况下，地区重点集中有利于取得成本优势。如砖瓦、水泥、板材等建材企业，由于运输成本很高，将经营范围集中在一定地区之内对企业的发展是十分有利的。

（四）低占有率的集中

在企业中，市场占有率低的业务部门通常被视为"瘦狗"类业务部门。对于这些部门，企业往往采用放弃战略或彻底整顿的战略，以便提高其市场占有率。然而，市场占有率低的业务部门，如善于运用重点集中战略，将业务部门的经营重点集中在较窄的领域，充分发挥自己的优势，注重利润而不是成长，也能形成一定的竞争优势。

企业通常采取上述竞争战略中的某一个类型。实力雄厚的企业也可能同时采用两种或多种竞争战略。企业最关心的往往是那些处在同一行业又采用同一战略的竞争者，认为它们是最直接的竞争者。

任务三 市场竞争策略

【任务引例】

伊利当年刚进入冰激凌市场时，是先从市场的薄弱环节——1元/只的冰激凌切入的。伊利把"苦咖啡火炬"这个产品导入市场，把产品质量做足——冰激凌含奶成分多，咖啡脆皮的竞争目的不是赚钱，而在于抢占"最好吃的冰激凌"的品牌制高点。因为其不赚钱，几无跟随者，也未引起雀巢与和路雪这两个市场领先者的关注。伊利需要的就是这种局面，要为自己赢得时机。然后，伊利通过这个产品，建立了品牌、分销网络和营销队伍，紧跟着推出0.5元/只的小布丁产品，同样是把牛奶成分做到极致，仍然不为赚钱，但夯实了品牌基础和分销平台；然后再推出系列化的高端产品，直接冲击和路雪与雀巢。而此时，两个领先者已经来不及压制挑战者，伊利冰激凌一跃成为行业领先者。

在对市场上的竞争者全面分析的基础上，企业制定竞争战略首先考虑的是市场竞争的基本战略，即对成本领先战略、差异化战略和集中（专一化）战略进行选择。再根据本企业在行业中所处的竞争地位，结合本企业的策略目标、资源、环境因素和预期市场目标制定正确的市场竞争策略。现代市场营销理论根据企业在市场上的竞争地位，把企业分为市场领先者、市场挑战者、市场跟随者以及市场补缺者。按照菲利普·科特勒的说法，一个行业内的最大的企业称为市场领先者，小企业称为市场补缺者，中型企业称为市场挑战者或市场追随者，各类企业都有适合于自己的竞争策略。

一、市场领先者的市场竞争策略

市场领先者是指行业中同类产品市场占有率最高的企业。一般来说,绝大多数行业中都有一个被公认的市场领先者。市场领先者在产品开发、价格变动、分销和促销等方面所处的主导地位被同行业所公认。如软性饮料行业中的可口可乐公司、汽车行业的通用集团等。市场领先者几乎分布在各行各业,在行业内一定时间的竞争中形成了它们各自的领先地位。市场领先者的行为在行业中有举足轻重的作用,在市场竞争中发挥着导向作用。市场领先者通常显示的优势包括:拥有众多的品牌忠诚者且消费者忠诚度高;具有设置合理的、高效的营销渠道。市场领先者是行业中的一个"标尺",当市场领先者的状况明了之后,才能清楚地辨识行业中的市场挑战者、市场跟随者、市场补缺者的不同市场地位。

市场领先者的地位不受法律保护,这决定了绝大多数的市场领先者都面临同行业竞争对手的挑战。市场领先者为保持自己的优势地位,一般常采用以下几种市场竞争策略。

(一)扩大需求总量策略

当一种产品的需求总量扩大时,首先受益的肯定是该行业中的市场领先者,因此,寻找扩大市场需求总量的途径对市场领先者而言是至关重要的。市场领先者通常从以下三种途径扩大市场需求总量。

1. 不断发展新的购买者和使用者

即企业通过发展新用户来不断扩大需求总量。企业通常可以采用市场渗透策略、市场开发和地理扩展策略来达到目的。市场渗透策略可以通过企业扩大生产规模、提高生产能力、增加产品功能、改进产品用途、拓宽销售渠道、开发新市场、降低产品成本、集中资源优势等单一策略或组合策略来开展。其核心体现在两个方面:利用现有产品开辟新市场实现渗透;向现有市场提供新产品实现渗透。市场开发和地理扩展策略是指当市场上企业现有的产品已经没有进一步渗透的余地时,就必须设法开辟新的市场,比如将产品由城市推向农村、由本地推向外地、从国内推向国外等。

2. 开辟产品的新用途

产品提供者常常为自己的产品寻找和开辟新的用途,以达到扩大需求的目的。这是企业用现有的产品开辟新的市场领域的一种策略。如美国杜邦公司不断开辟尼龙产品的新用途就是一个公认的成功范例。

3. 增加产品的使用量

这是指使原有消费者更多地消费某产品。使消费者增加产品使用量的办法最常见的有三种:一是促使消费者在更多的场合使用该产品;二是增加使用该产品的频率;三是增加原来消费中的使用量。

(二)保护市场占有率策略

市场领先者为防备竞争者的挑战和威胁,在努力扩大市场需求总量的同时,还必须时刻警惕竞争者的挑战,以保护自己的现有市场阵地。市场领先者往往是众多竞争者攻击的主要目标。对市场领先者来说,最佳的应对方案:一是不断创新,继续壮大自己的实力;

二是抓住竞争者的弱点主动出击。当市场领先者不准备或不具备条件组织或发起进攻时，至少也应使用防御力量，坚守重要的市场阵地。防御策略的目标是使市场领先者在某些事关企业领导地位的重大机会或威胁中采取最佳的决策。市场领先者一般可以选择采用以下六种防御策略。

1. 阵地防御

阵地防御是指市场领先者在其现有的市场周围"建造"一些牢固的"防卫工事"，以各种有效战略、战术防止竞争对手侵入自己的市场阵地。这是一种静态的、被动的防御，也是最基本的防御形式。

2. 侧翼防御

侧翼防御是指市场领先者建立一些作为防御的辅助性"基地"。对于挑战者的侧翼进攻，企业要准确判断，改变市场营销战略战术，以保卫自己较弱的侧翼，防止竞争对手乘虚而入。

3. 先发制人防御

先发制人防御是指在竞争者尚未动作之前，先主动攻击，并挫败竞争者，在竞争中掌握主动地位。先发制人是一种"以攻为守"的积极的防御策略。这种策略主张用小量的预防措施达到较大的防御结果。其具体做法是当某一竞争者的市场占有率达到对本企业可能形成威胁的某一危险高度时，就主动出击，对它发动攻击，必要时还需采取连续不断的正面攻击。

4. 反攻防御

反攻防御是指面对竞争者发动的降价或促销攻势，主动反攻入侵者的主要市场阵地。反攻防御可实行正面回击策略，也可以向进攻者实行"侧翼包抄"或"钳形攻势"，以切断进攻者的后路。

5. 运动防御

运动防御是指市场领先者把自己的势力范围扩展到新的领域中去，而这些新扩展的领域可能会成为未来防御和进攻的中心。市场扩展可通过两种方式实现：第一，市场扩大化，就是企业将其注意力从目前的产品上转移到有关该产品的基本需要和与该项需要相关联的整套科学技术的研究与开发上。例如，把石油公司变成能源公司就意味着该企业的市场范围扩大了。需要注意的是，市场扩展必须要有一个适当的方向和限度。第二，市场多角化，即企业向与现有产品和服务不相关的其他领域扩展，实行多角化经营。例如，美国两家大的烟草公司看到社会各方面对吸烟的抵制在日益增长，便在寻找烟草的替代物的同时，转向其他产业，如生产啤酒、果酒、软饮料和速冻食品等。

6. 收缩防御

收缩防御是指市场领先者逐步放弃某些对企业不重要的、疲软的市场，把力量集中用于优势的市场战线。这是一种"集中优势兵力""以退求进"的策略。一些市场领先者意识到，它们已不可能固守所有的阵地，或在所有市场阵地上全面防御会得不偿失，在这种情况下，实行收缩防御是明智之举。例如，美国西屋电器公司将电冰箱的品种由40个减少到30个，竞争力反而增强了；日本五十铃公司放弃了轿车市场，转而集中生产占优势地位的卡车。只要不影响对消费者需求的满足，有计划地收缩以使企业的力量更集中，仍会给企业带来积极的影响。

（三）提高市场占有率策略

这是指市场领先者设法通过提高本企业的市场占有率来增加收益、保持自身的成长和领先地位。有关研究报告显示，市场占有率高于40%的企业，其平均投资收益率将达到30%，相当于市场占有率低于10%者的3倍。这导致许多企业常常以提高其市场占有率、拥有市场份额为第一目标或第二目标，达不到这两个目标，宁可撤出此市场。我国电视机制造企业也经历和面临着一场市场占有率争夺战，几家大企业正是通过努力扩大其市场占有率来挤垮中小企业的。企业在确定自己是否以提高市场占有率为主要努力方向时应考虑三点：(1) 是否引发反垄断行为；(2) 经营成本是否提高；(3) 采取的市场营销策略是否准确。

二、市场挑战者和市场跟随者的市场竞争策略

市场挑战者和市场跟随者指那些在市场上处于第二位、第三位甚至更低地位的企业。在一个行业中居于中等地位的企业或中型企业，其行为方式大体上有两种：一种是攻击市场领先者和其他企业，以夺取更多的市场份额。采取这种进攻姿态的企业，称为市场挑战者。另一种是参加竞争但不扰乱市场竞争格局，采取这种温和姿态的企业称为市场追随者。每一个处于市场次要地位的企业都要根据自己的实力、环境、机会与风险来决定其竞争策略是"挑战"还是"跟随"，然后选择适当的具体的竞争策略。

（一）市场挑战者的市场竞争策略

1. 确定策略目标和挑战对象

挑战应有计划性，并要把握好节奏。每一次攻击行动都必须有一个明确的、可以达到的目标，如扩大多少市场份额、花多大代价、盈利率提高多少等。策略目标同进攻对象密切相关，企业对不同的对象应有不同的目标和策略。

(1) 攻击市场领先者。

挑战者往往需要全面、细致地调查研究市场领先者的弱点和失误，辨明在其提供的产品和服务乃至销售策略中存在哪些消费者还未被满足的需要，并针对上述情况结合自身状况考虑本企业在该领域是否有条件做得更好。当弄清情况后，市场领先者的弱点和失误就可以成为自己进攻的目标。采取这种策略的风险很大，然而一旦成功，企业的市场地位将会发生根本性的改变，因此也颇具吸引力。例如，施乐公司曾经开发出更好的复印技术，用干式复印代替湿式复印，因而从3M公司手中夺去了复印机市场的领先地位。

(2) 攻击市场挑战者或市场追随者。

对一些与自己势均力敌或相对较弱的企业，市场挑战者可选择其中经营不善发生亏损者作为进攻对象，设法夺取它们的市场阵地。相对于攻击市场领先者来说，这种策略的风险较小，有时甚至会达到事半功倍的效果，而且比攻击市场领先者更加容易实现。若采取该策略后，几番出师大捷或胜多败少的话，也可以对市场领先者造成威胁，甚至有可能因此而改变本企业的市场地位。

(3) 攻击弱小地方的小企业。

市场挑战者可以对一些地区性市场中的小企业发动攻击，尤其是攻击那些经营不善、财务拮据的小企业，其目标是"吃掉"小企业。

2. 选择进攻策略

明确了策略目标和进攻对象之后，市场挑战者需要考虑的是采取什么样的进攻策略，这在军事上常常被称为"密集原则"，即如何进行对竞争对手的攻击。通常情况下，有以下五种策略可供挑战者选择。

(1) 正面进攻。

正面进攻，即企业集中精力正面向对手最具实力的环节发动进攻，而不是向对手的薄弱环节发动进攻。正面进攻是实力和耐力的较量，成功的条件是必须具有超过对手的实力。正面进攻也是最残酷的竞争，常常会两败俱伤，即使取得胜利，也将消耗巨大精力。所以，企业不具有压倒优势（新技术、低成本、资金雄厚等）时，一般不宜采用这种策略。百事可乐公司挑战可口可乐公司就是典型的正面进攻。

(2) 侧翼进攻。

侧翼进攻是指挑战者集中优势力量攻击对手的弱点。这一策略的思路在于：再强大的对手总有相对薄弱的防线。因此，市场挑战者有时可采取"声东击西"的策略，佯攻正面，实攻侧面或背面，以使竞争对手措手不及。市场挑战者具体可采取两种策略：一种是地理性的侧翼进攻，即在全国或全世界寻找对手力量薄弱的地区，向这些地区的市场发动进攻；另一种是市场细分性侧翼进攻，即寻找还未被对手覆盖的商品或服务的细分市场，在这些细分市场上迅速填空补缺。侧翼进攻策略通过辨认细分市场、寻找市场空当并满足其需要，缓解了许多企业为争夺同一目标市场而浴血战斗的局面，同时也使需求得到了更高程度的满足。所以，侧翼进攻是一种最经济、最有效的进攻策略，比正面进攻有更多的成功机会。

(3) 包围进攻。

包围进攻是企业在几条战线上同时发动一场大规模进攻，迫使对手分散兵力同时保卫其前方、两翼和后方。这是一种全方位的、大规模的进攻策略。

(4) 迂回进攻。

这是一种间接的进攻策略，企业完全避开对手的现有阵地而迂回进攻。其具体做法有三种：一是发展无关的产品，实行产品多角化；二是以现有产品进入新地区的市场，实行市场多角化；三是开发新技术、新产品，以取代现有产品。例如，电动汽车等新能源汽车就是对汽车市场采取迂回进攻策略的产物。

(5) 游击进攻。

这一策略主要适用于规模较小、力量较弱的企业。其目的在于以小型的、间断性的进攻干扰对方的士气，以不断削弱对手的力量，最终获得永久的立足点。当较小企业进攻大企业时，常因实力较弱而难以使用正面进攻、侧翼进攻和包围进攻等战略，所以只能发动一系列的短期攻击；进攻矛头可指向对手的任何地方，以消耗其力量和蚕食其市场。

(二) 市场跟随者的市场竞争策略

风险的存在和实力的限制使绝大多数企业更愿意采用市场跟随策略。对企业来说，想要获得市场领先地位,就要付出巨大代价,而处于市场跟随者地位的企业仿造或改良已有产品,虽然不能取代市场领先者的地位,但因不需大量的资源投入,也能够较轻松地获得可观的利润,其营利率有时甚至会高于全行业的平均水平。

在资本密集的生产同质性产品的行业中,如在钢铁、原油和化工行业中,市场跟随策略是大多数企业的选择。这主要是由行业和产品的特点所决定的。这些行业的主要特点是:

(1) 产品的同质程度高,产品差异化和形象差异化的机会较低;
(2) 服务质量和服务标准趋同;
(3) 消费者对价格的敏感程度高;
(4) 行业中任何价格挑衅都可能引发价格大战;
(5) 大多数企业准备在此行业中长期经营下去。

采用市场跟随策略的企业应做到:

(1) 懂得如何稳定自己的目标市场,保持现有顾客,并努力争取新的消费者或用户;
(2) 设法创造独有的优势,给自己的目标市场带来(如地点、服务、融资等)某些特有的利益;
(3) 尽力降低成本并提供较高质量的产品,同时保证较高的服务质量,提防挑战者的攻击,因为市场跟随者是市场挑战者的首选攻击目标。

市场跟随者常用的市场竞争策略主要有以下三种。

1. 紧密跟随策略

市场跟随者在各个细分市场和市场营销组合中,尽可能仿效市场领先者,以至于有时会使人感到这种跟随者好像是挑战者,但是它从不激进地冒犯市场领先者的领地。在刺激市场方面保持"低调",避免与市场领先者发生直接冲突。这种策略的突出特点是"仿效"和"低调"。

2. 距离跟随策略

市场跟随者在市场的主要方面(如目标市场、产品创新与开发、价格水平和分销渠道等)都追随市场领先者,但仍与市场领先者保持若干差异,以形成明显的距离。这就不会构成市场跟随者对市场领先者的威胁,采用这种策略的企业常通过兼并同行业中的小企业发展自己。这种策略的突出特点是合适地保持距离。

3. 选择跟随策略

市场跟随者在某些方面紧跟市场领先者,而在另一些方面又有所创新。首先,择优跟随,即在对自己有明显利益时跟随市场领先者,在跟随的同时还不断地发挥自己的创造性,但一般不与市场领先者进行直接竞争。这种策略的突出特点是跟随和创新并举。

三、市场补缺者的市场竞争策略

所谓市场补缺者,是指精心服务于总体市场中的某些细分市场,避开与占主导地位的企业竞争,只是通过发展独有的专业化经营来寻找生存与发展空间的企业。在现代市场经济条件下,每个行业几乎都有些小企业,它们专心关注市场上被大企业忽略的某些细小部分,在这些细小市场上通过专业化经营来获取最大限度的收益,也就是在大企业的夹缝中求得生存和发展。这种有利的市场位置在西方被称为"Niche",即补缺基点。

【小案例】

从1970年到现在,维珍集团成为英国最大的私人企业,旗下拥有200多家大小公司,涉及航空、金融、铁路、唱片、婚纱直至可乐,俨然半个国民生产部门。维珍集团的产品在所处的每一个行业里都不是名列前茅的老大或老二。维珍集团总是选择进入那些已经相对成熟的行业,给消费者提供创新的产品和服务。可以说,在维珍集团进入的每一个行业里,它都成功地扮演了"市场补缺者"和"品牌领先者"的角色。

维珍集团将目标顾客定位于"不循规蹈矩的、反叛的年轻人",向他们提供的是那些行业领导者没意识到或不屑于做的空白市场。维珍集团创出了足够多的新产品,准确地填补了某些价值缺口,既与已有市场上竞争激烈的产品不同,又与目标顾客的需求相吻合。

补缺者的活动范围和利润空间在有些大企业看来似乎是微不足道的,但事实上,许多能营利的企业是在稳定的、低速成长的市场上发展起来的。尽管各个不同的补缺者有不同的补缺基点,但其取胜的关键在于专业化的生产和经营。

1. 补缺基点的特征

补缺基点一般应具有如下特征:

(1) 有足够的市场潜力和购买力;
(2) 利润有增长的空间;
(3) 对主要竞争者不具有吸引力;
(4) 企业具有占据该补缺基点所必需的资源和能力;
(5) 企业已有的信誉足以对抗其他竞争者。

2. 市场补缺者的具体策略

市场补缺者从自己的优势或专长出发,可根据不同的分类进行专业化营销。

(1) 最常见的是企业根据顾客的分类进行专业化营销,即专门致力于为某类最终用户服务,如计算机行业有些小企业专门针对某一类用户(如诊疗所、银行等)进行市场营销。

(2) 按垂直层面专业化,专门致力于分销渠道中的某些层面,如制铝厂可专门生产铝锭、铝制品或铝质零部件。

(3) 按客户规模专业化,即专门为某一种规模(大、中、小)的客户服务,如有些商业银行专门为小微企业服务。

(4) 按地理区域专业化,即专为国内外某一地区或地点的企业服务。

(5) 按产品或产品线专业化,即只生产一大类产品,如美国的绿箭公司专门生产口香糖这一种产品,现已发展成为一家著名的跨国公司。

(6) 按质量和价格专业化,即专门生产经营某种质量和价格的产品,如专门生产高质高价产品或低质低价产品。

(7) 按服务项目专业化,即专门提供某种或某几种其他企业没有的服务项目,如美国有一家银行专门承办电话贷款业务,并为客户送款上门。

（8）按分销渠道专业化，即专门服务于某一类分销渠道，如专门生产适合超市销售的产品、专门为航空公司的旅客提供食品等。

企业发现补缺市场就是发现潜在的需求，并使之成为现实的需求，从而为自己创造出一个新的市场。企业的创新能力越强，就能够发现越多的潜在需求，创造出更多的补缺市场。市场补缺者面对的主要风险是企业既定的补缺基点日渐枯竭或遭受攻击。市场补缺者常常需要确定多个补缺基点，以增加企业的抗风险能力和生存机会。

【项目知识结构图】

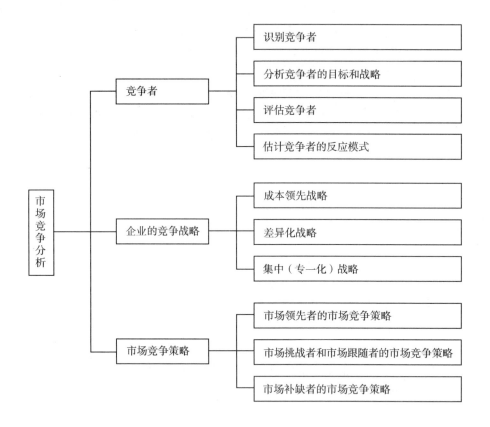

【延伸阅读】

迈克尔·波特，哈佛大学商学院著名教授，被誉为"竞争战略之父"，是当今世界上竞争战略理论领域公认的权威。1983年，他被美国总统里根任命为产业竞争委员会主席，将竞争战略理论引入国家层面的竞争力研究，引发了美国乃至世界范围内的竞争力讨论。波特的三部经典著作《竞争战略》《竞争优势》《国家竞争优势》被称为竞争三部曲，被译成十几种文字，并重印几十次。在2005年世界管理思想家50强排行榜上，他位居第一。

波特的竞争战略理论涉及企业、产业、国家三个层面。在企业和产业层面，波特提出了著名的五力分析法和三大经典竞争战略。波特认为，"竞争"是企业成败的核心，而决定企业获利能力的第一要素是"产业吸引力"。波特提出用五力分析法来分析一个企业的产业吸引力。这五力包括新加入者的威胁、客户的议价能力、替代品或服务的威胁、供货商的议价能力及既有竞争者。这五种竞争力会影响企业产品的成本、投资、价格,也最终决定了企业的产业结构。企业如果想获得长期的竞争优势,就必须塑造对企业有利的产业结构。

在激烈的竞争中,企业只有灵活运用竞争战略才能胜出。波特提出三种经典的竞争战略。一是总成本领先战略,即企业必须建立起高效、规模化的生产设施,全力以赴地降低成本,严控成本、管理及研发、销售等方面的费用。企业必须对成本给予高度的重视。二是差异化战略,即将企业提供的产品或服务进行差异化,构建一些在全产业范围中具有独特性的东西。三是专一化战略,即主攻某个特殊的顾客群、某产品线的一个细分区段或某一地区市场。波特认为,这三种战略是所有战略的核心,每一个企业必须确定希望在哪个范畴取得优势,全面出击的结果只会是毫无战略特色,更谈不上竞争优势。

在里根政府的产业竞争委员会任职后,波特对竞争战略的研究开始从微观的企业层面,延伸至国家、区域层次,并在1990年出版了《国家竞争优势》一书。由波特和来自世界各国的30多位专家组成的团队花了5年时间,调查了丹麦、德国、意大利、日本、韩国、新加坡、瑞典、英国和美国等发达国家和地区,对基于产业集群的国家竞争优势进行了广泛而深入的研究。这一研究试图回答三个问题:为什么有的国家可以在某一个产业领域的国际竞争中取得持续胜利?为什么有的国家能在长期的国际竞争中取胜,而另外的国家失败了?应该怎样帮助政府选择更好的竞争战略,更合理地配置和使用自然资源?波特第一次对这些问题给出了全面的理论解释,也就是他提出的国家竞争战略理论,又称国家竞争优势钻石理论。该理论既是基于国家的理论,又是基于企业的理论。该理论为理解国家或地区全球竞争地位提供了全新视角。

【自测思考】

参考答案

一、单项选择题

1. 一个企业若要识别其竞争者,通常可从(　　)角度进行。
   A. 产业　　　　　　　　　　　　B. 分销渠道
   C. 市场和消费者需求　　　　　　D. 利润
2. 以防御为核心是(　　)的竞争策略。
   A. 市场领先者　　B. 市场挑战者　　C. 市场跟随者　　D. 市场补缺者
3. 当一个企业规模较小,人力、物力、财力都比较薄弱时,应当采取(　　)竞争策略。
   A. 进攻策略　　　　　　　　　　B. 专业化生产和经营
   C. 市场多角化　　　　　　　　　D. 防御策略
4. 市场领先者扩大市场需求量的途径是(　　)。
   A. 开辟产品的新用途　　　　　　B. 以攻为守
   C. 正面进攻　　　　　　　　　　D. 保持市场份额
5. 企业通过有效途径降低成本,使企业的全部成本低于竞争对手的成本,甚至是同行业中最低的成本，从而获取竞争优势的一种战略是（　　）。
　　A. 低成本战略　　　　B. 营销战略　　　　C. 竞争优势战略　　　D. 差异化战略
6. 差异化战略的核心是（　　）。
　　A. 可靠的服务　　　　　　　　　　　　　B. 高质量的制造
　　C. 良好的形象　　　　　　　　　　　　　D. 确立某种对顾客有价值的独特性
7. 当一种产品的市场需求总量扩大时，受益最大的企业是（　　）。
　　A. 市场领先者　　　B. 市场挑战者　　　C. 市场跟随者　　　D. 市场补缺者
8. 下列（　　）不是市场跟随者的市场竞争策略。
　　A. 紧密追随　　　　B. 距离追随　　　　C. 选择追随　　　　D. 进攻性追随

二、多项选择题

1. 以下属于市场领先者市场竞争策略的是（　　）。
　　A. 开辟产品的新用途　　　B. 提高市场占有率　　　C. 季节折扣
　　D. 阵地防御　　　　　　　E. 正面进攻
2. 补缺基点的特征主要有（　　）。
　　A. 有足够的市场潜量和购买力
　　B. 生产和消费都比较集中
　　C. 对主要竞争者不具有吸引力
　　D. 消费者对产品的需求具有较强的季节性
　　E. 企业具有占据该补缺基点所必需的资源和能力
3. 市场补缺者的市场竞争策略是（　　）。
　　A. 拾遗补阙　　　　　　　B. 有选择的跟随市场领先者
　　C. 攻击市场跟随者　　　　D. 见缝插针　　　　　　E. 打破垄断
4. 市场补缺者可采取的具体策略包括（　　）。
　　A. 顾客规模专业化　　　B. 地域专业化　　　　C. 分销渠道专业化
　　D. 服务专业化　　　　　E. 特定顾客专业化
5. 一个企业准备以差异化战略进入市场，那么该企业可以采取的策略有（　　）。
　　A. 改善产品的设计　　　B. 提供最快最好的服务
　　C. 降低生产成本　　　　D. 优化营销渠道
6. 成本领先战略的适用条件有（　　）。
　　A. 现有企业之间的价格竞争非常激烈
　　B. 行业的产品基本上是标准化的产品或是一种商品化的产品
　　C. 实现产品差异化的途径很少
　　D. 绝大多数购买者使用产品的方式都是一样的
7. 差异化战略的主要类型有（　　）。
　　A. 产品差异化　　　　　B. 服务差异化　　　　C. 成本差异化
　　D. 形象差异化　　　　　E. 质量差异化
8. 下列（　　）属于基本竞争战略。
　　A. 低成本战略　　　　　B. 差异化战略　　　　C. 集中化战略

D. 多元化战略　　　　　　　E. 一体化战略
9. 下列（　　）是市场跟随者的市场竞争策略。
A. 紧密跟随策略　　　　　　B. 距离跟随策略
C. 选择跟随策略　　　　　　D. 进攻性跟随策略

三、思考题

1. 企业分析竞争者需要哪些步骤？
2. 简述市场领先者、市场挑战者、市场跟随者、市场补缺者的主要竞争策略。
3. 简述补缺基点的特征。
4. 企业有哪几种常用竞争战略？影响常用竞争战略选择的因素有哪些？
5. 分析差异化战略的实施条件、优缺点及其可能面临的风险。

【实训项目】

1. 实训内容

在授课教师的指导下，学生以小组为单位选择某一行业的企业并对其进行分析，评估其竞争能力（包含优势、劣势、竞争的反应模式），写出竞争分析报告。

2. 实训要求和操作步骤

（1）前期调研，识别竞争者。

（2）开展调研，收集资料。

（3）分析竞争者，写出分析报告。

3. 考核要点

（1）学生对竞争者分析方法和流程的掌握。

（2）学生分析竞争者的能力、逻辑思考能力。

项目七　目标市场营销

◇ **学习目标**

1. 知识目标：了解企业市场细分的标准、作用和有效性；理解影响企业选择目标市场的因素、目标市场选择模式、市场定位的基础和影响企业市场定位的因素；掌握企业选择目标市场的策略和市场定位的步骤。

2. 能力目标：会运用市场细分的标准对消费者市场和产业者市场进行细分；能够对细分市场进行分析、评估，能根据相关因素来选择目标市场；会应用市场定位策略，能够处理企业目标市场营销中存在的简单问题。

◇ **工作任务**

市场细分；选择目标市场；市场定位。

任务一　市场细分

【任务引例】

面对淘宝、京东等电子商务平台的风起云涌，"醒得晚、起得更晚"的湖北电子商务产业，也正不断发力，在细分市场上寻求突围。

"良中行"是湖北电商企业的佼佼者，在市场细分的基础上，结合企业的优势，把专门从事冷鲜、冷肉的经销作为自己的主营业务，形成了一个集销售、管理于一身的电子商务平台，在这个平台上，只要轻点鼠标下单，冷冻海鲜就能通过分布在全国各地的仓库准确配送至客户手中，同时，一系列数据也会及时反馈至公司总部。这不仅大大降低了成本，而且使企业发展也如鱼得水。近几年，利润均以30%的幅度增长，取得了良好的效益。

"九州通"公司在市场细分基础上创办的"九州通"医药网，致力于打造中国最专业的医药在线采购平台，其交易额曾跃居全国同行第一，2012年达到了11亿元的规模。除了 B2B 模式外,"九州通"还携手京东商城、天猫医药馆,构建了面向普通网民线上药品销售的 B2C 模式。2013 年上半年销售规模超过了 6000 万元,毛利率高达 21%,远远超过主营业务医药批发 5.83% 的平均毛利率。

中国电子商务协会武汉代表处秘书长熊振邦表示,湖北可以在电子商务方面做一些细分市场,这样可以瞄准时机,从单独的行业做到异军突起。

现代企业面临的是越来越广阔且复杂多变的市场,以及消费者的日益个性化和多样化。由于资源有限,任何一个企业都不可能满足所有的市场需求,所以,企业要研究市场,发现和选择有吸引力的市场机会,进行细致的市场细分,选择适合的目标市场,制定有效的营销策略,以满足目标市场消费者的需求,并在竞争中获得优势。

一、市场细分的含义

市场细分(Market Segmentation)是由美国的市场营销学家温德尔·斯密在 1956 年发表的《产品差异化与市场细分——可供选择的两种市场营销战略》一文中首次提出的,是市场营销理论与方法论方面的重要里程碑。

所谓市场细分,是指市场营销者通过市场调研,依据消费者的需要和欲望、购买行为和购买习惯等方面的差异,把某一产品的市场整体划分为若干消费者群的市场分类过程。一个消费者群就是一个细分市场,每一个细分市场都是具有类似需求倾向的消费者构成的。

理解市场细分的含义时应该注意以下三点。
(1)市场细分不是通过产品分类来进行的,而是依据消费者的需求不同来进行的;
(2)每个细分市场都是由具有相似需求的消费者组成的;
(3)市场细分的目的是为了认识消费者需求的共性和个性,以满足不同消费者的需求。

【小资料】
STP 战略:又称目标市场经营或 STP 三部曲,被经济学家视为现代市场营销战略的核心,具体指市场细分(Segmenting)、选择目标市场(Targeting)和市场定位(Positioning)三步,是企业市场营销战略的要素。

二、市场细分的作用

市场细分是企业开展市场营销活动的前提和基础,是市场营销过程的首要环节。市场细分的作用主要体现在以下四个方面。

(一)有利于企业分析并开发新的市场机会

现代市场竞争十分激烈,消费者的需求也在不断变化,企业自身又受到一定条件的限制，不可能占领全部的市场。这就需要企业通过市场细分，寻找那些没有得到满足的市场，并充分利用自身的条件，开发新的市场机会。

（二）有利于企业制定和调整市场营销组合策略

市场细分是市场营销策略运用的前提，在市场细分之后，细分市场的情况和消费者的需求就会显现出来，企业就可以有针对性地制定和实施市场营销组合策略，做到有的放矢。

（三）有利于企业整合资源并取得最佳经济效益

企业一切经济活动的成果都要在目标市场中得到体现，然而企业的资源又是有限的，因此，企业不仅要明确自己的目标市场，而且要选择对自己最有利的主要的目标市场，在此基础上，企业可以整合有限的资源，避免恶性竞争，以取得最佳经济效益。

（四）有利于企业更好地满足消费者的需求

企业对市场进行细分的过程就是对消费者的需求情况及其发展变化的调查分析过程。通过对市场进行细分，企业可以在深入了解不同市场的消费者的不同需求的基础上，提供不同的产品并分别采取特定的市场营销策略。

三、市场细分的标准

消费者需求的差异是市场细分的基本标准。消费者市场和生产者市场细分的标准有所不同，下面我们将分别介绍。

（一）消费者市场细分的标准

消费者市场细分的标准可以概括为以下四大类（如表7-1所示）。

表7-1 消费者市场细分的标准

细分标准		举 例
地理因素	所在地区	华东、华南、华中、华北、西北、西南、东北、港澳台地区
	城市规模	一线城市、二线城市、三线城市、四线城市
	人口密度	第一级、第二级、第三级、第四级
	气候类型	温带大陆性气候、温带季风气候、亚热带季风和季风性湿润气候、热带草原气候、热带雨林气候、热带季风气候、高山气候

续表

细分标准		举 例
人文因素	年龄	童年、少年、青年、中年、老年
	性别	男、女
	家庭人数	1人、2人、3人、3人以上
	家庭收入（年）	1万元以下、1万~3万元、3万~8万元、8万~15万元、15万~30万元、30万~100万元、100万元以上
	职业	学生、公务员、教师、技术人员、管理人员、服务人员等
	教育程度	学前、小学、初中、高中、大学、硕士研究生、博士研究生等
	民族	汉族、蒙古族、回族、满族、达斡尔族、鄂温克族等
	宗教	天主教、基督教、佛教、伊斯兰教等
心理因素	生活方式	简朴型、追求时尚型、嬉皮型
	个性	分析型、主导型、温和型、表达型
	态度	主动、被动
	心理动机	性价比、价廉、物美、名气、实惠
行为因素	购买时机	普通时机、特殊时机
	期望利益	质量、服务、时尚
	使用情况	未使用过、曾使用过、经常使用
	购买前对产品的了解情况及态度	不了解、了解、感兴趣、愿意购买

1. 地理因素

处在不同地理位置的消费者，对企业的产品有不同的需求和偏好，对企业所采取的市场营销策略也有不同的反应。同时，市场潜力和费用成本也会因地理位置的不同而有所不同，这也是地理因素分析的重要内容。因此，按照消费者所处的地理环境（如城市或农村、地理气候、交通运输情况、人口密度、自然环境等）对消费者市场进行细分，是最明显、最容易掌握的标准，也是企业常用的市场细分标准。

2. 人文因素

消费者的年龄、性别、家庭人数、家庭年收入、职业、教育程度、民族、宗教等不同，他们的偏好和消费方式就会有所不同，因而一定会产生不同的消费需求。这些因素比较容易收集和分析，并且与市场规模直接相关。所以，人文因素也是企业对消费者市场进行细分的主要标准。

3. 心理因素

消费者的生活方式、个性、态度和心理动机等心理特征不同，会导致消费者在购买产品的过程中对产品各个方面的关注程度不同，对同类产品的需求也有很大的差异性。将心理因素作为标准来细分消费者市场，可以使企业更好地认识和了解消费者市场。此外，企业在进行市场细分的过程中，当将地理因素和人文因素作为标准操作起来比较困难时，结合考虑消费者的心理因素将会变得非常有效。

4. 行为因素

按行为因素细分市场就是依据消费者的购买时机、期望利益、使用情况、购买前对产品的了解情况及态度等因素对市场进行细分。消费者的购买行为能更直接地反映消费者的需求差异，因此行为因素也是对消费者市场进行细分的一个重要标准。

(二) 生产者市场细分的标准

消费者市场针对的是一类或几类消费者；生产者市场则不同，针对的是一类或几类包括企业、公司、机关单位以及各种中间机构等组织在内的生产者。消费者市场细分标准中的一部分同样适用于生产者市场，如可根据地理因素、期望利益和使用情况等标准对生产者市场加以细分。不过，由于生产者与消费者在购买动机与购买行为上存在差别，因此对生产者市场，另外还有以下一些市场细分的标准。

1. 用户的要求

不同生产者对产品的要求各不相同，即使是同一种产品，生产者对其各方面的要求也不尽相同。例如，晶体管市场可分为军事、工业、商业三个子市场，军用企业注重质量，价格不是主要因素；工业企业重视质量和服务；商业企业注重价格和交货期。企业可根据生产者市场客户的要求特点对市场进行细分，进而有针对性地组织生产和营销。

2. 用户规模

在生产者市场中，大客户的数量较少，但每次购买量较大；中小客户的数量较多，每次购买量却较小。企业可以根据客户的规模大小来细分市场，然后根据客户的不同规模，采用不同的市场营销策略。例如，对于大客户，企业可以派有经验的销售人员直接联系，并直接供应；而对于中小客户，企业则可以通过经销商组织供应。

3. 客户的行业特点

生产者市场提供的产品是满足各种行业生产需要的，因此，企业应首先了解自己生产的产品是针对哪些行业的，然后根据客户的行业特点对市场加以细分，以使本企业生产的产品更加符合客户的需求。例如，铝制品企业可以按照客户的行业特点将铝制品大市场细分为建材市场、机械市场、文教用品市场等。

四、市场细分的过程和方法

(一) 市场细分的过程

市场细分的过程包括以下五个步骤。

1. 选定产品的市场范围

企业要明确自己在行业中的产品市场范围，是消费者市场，还是生产者市场，是针对个人消费者，还是针对组织购买者，并将其作为制定市场营销战略的依据。

2. 列举潜在消费者的基本需求

企业可以从地理因素、人文因素、心理因素、行为因素等方面，分析潜在消费者对产品的基本需求，同时列出影响市场需求和顾客购买行为的各种变量。

3. 分析潜在消费者的不同需求

分析影响市场需求和消费者购买行为的各种变量，思考哪个（些）是使本企业所在市场最具有差异性的变量，运用哪个（些）变量能够反应潜在消费者的共同要求，理解不同潜在消费者的不同要求，并以特殊要求作为市场细分标准。

4. 分析细分市场

根据市场细分标准进行市场细分，分析这些细分市场的进入条件、市场容量、购买频率、发展前景、营利潜力等，找出对本企业有利的方面和不利的方面，然后按照对本企业重要性的顺序将细分市场进行排序。

5. 制定营销策略

根据上述分析，最终确定本企业可以进入的细分市场，并依据现实和未来的市场情况制定相应的市场营销策略。

（二）市场细分的方法

1. 单一因素细分法

单一因素细分法是根据市场主体的某个因素进行市场细分，如按年龄段划分玩具市场，有针对性地设计不同特色的玩具。这种市场细分方法比较简单，但消费者的需求往往受多个因素的影响，只受单一因素影响的很少，所以此方法有一定的局限性。

2. 综合因素细分法

综合因素细分法是根据市场主体的两个或两个以上因素对市场进行细分，如用生活方式、收入水平、年龄三个因素可将女性服装市场划分为不同的细分市场（如图7-1所示）。

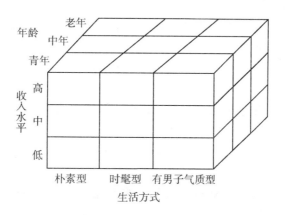

图7-1 用综合因素细分法对女性服装市场的细分

3. 系列因素细分法

当细分市场涉及的因素较多时，将各因素按照一定的顺序逐步进行由粗到细、由浅入深的分类，这种市场细分的方法称为系列因素细分法。用这种方法进行市场细分，目标市场就会变得越来越具体。例如，服装企业可以利用地区、性别、年龄、心理动机等与服装联系密切的因素对风衣市场进行细分（如图7-2所示）。

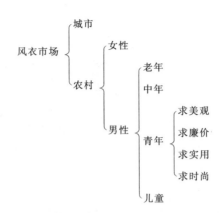

图 7-2　用系列因素细分法对风衣市场的细分

五、市场细分的有效性

市场细分是否有效，一般可按以下标准进行衡量。

（一）差异性

细分市场应该在购买和消费上存在明显的差异，如果差异很小就没有必要划分成为不同的市场。

（二）可衡量性

细分市场的规模和购买力的大小等应是可以估量或测定的。如果是难以估量或不能测定的，则不是有效的细分市场。

（三）可进入性

企业能够有效地进入该细分市场，能为之服务，并能占有一定的份额，否则，该细分市场就没有现实意义。

（四）可营利性

细分市场的容量应能使企业获得足够的经济利益，如果市场容量太小或销售量有限，就不是有效的细分市场。

（五）相对稳定性

细分市场应在一定时期内保持相对稳定，以保证企业有足够的时间制定并实施市场营销战略和计划，开拓并占领市场，从而获得预期效益。如果变动过快，就会增加企业营销风险，就不是有效的细分市场。

任务二　选择目标市场

【任务引例】

李宁体育用品有限公司（以下简称李宁公司）于1990年成立，创立之初把目标市场定位在"中国体育用品的大众化非专业运动消费群体"，即年龄在18—30岁左右、具有中等收入和消费能力的中国普通消费者。由于目标市场选择准确，该公司发展十分迅速。1995年，李宁公司成为中国体育用品行业的领跑者。2008年该公司国内销售额首次超过了阿迪达斯，成为仅次于耐克的中国运动服装品牌。

2010年6月，李宁公司开始把目标消费人群转向15—25岁的年轻人，开展了重塑品牌战略。此前根据调查，该公司有50%的消费者年龄为35—40岁，但李宁公司却不认可。

李宁公司对品牌的重塑并没有取得成功，却为对手创造了机会：耐克和阿迪达斯对李宁公司的优势市场——二、三线城市发起冲击；来自本土品牌——安踏、匹克等对手的威胁也越来越明显。

所谓目标市场，是指企业在市场细分的基础上，依据企业现有的资源和经营条件，选择准备以相应的产品或服务去满足其需要的一个或几个细分市场。

市场细分是有效选择并进入目标市场的前提。为了准确地选择目标市场，企业必须对各个细分市场进行全面的研究和分析，然后根据自己的目标和条件，选择适当的目标市场，并制定相应的市场营销策略。

一、目标市场选择模式

目标市场是企业打算进入的市场或打算满足的具有某些共同需求的顾客群体。企业在选择目标市场时有五种可供参考的模式（如图7-3所示，图中 M 为市场，P 为产品）。

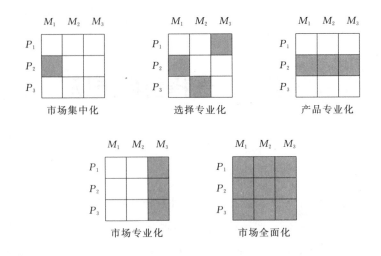

图 7-3　五种目标市场选择模式

1. 市场集中化

市场集中化是指企业只生产某一种产品并将其提供给某一类顾客群，集中力量为之服务。小企业通常选择这种模式。

2. 选择专业化

选择专业化是企业有选择性地专门服务于几个联系很少或没有联系的、不同的细分市场的顾客群体。这样可以有效地分散经营风险，即使某个细分市场不能营利，企业仍可在其他市场获得利润。一般具有较强资源和营销实力的企业会采用这种模式。

3. 产品专业化

产品专业化是指企业将一种专门化产品或一种专门化服务提供给不同的顾客群。这种模式的优点是生产成本、管理费用和其他费用较低，缺点是全部的资源和力量都集中于一种产品或一种服务上，企业承担的风险较大。这种模式通常适用于资金实力较弱的企业。

4. 市场专业化

市场专业化是指企业生产各种性能有所区别的产品，以满足某一顾客群体各种不同的需求。这种模式虽然有效地分散了经营风险，但由于集中服务于某一顾客群体，当这类顾客群体的需求下降时，企业也会面临收益下降的风险。

5. 市场全面化

市场全面化是指企业为所有的顾客群体生产各种产品。通常是追求市场领先地位的、实力雄厚的大型企业，一定阶段内会选用这种模式。如丰田汽车公司在全球汽车市场采取了市场全面化模式。采用市场全面化模式的企业产品品种齐全，设计、制造、仓储、促销费用高，管理复杂。这种模式的优点是市场风险小，缺点是经营和管理风险大。

二、目标市场选择策略

企业确定将某个或某些细分市场作为本企业生产和经营目标市场的策略，称为目标市场选择策略。企业的目标市场选择策略主要有三种：无差异目标市场选择策略、集中目标市场选择策略和差异化目标市场选择策略。

（一）无差异目标市场选择策略

无差异目标市场选择策略是企业把整体市场看作一个大的目标市场，不进行市场细分，假设所有的消费者对某种产品的需求基本上是一样的，只推出一种产品，采用单一的市场营销策略，以满足消费者的需要。例如，20世纪60年代前，可口可乐公司就一直奉行典型的无差异目标市场选择策略，以单一的品种、标准的瓶装和统一的广告宣传，长期占领世界非酒类饮料市场。

无差异目标市场选择策略的最大优点是成本的经济性。由于可以实行大批量的生产销售，必然会降低单位产品的成本；无差异的广告宣传可以减少促销费用；不进行市场细分，也相应减少了市场调研、产品研制与开发，以及制定多种市场营销战略、战术方案等带来的开支。

由于消费者的需求极其复杂，一种产品或一个品牌能够长时间受到消费者的普遍欢迎的情况是很少的。一个企业也不可能长期独占某一市场，如果仿照企业进入，就会造成市场上某个局部竞争非常激烈。因此，无差异目标市场选择策略的市场适应性较差，对市场上绝大多数企业都是不适宜的。

【小案例】

20世纪70年代以前，美国有三大汽车公司都坚信美国人喜欢大型豪华的小汽车，共同追求这一大的目标市场，采用无差异市场营销策略。但是，70年代能源危机发生之后，消费需求发生了变化，消费者越来越喜欢小型、轻便、省油的小型轿车，而美国这三大汽车公司都没有意识到这种变化，致使大轿车市场竞争"白热化"，而小型轿车市场却被忽略。日本某汽车公司正是在这种情况下乘虚而入的。

（二）集中目标市场选择策略

集中目标市场选择策略是指在市场细分的基础上，企业集中所有力量，将一个或少数几个性质相似的子市场作为目标市场，并力争在该目标市场内占有较大的市场份额的一种策略。这种策略适合于资源稀少和实力不足的中小企业。

集中目标市场选择策略的优点是：

（1）可以集中优势资源占领小市场中的大份额，由于目标集中，可以大大节省营销费用并增加盈利；

(2) 由于生产、销售渠道和促销的专业化，使企业能够更好地满足这部分特定消费者的需求，易于取得优越的市场地位。

这种策略的不足是：经营者承担的风险较大，如果目标市场的需求情况突然发生变化或市场上出现了更强有力的竞争对手，企业就可能陷入困境。

【小案例】
日本某厂在20世纪40年代是一个生产雨衣、尿布、游泳帽、卫生带等多种橡胶制品的小厂，由于订货不足，面临破产。总经理在一个偶然的机会，从一份人口普查表中发现，日本每年约出生250万个婴儿，如果每个婴儿用2条尿布，一年就需要约500万条。于是，他们决定放弃生产尿布以外的产品，实行尿布专业化生产。一炮打响后，该厂又不断研制新材料、开发新品种，后来不仅垄断了日本的尿布市场，其产品还远销世界70多个国家和地区，成为闻名于世的"尿布大王"。

（三）差异化目标市场选择策略

差异化目标市场选择策略是指在市场细分的基础上，企业根据自身的条件和实力，选择不同的细分市场作为目标市场，使用不同的市场营销策略，满足不同目标消费者的需要的一种策略。

这种策略的优点是：可以满足不同顾客群体的需求，多样化经营减少了市场风险，提高了产品的竞争能力。

这种策略的缺点是：由于产品品种多，生产成本相对增大；销售渠道、广告宣传的扩大化与多样化，使市场营销费用也大幅度增加；对企业的管理能力和资源提出了更高的要求。

所以，在企业资源丰富、产品与市场同质性较大、产品处于生命周期的成熟阶段、竞争对手采取差异市场营销策略时，企业使用这种策略极为有效。

三、影响企业选择目标市场的因素

上述三种目标市场选择策略各有利弊，企业究竟应该采取哪一种策略，需要综合考虑企业、产品、市场、产品所处的生命周期阶段和竞争者的目标市场选择策略等多方面的因素来决定。

（一）企业

不同的企业在生产、技术、销售、管理和资金等方面力量各不相同。如果企业力量雄厚且市场营销管理能力较强，就可选差异化目标市场选择策略或无差异目标市场选择策略；如果企业能力有限，则适合选择集中目标市场选择策略。

（二）产品

同质性产品（如食盐、钢坯、煤炭等）主要指一些未经加工的初级产品，虽然产品在品质上或多或少存在差异，但顾客一般不太看重它们的差别。因此，同质性产品的竞争主要表现在价格和提供的服务条件上。该类产品适于采用无差异目标市场选择策略。而对于像服装、家用电器、食品等异质性需求产品，可根据企业的资源力量，采用差异化目标市场选择策略或集中目标市场选择策略。

（三）市场

不同的市场具有不同的特点，顾客的情况也有较大差异。如果企业的目标市场是同质市场，那么顾客的需求、偏好、购买动机等都较为接近，可采用无差异目标市场选择策略；否则，适合采用差异化目标市场选择策略或集中目标市场选择策略。

（四）产品所处的生命周期阶段

产品的生命周期包括介绍期、成长期、成熟期和衰退期四个阶段，不同的阶段企业应分别采取不同的目标市场选择策略。产品处于介绍期时，由于竞争者少，产品不多，可采用无差异目标市场选择策略。而待产品进入成长期或成熟期后，由于市场竞争加剧，同类产品增加，因此宜采用差异化目标市场选择策略或集中目标市场选择策略。

（五）竞争对手的目标市场策略

企业采取哪种目标市场选择策略，还要看市场竞争的具体情况，尤其是主要竞争对手的策略。如果竞争对手采用无差异目标市场选择策略，本企业就应采用差异化目标市场选择策略或集中目标市场选择策略，这样有利于开拓市场，提高产品竞争能力。如果竞争对手力量较弱，企业可采用无差异目标市场选择策略。如果竞争对手已采用差异化目标市场选择策略，本企业就应进一步细分市场，并选择对等的或更深层次的差异化目标市场选择策略或集中目标市场选择策略。

【小资料】

同质产品：指消费者对某一种产品的要求基本相同或极为相似，消费者不太重视它们之间的差别的产品。市场上同质产品很少，主要是初级产品。

异质产品：指消费者对其的要求不尽相同，品种规格复杂、产销变化大、挑选性强的产品。

同质市场：同质产品构成的市场是同质市场。

异质市场：异质产品构成的市场是异质市场。

任务三　完成市场定位

【任务引例】

唯品会，一家专门做特卖的网站，每天 100 个品牌授权特卖，确保正品，确保特价，限量抢购。

区别于其他网购品牌，唯品会定位于"一家专门做特卖的网站"，每天上新品，以低至 1 折的深度折扣及充满乐趣的限时抢购模式，为消费者提供一站式优质购物体验。

唯品会创立之初，即推崇精致优雅的生活理念，倡导时尚唯美的生活格调，主张有品位的生活态度，致力于提升中国乃至全球消费者的时尚品位。

唯品会使用的是线上销售模式，通过唯品会网络平台直接提供厂方的商品销售，省去了中间多级的销售渠道，价格自然低很多。而且唯品会与许多品牌厂方，经过长期的合作建立了信任的关系，价格可以更为优惠，甚至就是最基本的成本费；同时，彼此间又有许多的合作模式，如跨季度的商品采购、计划外库存采购、大批量采购等，使货源价格最大优惠化。另外，由于"限时限量"的模式，不用担心商品的积压，并且可以根据订单确定订货量，降低了经营成本，有更大的让利空间。

市场细分并确定目标市场之后，就要考虑目标市场的竞争情况。企业为了使自己生产或销售的产品能够在竞争中脱颖而出，在市场中占有一席之地，就要树立一定的市场形象，以区别其他竞争者，并在消费者心目中留下良好的印象，促使其对本企业产品形成一种特殊的偏爱，从而维持产品稳定的销路。这就是市场定位的问题。

一、市场定位的含义和层次

（一）市场定位的含义

市场定位是由美国营销学家艾尔·里斯（Al. Ries）和杰克·特劳特（J. Trout）于 1972 年提出的。他们认为"定位并非对产品本身采取什么行动，而是对潜在顾客的心理进行的创造性活动。也就是说，将产品在潜在顾客的心目中确定一个适当的位置。"一般情况下，消费者对市场上的产品有着自己的认识和判断。

市场定位是指企业根据竞争情况和产品特点，针对顾客对某种产品属性的重视程度，给本企业的产品创造并培养与众不同、印象深刻的特性，树立一定的市场形象，使其在目标市场确定适当的位置。

（二）市场定位的层次

市场定位可以划分为产品定位、品牌定位和企业定位三个层次。产品定位就是将产品定位给消费者，使消费者一产生需求就会联想起该产品。品牌定位是将品牌定位给消费者，使消费者一看到品牌就会联想起该产品。企业定位是企业整体或代表性局部形象在公众心目中的定位。企业定位处于定位阶梯的最高层，企业往往通过产品和品牌的定位来建立企业形象，进行企业定位，成功的企业定位往往会产生长期效益。

许多的企业和产品都是人们熟悉和容易产生联想的，例如，提到奔驰，人们就想到了速度与激情的汽车；提到当当网，人们就会联想到方便快捷的网上购书；提到劳力士，人们就会联想到象征成功人士的手表；提到伊利和蒙牛，人们就会联想到天然安全的牛奶……这就是市场定位带来的结果。

二、市场定位的基础

企业要在激烈的竞争中获得优势，最好的办法是不断地挖掘自己新的优势，向消费者提供多种异于其他竞争者的产品，使自己的营销方式差异化，从而得到市场竞争优势和消费者的认可。企业只有通过差异化才能进行市场细分，进而选择适合的目标市场，这是市场定位的基础。西方市场营销理论认为企业可以从以下几个方面来体现差异化。

（一）产品差异化

产品差异化即企业在产品的特色、性能、质量、可靠性、式样等方面与竞争者相区别，并使消费者感受到其中的差别。例如，"七喜"饮料就曾实施过产品的差异化策略：即它是"非可乐"饮品，不含咖啡因，这一点使其产品形象立刻与众不同起来。

（二）服务差异化

服务差异化指企业向目标市场提供与竞争者不同的优质服务。特别是在产品的差异难以突出时，服务的差异往往成为竞争能否成功的关键。企业主要通过交货、安装、调试、顾客培训、咨询服务、及时维修等因素来区分服务水平。

（三）渠道差异化

分销渠道的差异化可以从渠道的模式、渠道成员的能力及渠道管理政策等方面具体体现。

（四）员工差异化

员工差异化即通过聘用和培训比竞争者更为优秀的员工以获得竞争优势。员工差异化主要表现在员工是否称职、礼貌、诚实、可靠、敏捷及能有效沟通等方面。

（五）形象差异化

形象差异化即通过塑造与众不同的产品或品牌形象来获得竞争优势。形象要通过特定的信息传播途径加以展现,并且具有某种感染力,要能够触动顾客的内心。

三、市场定位的步骤

市场定位就是企业要设法找到自己比竞争者更具有竞争优势的特性,在消费者心目中形成独特、深刻、鲜明的印象。市场定位一般包括以下几个步骤。

(一) 确认本企业的竞争优势

这一步骤的中心任务主要是回答三个问题:一是竞争者的产品定位如何?二是目标市场上消费者欲望的满足程度如何,以及确实还需要什么?三是针对竞争者的市场定位和潜在顾客的真正需求,企业应该并能够做些什么?要回答这三个问题,企业市场营销人员必须通过相关调研手段,系统地设计、搜索、分析并总结有关上述问题的资料和研究结果。通过回答上述三个问题,企业就可以从中把握和确定自己的潜在竞争优势在哪里。

(二) 准确地选择竞争优势

竞争优势表明企业能够胜过竞争者的能力。这种能力既可以是现有的,又可以是潜在的。选择竞争优势实际上就是一个企业与竞争者各方面实力相比较的过程。比较的指标应是一个完整的体系,只有这样,才能准确地选择相对竞争优势。通常的方法是分析、比较企业与竞争者在经营管理、技术开发、采购、生产、市场营销、财务和产品等七个方面究竟哪些是强项,哪些是弱项。借此选出最适合本企业的优势项目,以初步确定企业在目标市场上所处的位置。

【小案例】
1991年进入中国市场的海飞丝洗发露和护发素,是一种含有除真菌的化学成分ZPT、能够起到防止头皮屑的中档洗发品。自面市以来,企业一直强化产品"去头皮屑"定位,并利用自身的技术优势,不断强化技术开发,奉献最新研究成果——活力锌,使它更快速有效地去屑,让秀发尽享无屑的新生。同时推出了头皮头发按摩膏和头皮修护精华乳,拓展了去屑产品的种类,也使得企业在去屑洗发品市场竞争中保持优势。

(三) 显示独特的形象优势

这一步骤的主要任务是企业要通过一系列的宣传促销活动,将其独特的竞争优势准确地传递给潜在顾客,并在顾客心目中留下深刻印象。首先,企业应逐渐使目标顾客知道、了解、熟悉、认同、喜欢和偏爱本企业的市场定位,在顾客心目中建立与该定位相一致的形象。其次,企业要通过各种努力,如强化目标顾客形象、保持目标顾客的了解、稳定目标顾客的态度和加深目标顾客的感情等来巩固与市场相一致的形象。最后,企业应注意目标顾客对其市场定位理解出现的偏差或由于企业市场定位宣传上的失误而造成的目标顾客对企业形象的模糊、混乱和误会,要及时纠正与市场定位不一致的形象。

> 【小案例】
> 　　王老吉凉茶,为广药集团旗下产品。凉茶是广东、广西地区的一种由中草药熬制、具有清热去湿等功效的"药茶"。王老吉凉茶发明于清道光年间(1828)。到了近代,王老吉凉茶跟随着华人的足迹遍及世界各地。所以在国内外,特别是在沿海城市很有名气。为了扩大宣传影响,王老吉一开始就选择了覆盖全国的中央电视台,并且有意不提北方人不易接受的"凉茶"概念,只突出"怕上火,喝王老吉"的广告词。他们在电视广告中选取了吃火锅、通宵看球赛、吃油炸食品和夏日阳光浴这五个生活中最容易上火的场景,以轻松、快乐、健康的形象进行了正面宣传,再加上"怕上火,喝王老吉"的广告词,使得此市场定位深入人心。顾客在日常生活中,尤其是当身处广告上的五个场景时,会自然而然地产生联想,产生购买欲望,王老吉凉茶的销量因此也开始大幅度地增加。

四、影响企业市场定位的因素

(一)产品属性和利益

产品自身的属性及由此获得的利益往往能使消费者体会到该产品的定位,如劳斯莱斯汽车"豪华尊贵",宝马汽车"功能强大",沃尔沃汽车"安全可靠"等。这些优于同类产品的产品属性以及由此获得的利益,是比较容易收效的定位因素。

(二)产品价格和质量

根据产品价格和质量进行市场定位是突出企业形象的好方式。针对具体情况,企业可以采用"优质高价"定位和"优质低价"定位。例如,中航集团在20世纪80年代把新开发的产品"飞亚达"手表定位在名贵高档手表行列,区别于大多数中低档国产手表,由此获得了成功。

(三)产品用途

这是向消费者说明通过该产品,主要可以解决什么问题的定位因素。例如,白加黑是治疗感冒的;开瑞坦是治疗过敏性鼻炎的。

(四)消费者

通常,消费者的购买行为受其价值取向的影响,主要包括三个方面:一是经济因素,主要是按照消费者不同的购买能力来定位;二是功能因素,就是产品具有或达到的功能;三是心理因素,如购买产品的目的等。企业应综合考虑这些因素然后进行市场定位。

（五）竞争者

企业可以针对竞争者的弱点或漏洞进行市场定位。例如，百事可乐之所以会成为除可口可乐之外的碳酸饮料行业中的另一个巨无霸品牌，其中的一个重要原因就在于该产品清晰而明确地抓住了"新一代"——新一代的年轻人、新一代年轻人的饮料，并用"新一代"发起攻击，将可口可乐逼向了"老一代"的墙角。

五、市场定位策略

市场定位策略是一种竞争策略，就是如何与竞争对手展开竞争，同时，对于企业研发新产品，开拓新市场，充分发挥企业人力、财力、物力的作用也是一种相当有效的方法，并且还有助于企业树立在消费者心目中的形象。常用的市场定位策略主要有以下几种。

（一）避强定位策略

避强定位就是企业避开与实力较强的竞争对手直接发生竞争，而是将自己的产品定位在目标市场目前的空缺部分，使自己的产品在某些特征或某些属性方面与竞争对手有比较明显的区别，从而开拓新的市场。

避强定位的优点是：企业可以避开激烈的竞争，在市场上迅速站稳脚跟，树立企业形象，从而在目标市场上取得领导地位。这种定位策略抓住了消费者先入为主的心理，市场风险小，成功率高，常常为企业所采用。例如，东风悦达起亚K5上市时，没有把性能和价格都相当不错，并在市场中占主导地位的本田雅阁和丰田凯美瑞当作直接竞争对手，而是采取了避强定位策略，设定了理性的销售目标，最终较好地开拓了市场。

但是，避强定位对企业的技术开发能力、生产能力和营销管理能力也提出了较高的要求，企业在采用此策略之前需要认真考虑。

（二）迎头定位策略

迎头定位就是企业与在市场上占主导地位的、实力最强或较强的竞争对手正面竞争，争夺同样的目标顾客，努力将竞争对手赶出原来的位置，自己取而代之的一种策略。这是一种竞争性最强的市场定位策略，实力雄厚的企业为扩大市场份额，或在自己选择的目标市场区域已被竞争对手占领的情况下，一般会采用这一策略。例如，当年苹果公司面对微软、IBM、诺基亚、三星等强劲的竞争对手，没有退缩，而是采用迎头定位策略，凭借准确的市场定位和产品创新，使得公司在进入的每个市场中都占领了领先地位。

（三）重新定位策略

重新定位策略就是企业已经进行了市场定位，但一段时间后发现原来的定位不准确，或市场情况、消费者需求、竞争对手等方面发生了变化，从而进行的二次定位。重新定位策略是以退为进的策略，目的是为了实施更有效的市场定位。例如，沃尔沃汽车一直是高端车型,进入中国市场以后,重新进行了市场定位,推出了以舒适、商务为特点的新款沃尔沃 S80L T5 和 T6 改进车型,迅速打开了市场。

企业使用重新定位策略需要承担很大的风险,因此,一定要谨慎使用。例如,李宁公司在 2012 年 6 月实施的市场重新定位,不仅没有达到"品牌重塑"的效果,反而失去了原有的竞争优势。

(四)创新定位策略

创新定位策略就是企业寻找新的还没被占领但有潜在需求的市场,填补市场空白,生产市场上没有的、具备某种特色的产品。所有的创新产品都可以采用这个策略。例如,秦川机床工具集团有限公司一直坚持"研制成功新品,服务高端市场"的创新定位策略,在高端机床领域取得了一个又一个重大突破。2011 年,包括航空发动机叶片磨床等重大专项产品在内的"航空发动机关键部件加工装备生产线"获 2011 中国国际工业博览会银奖。2012 年 6 月,"高效高精度齿轮机床产品技术创新平台"获得了工业和信息化部批准,秦川集团已牵头承担"高档数控机床与基础制造装备"国家科技重大专项所属项目达 15 项之多。成为创新定位的成功者和高档数控机床装备制造的领军者。

【小案例】

截至 2015 年 1 月 3 日,据中国能效标识网备案查询信息,吸油烟机产品已完成备案并公告的数据显示,杭州老板电器股份有限公司已经有 70 款吸油烟机通过能效标识备案并完成公告,且 90% 以上型号的吸油烟机达到一级能效水平。这也是 2014 年吸油烟机能效标准执行以来,审核通过吸油烟机数量最多的品牌。

2014 年 11 月,国家发展和改革委员会宣布,其与国家质检总局和国家认监委联合制定的《吸油烟机能源效率标识实施规则》将于 2015 年 1 月 1 日起执行,这意味着继冰箱、空调等产品之后,吸油烟机成为又一类需要"持证上岗"的家用电器。

在节能环保方面,老板电器始终引领行业发展。2013 年《吸油烟机能效限定值及能效等级》未发布实施前,老板电器就已经全面开展吸油烟机的能效标识实施准备工作,发布了大吸力油烟机的四大标准:拢吸、强滤、速排、节能。2014 年 11 月,在由中国五金制品协会主办的"2014 中国国际厨房卫浴博览会"上,中国五金制品协会向老板电器大吸力吸油烟机授予我国厨电行业首批"高效净化环保之星"称号。在 2015 年开始实施的能效标识审核中,老板电器有 70 款产品通过审核。这也是在行业内反应速度最快、审核通过最多的品牌。

【项目知识结构图】

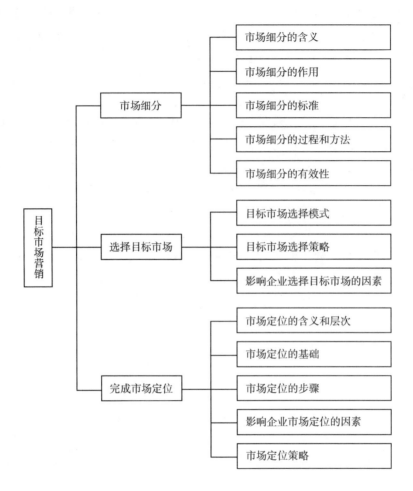

【延伸阅读】

市场定位的方法

1. 区域定位

区域定位是指企业在制定市场营销策略时，应当为产品确立要进入的市场区域，即确定该产品是进入国际市场、国内市场，还是某片区、某省市等。只有找准了自己的市场，才有可能使企业的营销计划获取成功。

2. 阶层定位

每个社会都包含有许多的社会阶层，不同的阶层有不同的消费需求和消费特点，企业的产品究竟面向什么阶层，是企业在选择目标市场时应考虑的问题。根据不同的标准，可以对社会上的人进行不同的阶层划分，如按知识分，可分为高知阶层、中知阶层和低知阶层。进行阶层定位，就是要牢牢把握住某一阶层的需求特点，从营销的各个层面上满足他们的需求。

3. 职业定位

职业定位是指企业在制定市场营销策略时要考虑将产品或劳务销售给什么职业的人。将饲料销售给农民及养殖户，将文具销售给学生，这是非常明显的，而真正能产生营销效益的往往是那些不明显的、不易被察觉的定位。企业在进行市场定位时要有一双善于发现的眼睛，及时发现竞争者的视觉盲点，这样可以在定位领域内获得巨大的收获。

4. 个性定位

个性定位是考虑把企业的产品如何销售给那些具有特殊个性的人。这时，选择一部分具有相同个性的人作为自己的定位目标，针对他们的爱好实施市场营销策略，可以取得最佳的营销效果。

5. 年龄定位

在进行市场定位时，企业还要考虑销售对象的年龄特点。处于不同年龄段的人，有自己不同的需求特点，只有充分考虑到这些特点，满足不同消费者的要求，才能够赢得消费者。

【自测思考】

参考答案

一、单项选择题

1. 市场细分是 50 年代中期美国市场营销学家（　　）提出的。
   A. 基恩·凯洛西尔　　　　　　B. 鲍敦
   C. 温得尔·斯密　　　　　　　D. 菲利普·科特勒
2. 同一细分市场的顾客需求具有（　　）。
   A. 绝对的共同性　　　　　　　B. 较多的共同性
   C. 较少的共同性　　　　　　　D. 较多的差异性
3. 当市场上出现下列（　　）时，客观上就出现了不同的细分市场。
   A. 集群偏好　　B. 同质偏好　　C. 分散偏好　　D. 需求偏好
4. （　　）差异的存在是市场细分的客观依据。
   A. 产品　　　　B. 价格　　　　C. 需求偏好　　D. 细分
5. 某工程机械公司专门向建筑业用户供应推土机、打桩机、起重机、水泥搅拌机等建筑工程中所需要的机械设备，这是一种（　　）策略。
   A. 市场集中化　　　　　　　　B. 市场专业化
   C. 市场全面化　　　　　　　　D. 产品专业化
6. 属于生产者市场细分标准的是（　　）。
   A. 职业　　　　B. 生活格调　　C. 收入　　　　D. 采购方法
7. 不是市场细分有效性的是（　　）。
   A. 可衡量性　　B. 差异性　　　C. 可对比性　　D. 可营利性
8. 就每一特定市场而言，最佳市场营销组合只能是（　　）的结果。
   A. 市场细分　　B. 精心策划　　C. 综合平衡　　D. 统筹兼顾
9. 依据目前的资源状况判断能否通过适当的营销组合去占领目标市场，即企业所选择的目标市场是否易于进入，这是市场细分的（　　）原则。

　　A. 可衡量性　　　B. 可进入性　　　C. 可营利性　　　D. 差异性

10. 采用（　　）模式的企业应具有较强的资源和营销实力。

　　A. 市场集中化　　B. 市场专业化　　C. 产品专业化　　D. 市场全面化

11. 采用无差异目标市场选择策略的最大优点是（　　）。

　　A. 市场占有率高　　　　　　　　B. 成本的经济性

　　C. 市场适应性强　　　　　　　　D. 需求满足程度高

12. 集中目标市场选择策略尤其适合于（　　）。

　　A. 跨国公司　　　B. 大型企业　　　C. 集团企业　　　D. 小型企业

13. 同质性较高的产品，宜采用（　　）。

　　A. 产品专业化　　　　　　　　　B. 市场专业化

　　C. 无差异目标市场选择策略　　　D. 差异化目标市场选择策略

14. 市场定位是（　　）在细分市场的位置。

　　A. 塑造一家企业　　　　　　　　B. 塑造一种产品

　　C. 确定目标市场　　　　　　　　D. 分析竞争对手

15. 重新定位，是对销路少、市场反应差的产品进行（　　）定位。

　　A. 避强　　　　　B. 对抗性　　　　C. 竞争性　　　　D. 二次

二、多项选择题

1. 市场细分的有效性包括（　　）。

　　A. 可控制性　　　B. 可进入性　　　C. 差异性

　　D. 可衡量性　　　E. 可营利性

2. 属于消费者市场细分的标准的有（　　）。

　　A. 教育程度　　　B. 职业　　　　　C. 价值观念

　　D. 地理位置　　　E. 购买标准

3. 无差异目标市场选择策略（　　）。

　　A. 具有成本的经济性　　　　　　B. 不进行市场细分

　　C. 适宜于绝大多数产品　　　　　D. 只强调需求共性

　　E. 适用于小企业

4. 企业采用差异化目标市场选择策略时（　　）。

　　A. 一般只适合于小企业　　　　　B. 要进行市场细分

　　C. 能有效提高产品的竞争力　　　D. 具有最好的市场效益保证

　　E. 以不同的营销组合针对不同的细分市场

5. 产品专业化意味着（　　）。

　　A. 企业只生产一种产品供应给各类顾客

　　B. 有助于企业形成和发展其生产上和技术上的优势

　　C. 可有效地分散经营风险

　　D. 可有效发挥大型企业的实力优势

　　E. 便于集中营销

6. 市场定位的主要策略有（　　）。
   A. 产品定位　　　　　　B. 创新定位　　　　　　C. 避强定位
   D. 迎头定位　　　　　　E. 重新定位
7. 企业在市场定位过程中（　　）。
   A. 要了解竞争产品的市场定位
   B. 要研究目标顾客对该产品各种属性的重视程度
   C. 要选定本企业产品的特色和独特形象
   D. 要避开竞争者的市场定位
   E. 要充分强调本企业产品的质量优势
8. 消费者市场细分的标准有（　　）。
   A. 地理因素　　　　　　B. 人文因素　　　　　　C. 心理因素
   D. 行为因素　　　　　　E. 最终用户
9. 影响企业选择目标市场的因素有（　　）。
   A. 企业　　　　　　　　B. 产品　　　　　　　　C. 市场
   D. 产品所处的生命周期阶段　E. 竞争者的目标市场策略
10. 影响市场定位的因素有（　　）。
    A. 产品属性和利益　　　B. 产品价格和质量　　　C. 产品用途
    D. 消费者　　　　　　　E. 竞争者

三、判断题

1. 在同类产品市场上，同一细分市场的顾客需求具有较多的共同性。（　　）
2. 产品差异化营销以市场需求为导向。（　　）
3. 市场细分只是一个理论抽象，不具有实践性。（　　）
4. 细分消费者市场的标准，不适用于产业市场。（　　）
5. 通过市场细分过程，细分出的每一个细分市场，对企业市场营销都具有重要的意义。（　　）
6. 同质产品适合于采用集中市场营销战略。（　　）
7. 如果竞争对手已采用差异化目标市场选择策略，本企业则应以无差异目标市场选择策略与其竞争。（　　）
8. 无差异目标市场选择策略完全不符合现代市场营销理论。（　　）
9. 与产品市场生命周期阶段相适应，产品在介绍期可采用无差异目标市场选择策略。（　　）
10. 企业的竞争力越是体现在对顾客服务的水平上，市场差别化就越是容易实现。（　　）
11. 企业采用服务差别化的市场定位策略，就可以不再追求技术和质量的提高。（　　）
12. 企业在市场营销方面的核心能力与优势会自动地在市场得到表现。（　　）
13. 差异化目标市场选择策略的主要缺点是使企业的生产成本和营销费用增加。（　　）
14. 市场细分主要是通过对产品本身的分类来进行的。（　　）
15. 如何选择目标市场，应根据企业的实际情况而定，如果企业的资源雄厚，可以考

虑采用集中目标市场选择策略。　　　　　　　　　　　　　　　　　（　　）

四、思考题

1. 什么是市场细分？如何进行市场细分？
2. 细分消费者市场主要依据哪些标准？
3. 细分生产者市场主要依据哪些标准？
4. 企业应如何选择目标市场？
5. 企业应怎样进行市场定位？

【实训项目】

实训一：通过电子商务网站认识市场细分，描述目标市场，分析市场定位

1. 实训内容

让学生自主选择一个较知名的电子商务网站，从而认识市场细分，描述目标市场，分析市场定位。

2. 实训要求和操作步骤

（1）在授课教师的指导下，学生以小组为单位，自主选择一个较知名的电子商务网站，观察其行业划分、产品分类、消费者分类、商品类型、商品价格和档次。

（2）认真观察网站的结构布局和各种链接。

（3）在做好记录的基础上，小组学生就选定的电子商务网站的某类市场（如服装市场），讨论该市场的细分情况、目标市场及市场定位情况。

（4）撰写分析报告。

3. 考核要点

（1）学生能准确说明所选电子商务网站的基本情况。

（2）学生能准确说明整个网站或其中某一部分的市场细分情况。

（3）学生能准确界定目标顾客并进行描述。

（4）学生能准确进行整个网站或其中某一部分产品市场定位的说明。

（5）学生的团队合作精神与在实训过程中的表现。

（6）分析报告工整、细致、准确。

实训二：案例分析

奇瑞汽车经典营销案例

奇瑞汽车公司作为中国地方汽车企业，曾经成功推出奇瑞"旗云""东方之子"等性价比较高的轿车，并且凭借自主品牌的优势与合理的价格优势向国外出口轿车产品，曾在全国形成相当的知名度。

轿车已越来越多地进入大众家庭，但由于地区经济发展的不平衡及人们收入水平的差距，社会对汽车的需求走向了进一步的细分。

QQ微型轿车在2003年5月推出，6月就获得良好的市场反应，到2003年12月，已

经售出 2.8 万多辆，同时获得多个奖项。对年轻人颇具吸引力的外观、内饰、配置和价格是奇瑞 QQ 当年成功占领微型轿车这个细分市场的关键。

1. 明确的市场细分，锁定时尚男女

奇瑞 QQ 的目标客户是收入并不高，但有知识、有品位的年轻人，同时也兼顾有一定事业基础、心态年轻、追求时尚的中年人。一般大学毕业两三年的白领都是奇瑞 QQ 潜在的客户。

在产品名称方面："QQ"突破了传统品牌名称非洋即古的局限，充满时代感的张力与亲和力，同时简洁明快、朗朗上口，富有冲击力。

在品牌个性方面：QQ 被赋予了"时尚、价值、自我"的品牌个性，将消费群体的心理情感注入品牌内涵中。

在品牌语言方面：QQ 富有判断性的广告标语"青年人的第一辆车"，及"秀我本色"等流行时尚语言，配合极富创意的广告形象，将追求自我、张扬个性的目标消费群体的心理感受描绘得淋漓尽致，容易与目标消费群体产生情感共鸣。

2. 整合营销传播，形成市场互动

奇瑞 QQ 当时作为一个新品牌，在进行完市场细分与品牌定位后，投入了立体化的整合传播，以大型互动活动为主线，具体的活动包括 QQ 价格网络竞猜、QQ 秀个性装饰大赛、QQ 网络 Flash 大赛等，为奇瑞 QQ 在 2003 年的营销传播大造声势。

奇瑞 QQ 相关信息的立体传播。选择目标群体关注的报刊媒体、电视、网络、户外、杂志、活动等，将奇瑞 QQ 的品牌形象、品牌诉求等信息迅速传达给了目标消费群体和广大受众。

奇瑞 QQ 的各种营销活动"点"与"面"相结合：从新闻发布会和传媒的评选活动，形成全国市场的互动，并为市场形成了良好的营销氛围。所有的营销传播活动，特别是网络大赛、动画和内装饰大赛等都让目标消费群体参与进来，在体验之中将品牌潜移默化地融入目标消费群体的内心，起到了良好的营销效果。

1. 奇瑞 QQ 的成功体现在哪些市场营销策略上，试对此进行简要分析。
2. 奇瑞汽车的成功对你有何启示？

项目八　产品策略

◇ 学习目标

1. 知识目标：理解产品组合的相关概念、产品组合策略，以及新产品的概念；掌握产品市场生命周期各阶段的特点及各阶段的市场营销策略，以及产品品牌策略和产品包装策略。

2. 能力目标：能够运用产品组合策略；能够识别产品市场生命周期的各个阶段，并能在不同的阶段采用不同的市场营销策略。

◇ 工作任务

产品组合策略；产品市场生命周期各阶段的市场营销策略；产品品牌策略。

任务一　产品与产品组合

【任务引例】

宝洁公司创始于1837年，是全球最大的日用消费品公司之一，公司组成了五大产品部，即保健（美容）、食品（饮料）、纸类、肥皂、特殊产品（如化学品），共涉及香皂、牙膏、漱口水、洗发液、咖啡、橙汁、卫生纸、感冒药等多种行业。宝洁公司的营销策略一直为人们津津乐道，在产品方面主要采取了以下策略。

(1) 在产品定位方面。对于众多产品宝洁公司都有清晰而明确的定位。例如，消费者耳熟能详的潘婷营养、沙宣专业美发、飘柔顺滑、海飞丝去屑。

(2) 在产品线延伸方面。宝洁公司经营着250多个品牌，每条产品线都拥有众多品牌。例如，其洗发液就有潘婷、飘柔、海飞丝、沙宣等多个品牌。

(3) 在产品差异化方面。宝洁公司追求产品之间的差异，包括功能、包装、宣传等诸多方面，从而形成每个产品的鲜明个性。例如，不同的人对洗衣粉的洗涤和漂洗能力、气味、酸碱性有不同的需求。于是，宝洁就此把洗衣粉划分为9个细分市场，设计了9种不同的产品。

（4）在新产品开发方面。宝洁公司每年约花费 1.5 亿美元从事 4000～5000 个研究，共拥有 2500 多个实用专利和 250 多种产权技术。佳洁士就是宝洁公司花了 10 年时间研究和开发的第一个有效防蛀牙膏。

产品是市场营销组合中最重要的因素。市场营销组合中的其他因素，也必须以产品为基础进行决策，因此，产品策略是整个营销组合的基石。

一、产品及产品整体概念

市场营销学中所理解的产品与人们通常的看法有很大差异。产品概念具有极其宽广的外延和深刻而丰富的内涵，它指通过交换而满足人们需要和欲望的因素或手段，包括提供给市场的，能够满足消费者或用户某一需求和欲望的任何有形物品和无形物品。

【小资料】
菲利浦·科特勒对产品的定义为：产品是能够提供给市场，以满足人们需要和欲望的任何东西。市场上的产品包括实体产品、服务、体验、事件、人物、地点、财产、组织、信息和创意等。

以往，学术界曾用三个层次来表述产品整体概念，即核心产品、形式产品和延伸产品（附加产品），这种研究思路与表述方式沿用了多年。近年来，菲利普·科特勒等学者更倾向于使用五个层次来表述产品整体概念，认为五个层次的研究与表述能够更深刻且准确地表述产品整体概念的含义（如图 8-1 所示）。

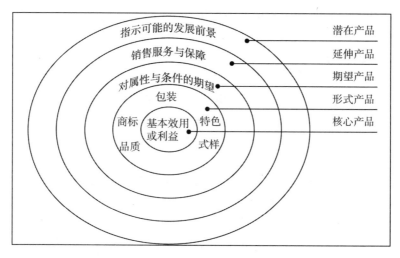

图 8-1　产品整体概念的五个层次

1. 核心产品

核心产品是顾客真正想购买的基本服务或利益。例如，消费者购买一颗钉子，并不只是买钉子的实体部分，而是购买钉子所能够为其带来的"效用"。

2. 形式产品

形式产品是指核心产品借以实现的形式，生产者正是通过产品的基础形式将产品的核心利益传递给消费者的。例如，汽车提供的出行方便的效用必须借助于汽车的形式，没有了这种形式，消费者就无法获得该种效用。可见，核心产品和形式产品是不能够分离的。

3. 期望产品

期望产品是指消费者购买产品时通常希望和默认的一组产品属性和条件。这种属性和条件一般是消费者获得产品效用的基本保证。脱离了期望产品，企业将无法完美地将产品效用传输给消费者。例如，消费者住旅店大多希望能够获得干净的床上用品、淋浴设备和安静的环境，这是对该产品本身所蕴含的要求，市场营销人员的工作必须建立在消费者的期望产品得到提供的基础之上。

4. 延伸产品

延伸产品是指生产者或销售者为了创造产品的差异化而给予消费者的增加的服务和利益。例如，大部分的家电企业都为顾客提供送货上门和安装等服务。附加产品有转化为期望产品的趋势，当产业内所有的企业都对消费者提供了相同的附加产品之后，附加产品就会被消费者当作理所当然的期望产品看待。例如，现在，消费者想当然地认为家电专卖超市应该提供送货上门服务，事实也如此。

5. 潜在产品

潜在产品是指产品最终可能会带给消费者的全部附加产品和将来会转换的部分。潜在产品能够带给产品足够的差异化形象，给企业的产品带来竞争优势地位。这主要通过提高顾客的满意度来实现。美国营销学者西奥多·李维特认为，未来竞争的关键不在于企业能生产什么产品，而在于其产品所提供的附加价值，包括包装、服务、广告、用户咨询、融资、送货安排、仓储和人们所重视的其他价值等。

二、产品的分类

在市场营销中，企业要根据不同的产品制定不同的市场营销策略，而要做到科学地制定有效的市场营销策略，首先必须对产品进行科学的分类。

（一）消费品的分类

个人及家庭生活所需要的消费品种类繁多，按消费者的购买习惯通常可将其划分为便利品、选购品、特殊品和非寻觅品四类。

1. 便利品

便利品是指消费者经常购买，希望能在需要时即可买到，而且不愿意花时间去比较品牌、价格的产品和服务。便利品还可以细分为日用品（如食品、肥皂、牙膏等）、冲动购买品（如糖果、玩具、杂志等）和急用品（如下雨时的雨伞、停电时的蜡烛和手电筒等）三类。

2. 选购品

选购品是指消费者在购买之前要经过仔细比较、认真挑选才会决定购买的产品，如家具、家用电器、服装等。选购品的可挑选性强，因此企业要提供大量的花色、品种，以供消费者挑选。此外，企业还应安排经过培训的销售人员来为顾客提供咨询和服务。

3. 特殊品

特殊品是指具有某种独特性能或消费者对其牌子、标记有特殊认识的产品。对于这些产品，大部分消费者愿意做出特殊的购买努力，多花时间与精力去购买。例如，特殊品牌和式样的小汽车，高保真音响以及具有特殊收藏价值的邮票、钱币等。经营此类商品，销售网点应该更集中，并要做好售后服务工作。

4. 非寻觅品

非寻觅品是指消费者不知道或者虽然知道但没有兴趣购买的产品。非寻觅品的特殊性决定了对它需要加强广告、推销等营销手段，以刺激消费，从而使消费者对它产生购买欲望。

（二）生产者市场产品的分类

生产者市场的产品通常比消费品复杂得多，因此其市场营销活动比消费品需要更多的专业知识。由于生产者市场购买者的购买规模、使用方式、业务性质均有很大不同，因此生产者市场的产品分类也有不同，一般分为原材料与零件、资本项目、物料及服务等三类。

1. 原材料与零件

原材料与零件是指完全进入产品制造过程，最终要转化到生产者所生产的成品中去的产品。它又分为原料（如煤、原油、小麦、棉花等）、材料和零件（如棉纱、面粉、生铁、橡胶等）两类。

2. 资本项目

资本项目是指在生产过程中长期发挥作用，能为多个生产周期服务，单位价值较高，其价值是逐渐地、分次地转移到所生产的产品中去的劳动资料。资本项目又可分成主要设施（如办公室、厂房、各种机床、锅炉等）、附属设备（如各种手工工具、计算器、推货车等）两类。

3. 物料及服务

物料及服务是维持企业生产经营活动所必需，但其本身完全不进入生产过程的产品。物料又分为一般用的物料（如润滑油、燃料、纸张等）和维修物料（如油漆、钉子等）。作为生产资料的服务包括维修服务（如清洁、修理、保养等）和咨询服务（如法律咨询、业务咨询、管理咨询等）。

三、产品组合的概念

菲利浦·科特勒认为，产品组合即产品品种的搭配，是一个特定的销售者销售给购买者的一组产品，它包括所有的产品线和产品项目。例如，花王公司拥有 3 条主要的产品线：消费品、高级化妆品和化学产品。每个产品线又由众多的子产品线构成，如消费品线可以分解为纺织品和家用护理品、个人护理、妇女和儿童护理、健康护理以及专业护理产品。每条产品线和子产品线又拥有许多单个的产品项目。

产品组合的衡量标准包括产品组合的宽度、长度、深度和相关度。下面，以宝洁公司为例来说明此问题（如表8-1所示）。

表 8-1　宝洁公司的产品组合举例

清洁剂	牙膏	条状肥皂	纸尿布	纸巾
象牙雪	格利	象牙	帮宝适	媚人
德来夫特	佳洁士	柯克斯	露夫	粉扑
汰渍		洗污		旗帜
快乐		佳美		绝顶
奥克雪多		爵士		
达什		保洁净		
波尔德		海岸		
盖恩		玉兰油		
伊拉				

（一）产品组合的宽度

产品组合的宽度是指产品组合中包含的产品线的数量。产品线越多，产品组合越宽。表8-1中保洁公司有5条产品线，这就是在量上给予产品组合宽度的衡量。企业发展多条产品线，主要是为了降低经营风险。

（二）产品组合的长度

产品组合的长度是指在企业的产品组合中所包含的产品项目的数量。把企业所有产品线包括的产品项目加总，就可以在量上衡量企业产品组合的长度。表8-1中，宝洁公司共有25个产品项目，这就是宝洁公司产品组合的长度。企业增加产品组合的长度，可以最大化货架空间，并且给予消费者多样化的选择，有助于形成企业的优势地位。

（三）产品组合的深度

产品组合的深度是指企业每一个产品线上产品花色、品种和类型的数量。例如，佳洁士牙膏有三种规格和两种配方（普通味和薄荷味），佳洁士牙膏的深度就是6（3×2＝6）。通过计算每类产品品种的数目，然后相加求平均，我们就可以计算出宝洁公司的产品组合的平均深度。

（四）产品组合的相关度

产品组合的相关度是指各产品之间的关联性，这些关联性表现在最终用途、生产条件、分销渠道、技术或者其他方面。由于宝洁公司的产品大多为日化产品，并且可以使用相同的销售渠道，所以我们说宝洁公司产品组合的相关度较高。产品组合相关度的高低是企业进行产品多角化应该认真考虑的问题，过低的产品组合相关度会对新产品带来风险。

四、产品组合策略

分析产品组合的目的在于弄清在不断变化的市场营销环境中,企业现有的商品组合与企业的总体战略、市场营销策略的要求是否一致,以根据内外部环境的要求对现有的企业产品组合进行调整。企业在调整和优化产品组合时,根据不同情况,可以选择如下几种策略。

(一) 扩大产品组合

扩大产品组合一般包括拓展产品组合的宽度和增强产品组合的深度两方面。前者是在原产品组合中增加一条或几条产品大类,扩大经营产品的范围;后者是在原有产品大类内增加新的产品项目。当企业预测现有产品大类的销售额和利润额在未来一段时间内有可能下降时,就应考虑增加新的产品类型,或加强其中有发展潜力的产品。当企业打算增加产品特色,或为更多的子市场提供产品时,则可选择在原有产品大类内增加新的产品项目。一般而言,扩大产品组合,可使企业充分地利用人、财、物资源,分散风险,增强竞争能力。

(二) 缩减产品组合

当市场繁荣时,较长、较宽的产品组合会为许多企业带来较多的营利机会;但当市场不景气或原料、能源供应紧张时,缩减产品反而可能使总利润上升。这是因为从产品组合中剔除了那些获利很小甚至不获利的产品大类或产品项目,从而使企业可集中力量发展获利多的产品大类和产品项目。通常情况下,企业的产品大类有不断延长的趋势,主要原因如下:

(1) 生产能力过剩迫使产品大类经理开发新的产品项目;
(2) 经销商和销售人员要求企业增加产品项目,以满足顾客的需要;
(3) 产品大类经理为了追求更高的销售额和利润而增加产品项目。

但是,随着产品大类的延长,设计、工程、仓储、运输、市场营销等费用也会随之增加,最终可能会减少企业的利润。在这种情况下,企业就需要对产品大类的发展进行相应的遏制,删除那些得不偿失的产品项目,使产品大类缩短,从而提高企业的经济效益。

(三) 产品延伸

每个企业的产品都有其特定的市场定位。产品延伸指全部或部分地改变企业原有产品的市场定位,具体做法有向下延伸、向上延伸和双向延伸三种。

1. 向下延伸

向下延伸指企业原来生产高档产品,后来决定增加中低档产品。企业采取这种策略的主要原因是:

(1) 企业发现高档产品的销售增长缓慢,因此不得不将其产品大类向下延伸;
(2) 企业的高档产品受到激烈的竞争,必须用进入中低档产品市场的方式来反击竞争者;
(3) 企业当初进入高档产品市场是为了树立质量形象,然后再向下延伸;
(4) 企业增加中低档产品是为了填补空隙,使竞争者无机可乘。

企业在采取向下延伸策略时，会遇到一些风险，例如，企业原来生产高档产品，后来增加中低档产品，有可能使名牌产品的形象受到影响，所以，中低档产品最好用新的商标，不要用原先高档产品的商标；企业原来生产高档产品，后来增加中低档产品，有可能会激怒生产中低档产品的企业，可能导致其向高档产品市场发起反攻；企业的经销商可能不愿意经营中低档产品，因为经营中低档产品所得利润较少。

2. 向上延伸

向上延伸指企业原来生产中低档产品，后来决定增加高档产品。企业的主要理由是：

(1) 高档产品畅销，销售增长较快，利润率高；

(2) 企业估计高档产品市场上的竞争者较弱，易于被击败；

(3) 企业想使自己成为生产种类全面的企业。

企业采取向上延伸策略也要承担一定风险，例如，可能引起生产高档产品的竞争者进入中低档产品市场，进行反攻；未来的顾客可能不相信该企业能生产高档产品；企业的销售代理商和经销商可能没有能力经营高档产品。

3. 双向延伸

双向延伸即原定位于中档产品市场的企业掌握了市场优势以后，决定向产品大类的上下两个方向延伸，一方面增加高档产品，另一方面增加低档产品，从而扩大市场阵地。

任务二　产品市场生命周期

【任务引例】

20世纪60年代，美国的"无声小狗"猪皮便鞋风行一时。"无声小狗"便鞋经历了从投入到衰退的整个生命周期。

1. 诞生

1957年，美国某公司生产出11种颜色、鞋底和鞋帮结合的男式便鞋，到农村和小镇试销，结果非常成功。他们给鞋子取名为"无声小狗"，意指此鞋穿上去十分轻便，走起路来没有任何声响。从此，这一新产品诞生了。

2. 介绍期

1957—1958年是该产品的介绍期。1957年，"无声小狗"便鞋卖出了3万双，到了1958年，公司到了最初的市场开拓阶段。这个时期面临的困难是知名度不高，市场占有率和销售增长率都很低。

针对上述困难，该公司加强了广告宣传，并集中力量掀起了"无声小狗"便鞋的推销热潮，销路终于打开了。

3. 成长期

1959年，该公司又不断开发新款式的男便鞋，销售额成倍增长，广告费用也继续增加。到1961年，"无声小狗"便鞋在美国已成为名牌。

4. 成熟期

1963年，该公司产品销售额的增长趋缓，产品开始进入成熟期。公司继续扩大广告范围，并继续拓展销售渠道，发展新的零售点。

5. 销售增长率剧减时期

从1966年开始，"无声小狗"便鞋的总销售量、利润开始逐年下降。虽然该公司的经理们为销量的下降伤透了脑筋，但他们仍对重新唤起人们的购买热潮充满信心。无论采用什么样的广告形式，有一点是肯定的，即产品款式一定要更新。

产品市场和任何生物体一样，都有一个产生、成长、成熟和衰亡的过程。企业开发研制生产出来的任何一种产品，都要经过从投放市场开始到退出市场这一客观规律的一系列过程。产品的市场生命周期同生物一样是客观存在着的，产品市场生命周期的长短主要取决于产品上市后的需求变化和新产品更新换代的速度，以及消费者对某种新产品推出市场后的接受过程。

一、产品市场生命周期概述

（一）产品市场生命周期理论的由来

产品市场生命周期的概念来源于20世纪50年代美国卜滋（Booz）、阿伦（Allen）和哈米尔顿（Hamilton）管理咨询公司出版的《新产品管理》。该书提出了产品的市场生命周期可分为投入期、成长期、成熟期、饱和期和衰退期五个阶段。后来，英国的戈珀兹等人参照这个理论，将一个产品投入市场后，从不同时期销售量的变化进行图解，又借鉴生物老化现象的规律（生长曲线），提出了戈珀兹曲线数学模型，将定量与定性相结合，逐渐形成了现在的产品市场生命周期的概念。

（二）产品市场生命周期的概念

产品市场生命周期是指一种新产品从进入市场开始到被市场淘汰为止所经历的全部时间。在该过程中产品的销售量及利润都会发生一定的规律性变化，这就需要企业在产品市场生命周期内的不同阶段制定出与相应阶段相符的正确的市场营销策略。

市场营销学者通常认为，产品市场生命周期要经历四个阶段：市场介绍期、市场成长期、市场成熟期和市场衰退期（如图8-2所示）。

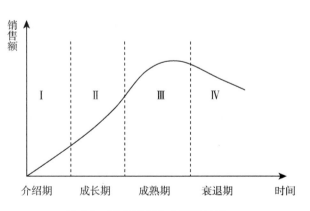

图8-2 产品市场生命周期曲线

> **【小资料】**
> 菲利浦·科特勒认为,企业的产品市场生命周期对企业来说意味着四件事情:第一,产品有一个有限的生命,由于市场和技术条件的变化,一个产品不可能永远在市场上存在,而这个由诞生到消亡的过程则有长有短、有急有缓;第二,产品销售经过不同的阶段,每一阶段都对销售者提出了不同的挑战;第三,在产品市场生命周期的不同阶段,产品的利润有高有低;第四,在产品市场生命周期的不同阶段,产品需要不同的制造、营销、财务、购买和人力资源战略。

二、产品市场生命周期各阶段的特点

(一)介绍期

介绍期又称导入期、试销期,是指新产品刚刚投入市场的最初销售阶段。介绍期主要有以下特点:

(1) 产品设计尚未定型,花色品种少,生产批量小,单位生产成本高,广告促销费用高;
(2) 消费者对产品不熟悉,只有少数追求新奇的顾客可能购买,销售量少;
(3) 销售网络还没有全面、有效地建立起来,销售渠道不畅,销售增长缓慢;
(4) 由于销量少、成本高,企业通常获利甚微,甚至发生亏损;
(5) 同类产品的生产者少,竞争者少。

(二)成长期

成长期又称畅销期,是指产品在市场上迅速为顾客所接受,销售量和利润迅速增长的时期。成长期主要有以下特点:

(1) 产品已定型,花色品种增加,生产批量增大;
(2) 消费者对新产品已经熟悉,销量迅速增长;
(3) 建立了比较理想的销售渠道;
(4) 由于销量增长,成本下降,利润迅速上升;
(5) 同类产品的生产者看到有利可图,进入市场参与竞争,市场竞争开始加剧。

(三)成熟期

成熟期又称饱和期,是指产品的销售量趋于饱和并开始缓慢下降,市场竞争非常激烈的时期。通常,成熟期在产品市场生命周期中持续的时间最长。根据这阶段的销售特点,成熟期又可以分为成长成熟期、稳定成熟期和衰退成熟期三个时期。这三个时期的主要特点分别是:

(1) 成长成熟期的销售渠道呈饱和状态,增长率缓慢上升,有少数消费者继续进入市场;

(2) 稳定成熟期的市场出现饱和状态，销售平稳，销售增长率只与购买人数成比例，如无新购买者则增长率停滞或下降；

(3) 衰退成熟期的销售水平开始缓慢下降，消费者的兴趣开始转向其他产品和替代品。

（四）衰退期

衰退期又称滞销期，是指产品销量急剧下降，产品开始逐渐被市场淘汰的阶段。衰退期主要有以下特点：

(1) 产品需求量、销量和利润迅速下降，价格下降到最低水平；

(2) 市场上出现了新产品或替代品，消费者的兴趣已完全转移；

(3) 多数竞争者被迫退出市场，继续留在市场上的企业开始减少服务，大幅度削减促销费用，以维持最低水平的经营。

三、产品市场生命周期各阶段的市场营销策略

（一）介绍期的市场营销策略

1. 快取脂策略

快取脂策略是企业采用高价格、高促销费用的方式推出新产品，以求迅速扩大销售量，取得较高的市场占有率，快速收回投资。企业采取这种市场营销策略应具备的条件是：

(1) 新产品有特色，有吸引力，优于市场原有同类产品；

(2) 有较大的潜在市场需求；

(3) 目标顾客的求新心理强，急于购买新产品，并愿意为此付高价；

(4) 企业面临潜在竞争威胁，需及早树立品牌形象。

2. 慢取脂策略

慢取脂策略是采用高价格、低促销费用的方式推出新产品，以求获得更多的利润。企业采取这种市场营销策略应具备的条件是：

(1) 市场规模相对较小，现实的和潜在的竞争威胁不大；

(2) 新产品具有独特性，可以有效地填补市场空白；

(3) 适当的高价能为市场所接受。

3. 快渗透策略

快渗透策略是采用低价格、高促销费用的方式推出新产品，以争取迅速占领市场，从而取得尽可能高的市场占有率。采取这种市场营销策略应具备的条件是：

(1) 产品的市场容量很大；

(2) 消费者对产品不了解，且对价格十分敏感；

(3) 企业面临潜在竞争者的威胁；

(4) 单位生产成本可随生产规模和销量的扩大而大幅度下降。

4. 慢渗透策略

慢渗透策略是采用低价格、低促销费用的方式推出新产品。低价可以促使市场迅速接受新产品，低促销费用则可以降低营销成本，实现更多的利润。采取这种市场营销策略应具备的条件是：

（1）产品的市场容量大；

（2）消费者对产品已经了解，且对价格十分敏感；

（3）企业面临潜在竞争者的威胁。

（二）成长期的市场营销策略

成长期旺盛的市场需求与高额的利润会引来竞争对手的参与。因此，该阶段企业的市场营销重点是扩大市场占有率和巩固市场地位，企业可采取以下几种市场营销策略。

1. 产品策略

在该阶段，消费者在购买时有一定的选择余地，企业为了扩大销售，使现实的购买者增加购买，使潜在的购买者实施购买，应采取创名牌的产品策略。企业可通过改进和完善产品、提供优质的售后服务等措施，来提高产品的竞争力，使消费者对本企业的产品产生信任感。

2. 价格策略

在该阶段，企业可根据市场竞争情况和自身的特点灵活定价。例如，企业可以选择适当的时机降低产品的价格，这样既可以争取那些对价格比较敏感的顾客来购买，又可以冲击竞争对手。

3. 渠道策略

渠道策略即企业巩固原有的销售渠道，增加新的销售渠道，开拓新的市场，扩大产品的销售范围。

4. 促销策略

促销策略即加强促销环节，树立强有力的产品形象。促销的重心应从介绍期的建立产品知名度转移到宣传产品的特殊性能和特色、提高产品及企业的形象和声誉上。促销策略的主要目标是建立品牌偏好，维系老顾客，争取新顾客。

（三）成熟期的市场营销策略

处于成熟期的产品，企业只要保住市场占有率，就可获得稳定的利润。成熟期的营销重点是稳定市场占有率，维护已有的市场地位，通过各种改进措施延长产品市场生命周期，以获得尽可能高的收益率。为此，企业可以采取以下三种策略。

1. 市场改良策略

市场改良策略不需要改变产品本身，而是通过发现产品的新用途、改变销售方式和开辟新的市场等途径，达到增加产品销售量的目的。

2. 产品改良策略

产品改良策略是以产品自身的改进来满足消费者的不同需要，以增加产品的销售量。整体产品概念中的任何一个层次的改进都可视为产品的改进。产品改良可从下列几个方面着手：

（1）质量改良，即对产品的功能、特性的改进。

（2）特色改良，即扩大产品的使用功能，增加产品新的特色，如尺寸、重量、材料、附件等，以此扩大产品多方面的适应性，提高产品使用的安全性、方便性。特色改良具有花费成本少、收益大、创新企业形象等方面的优点，但也有容易被模仿的缺点，因此企业只有率先革新才能获利。

（3）式样改良，主要是改变产品的外观、款式等有形部分，增强其美感，提高产品对消费者的吸引力，以此扩大销售。

（4）附加产品改良，即适当增加服务的内容，这对提高产品的竞争力和扩大产品销售具有积极的促进作用。

3. 市场营销组合改良策略

市场营销组合改良策略是通过改变市场营销组合的因素，以刺激销售，从而达到延长产品成长期、成熟期的目的。常用的方法主要有以下几种：

（1）通过特价、早期购买折扣、补贴运费、延期付款等方法来降低价格，吸引消费者，提高产品的竞争力；

（2）改变销售途径，扩大分销渠道，广设销售网点；

（3）调整广告媒体组合，变换广告时间和频率，采取更有效的广告形式；

（4）开展多样化的营业推广活动；

（5）扩大附加利益和增加服务项目等。

（四）衰退期的市场营销策略

在这一时期，企业既要避免在新产品未跟上来时就抛弃老产品，以致完全失去已有的市场和顾客；也要避免死抱住老产品不放，而错过机会，使企业陷于困境，企业可以采取以下几种市场营销策略。

1. 维持策略

维持策略是指企业继续沿用过去的策略，仍按照原来的细分市场，使用相同的销售渠道、定价及促销方式，直到这种产品完全退出市场为止。

2. 集中策略

集中策略是指企业把能力和资源集中在最有利的细分市场、最有效的销售渠道和最易销售的品种上，这样有利于缩短产品退出市场的时间，同时又能为企业创造更多的利润。

3. 收缩策略

收缩策略是指企业大幅度降低促销水平，尽量减少销售和推销费用，以提高目前的利润。这样可能导致产品在市场上的衰退加速，但又能从忠于这种产品的顾客中得到利润。

4. 放弃策略

放弃策略是指企业对衰退比较迅速的产品，应该当机立断，放弃经营。企业可以采取完全放弃的形式，将产品完全转移出去或立即停止生产；也可以采取逐步放弃的方式，使其所占用的资源逐步转向其他产品。

任务三　新产品开发管理

【任务引例】

新产品开发举例——"润妍"是这样做出来的

第一步：计划的酝酿。

1997年，宝洁公司在中国酝酿一个新的产品——一种全新的展示现代东方女性黑发美的润发产品，取名为"润妍"，意指"滋润"与"美丽"。该产品的目标定位是成熟女性。这类女性不盲目跟风，她们知道自己美在哪里。

第二步：产品概念测试。

在研制产品之前，宝洁公司首先要找准目标消费者的真正需求，研究全球的流行趋势。因为只有既切合潮流趋势，又具自己特色的产品，才是最具生命力的产品。为此，宝洁公司先后请了300名消费者进行了产品概念的测试。

通过调查，宝洁公司了解到，东方人向来以皮肤白皙为最美，而头发越黑，越可以反衬皮肤的白皙美。经过多次的概念测试，宝洁公司基本把握住了消费者心目中的真实想法——滋润而又具有生命力的黑发最美。

第三步：从消费者需求出发进行技术创新。

根据市场需求，宝洁公司研制开发出了冲洗型和免洗型两款"润妍"润发产品。

第四步：产品试用。

产品研制出来后，宝洁公司并没有马上将其投放市场，而是继续请消费者做使用测试，并根据消费者的要求进行改进。

第五步：包装测试。

宝洁公司专门设立了模拟货架，将自己的产品与其他品牌（特别是竞争品牌）的产品放在一起，反复请消费者观看，然后根据消费者的意见进行进一步的调整与改进。

第六步：广告测试，让消费者选择他们最喜欢的广告。

宝洁公司先请专业的广告公司拍摄了一组系列广告，再组织消费者来观看，并根据绝大多数消费者的意见，对广告画面进行再组合，广告片的音乐组合也颇具匠心。

第七步：产品正式投放市场。

在经过以上各个阶段的改进和完善之后，宝洁公司于2000年正式推出"润妍"品牌的润发露。从主意产生到产品上市，"润妍"品牌"怀胎"了将近3年。

（资料来源：作者根据公开资料整理。）

一、新产品的概念和种类

（一）新产品的概念

市场营销意义上的新产品的含义很广，它不是从纯技术角度理解的，产品只要在功能或形态上得到改进与原有产品产生差异，并为顾客带来新的利益，即可看作是新产品。

（二）新产品的种类

根据以上我们对新产品的界定，新产品可以划分为以下六种类型。

(1) 全新产品：即运用新一代科学技术创造的整体更新产品。
(2) 新产品线：即在市场上已经存在，但对企业来说是第一次生产和经营的产品。
(3) 现有产品线的增补品：即在企业已经建立的产品线上增补的新产品（包括新尺寸、新口味、新的外观设计等）。
(4) 现有产品的改进更新：即具有改进性能或有较大的可见价值的新产品，并替代现有产品。
(5) 再定位：即进入新的目标市场的产品或改变原有产品的市场定位而推出的产品。
(6) 成本减少：即以较低的成本提供同样性能的产品。

【小案例】

许多父母都希望自己的子女出世之后，能留下美好而完整的记录。于是，他们有拍相片的，有留下婴儿小撮胎毛的，有填写宝宝日记的，凡此种种，不一而足。

日本的一家公司曾推出过一款当时令人耳目一新的产品——"婴儿手足印"纪念框，以年轻父母为销售对象。年轻的父母替小宝宝印下手印或足印后，该公司据此用黏土做成模型，并且注入特殊的树脂原料，等其凝固后，便成为一个立体的手形或足形。继而在其表面镀上一层金色、银色或棕色，再将手形或足形镶入木框之中，再铸上格言、感想或人名等顾客喜欢的文字。

这样，一件带有纪念意义的艺术性装饰品便完工了，这常常可以叫父母回想起孩子出生时的情形。而孩子长大后，见到自己当初的小手印或小脚印，更是感到惊奇而有趣。

这种产品在日本一上市，即呈现畅销的势头。

二、新产品的开发过程

新产品的开发过程是指企业从获取关于新产品的设想到新产品上市（指商品化）所经历的多个阶段。由于行业的区别和产品的差异，新产品开发过程中所包含的阶段及其时间长短有所不同，一般情况下，新产品的开发过程主要包括以下几个阶段。

（一）收集新产品构思

开发新产品是从寻求构思开始的。虽然并不是所有的构思都可以变为产品，但寻求尽可能多的构思可以为新产品的开发提供较多的机会。因此，现代企业都非常重视收集有创意的构思。新产品构思的来源很多，主要包括消费者、科研机构、企业高层管理人员和推销人员、竞争对手、经销商和代理商、广告公司以及企业顾问等。

（二）筛选

企业在获得大量新产品的构思后，必须组织力量对构思进行评估，以剔除那些可行性较低的构思，把企业有限的资源投入到成功机会较大、有开发前途的产品构思上。一般从企业外部因素和企业内部因素两个方面进行评估。企业外部因素主要有市场需求量、竞争状况、消费者需求特点、科技发展水平、质量要求等。企业内部因素主要包括企业信誉、资金状况、技术水平、设备能力、管理水平、销售组织等。

企业在对新产品构思进行筛选时，应尽量避免两种失误：一种是对良好构思的潜在价值估计不足以致漏选而失去开发机会；另一种是将没有前途的产品构思付诸实施，造成人力、物力、财力的损失。为此，企业应制定新产品设想评价表，就质量目标、技术水平、市场规模、竞争状况、技术能力、资源状况等项目逐一进行评价；要尽可能地吸收企业各个部门有经验的管理人员和有关专家参加，正确地确定评价项目及其标准，以提高筛选的有效性。

（三）产品概念的形成与检验

经过筛选的产品构思需要进一步发展为具体的产品概念。产品构思是人们以语言表述拟推向市场的一种可能性产品，而产品概念则是企业欲使顾客接受而形成的关于产品的一种主观意志。产品概念形成以后，还要进行相应的检验。常用的方式是企业邀请各种潜在的顾客及专家讨论并评价产品概念，根据他们反映的意见和提出的问题，与相似产品的属性相比较，最后通过实物模型和文字表达出来，以便最终决定是否进一步发展这一产品概念。

（四）商业分析

商业分析就是对基本定型的产品概念从财务角度加以分析，看其有没有价值，以便剔除那些营利少的产品概念。重点分析产品概念的预计成本、需求量和盈利水平三个方面。成本分析包括生产成本分析和营销成本分析，即分析新产品生产所需要的投资和直接、间接费用，及按照预定的营销方式开展市场营销活动所需要的营销成本（如广告费、分销成本、批零代销应分收益等）。需求分析则要测算市场需求潜量与销售潜量以及消费者的购买能力与购买愿望。盈利水平分析就是通过成本分析和需求分析看盈利的水平是否符合企业的目标，及是否有较强的商业吸引力，如果有，相应产品概念就可以进入新产品开发阶段。

（五）制出样品

这是把产品概念转变为产品实物的试制过程，是新产品开发过程中最重要的阶段。只有通过研制才能确定该产品在技术上、商业上的可行性,以决定是否继续试制或及时加以改进等。

(六) 试销

企业对试制成功的样品投入市场后能否受到目标消费群体的喜爱并没有十足的把握。因此,企业通常把小批量生产的样品投放到有代表性的小型市场上进行销售,以测试消费者和经销商的反应。试销不仅能增进企业对新产品销售潜力的了解,而且有助于企业挑选与改进市场经营的方法,能够寻找到改进市场营销策略的方向。在此基础上,企业便可决定是否大批量生产该产品。

(七) 正式全面上市

新产品如果试销成功,就可以正式全面投放市场,进行销售。这时,企业高层管理人员应慎重做出以下决策。

1. 投放的最佳时间,即新产品在什么时间上市最为适宜

概括地说有两种情况:一种是企业新产品试制成功后,以最快的速度把新产品推向市场;另一种是新产品试制成功后,并不急于投放市场,而是等待销售时机。这类产品多属于换代产品,因为在原有产品未进入衰退期前,大批量推出它的换代产品,会影响原有产品和其他同类产品的市场销量,从而减少企业盈利。

2. 投放的最佳地区,即在什么地区推出新产品最为适宜

一般企业应该选择最具吸引力的市场先行投放,其主要评价标准包括市场潜力、企业在该市场的声誉、销售成本、该市场所处的地理位置及对其他市场的影响、市场竞争状况、本产品的竞争能力等。

3. 投放的最佳目标市场,即向谁推出新产品最为适宜

新产品的潜在消费者有四种类型:最先采用者、大量购买者、有影响的带头购买者和对价格敏感的购买者。企业应根据新产品的特点,选择最有潜力的消费者群体作为自己的目标市场。

4. 投放的最佳方式,即如何推出新产品最为适宜

企业应制定出新产品上市的营销组合战略,有计划地开展市场营销管理活动。

三、新产品的推广

新产品一旦进入市场,企业就要抓住时机进行推广,以达到使消费者普遍接受的目的。在这个阶段,企业要考虑消费者的心理因素,要具体地研究消费者接受新产品的心理规律。在选用新产品的过程中,消费者的心理是具有阶段性的。

(一) 认知或知晓

这是消费者获取关于新产品信息的第一步。消费者开始知道了有某种新产品的存在。企业应想方设法吸引消费者的注意,引导消费者对新产品建立初步印象。消费者的"知晓"往往通过多条渠道获得。

（二）兴趣

在这一阶段，新产品不但引起了消费者的注意，而且使消费者产生了一定的兴趣。产生兴趣的消费者会自然地成为"信息寻求者"，会主动查找有关新产品的资料，进行各种对比分析。

（三）欲望

在产生兴趣、对新产品进一步了解的基础上，消费者产生了对新产品的渴求。在这个阶段，企业若能适时、适地地让消费者了解新产品的优点，进一步诱发其购买便是水到渠成的事。

（四）确信

通过前几个阶段，消费者确信新产品对自己是适用的，购买的决心已下。

（五）成交

消费者从思想观念到行动，接受了新产品，正式付诸购买行动。

以上介绍了消费者接受新产品的一般心理活动过程，由于不同消费者对新产品的态度不尽相同，因此，企业还得研究不同的消费者。有市场学者做了一些调查，将消费者采用新产品的情况按其态度分为以下五类。

1. 最早采用者

最早采用者又叫革新型购买者，这类消费者对新产品敏感，消息灵通，喜欢创新，占消费者群体的2.5%，被称作"消费先驱"。这类消费者在购买中起示范作用，是企业推广新产品的极好目标。

2. 早期采用者

这类消费者喜欢评论，好鉴赏，以领先为荣，占消费群体的13.5%。

3. 中期采用者

这类消费者性格较稳重，接触外界的事物多，一般经济条件较好，愿用新产品，占消费者群体的34%。

4. 晚期采用者

这类消费者与外界接触少，一般经济条件较差些，一般不主动采用新产品，而是待大多数人证实其效用后方才采用，占消费者群体的34%。

5. 最晚采用者

最晚采用者又称保守型消费者，他们为人拘谨，对新产品总是持怀疑与反对态度，只有待到新产品已成传统式产品时才采用，占消费者群体的16%。

如果把采用新产品的消费者的状况和产品市场生命周期联系起来进行综合分析，我们可以清楚地看到，两者之间具有很强的关联性。从另一个角度看，产品市场生命周期的变化取决于消费者对产品的态度，反映消费者购买商品的规律。因此，制定产品开发和企业市场营销策略，不仅要考虑产品的市场生命周期，而且还要考虑消费者采用新产品的情况。当产品处于试销阶段时，企业应将最早采用者视为市场营销对象，并重视其购买力中的示范作用；当产品进入畅销阶段时，企业就要抓住早期采用者和中期采用者，以扩大新产品的市场；当产品进入饱和阶段时，中、晚期采用者（特别是晚期采用者）就成为企业的主要市场营销对象；当产品进入滞销阶段时，企业的市场营销目标只能是最晚采用者。有人说，当最晚采用者光顾企业的产品时，企业便可判定商品进入最后阶段了。以上这种分析是一般的、大致的情形，是一种趋向的认识。

任务四　产品品牌与包装

【任务引例】

凉茶是广东、广西地区的一种由中草药熬制、具有清热去湿等功效的"药茶"。在众多老字号凉茶中，作为2012年最火爆的中国大型专业音乐真人秀——《中国好声音》的特约赞助商最终落户加多宝集团，这是继红罐凉茶更名为加多宝凉茶之后的第一项重大举措。加多宝集团凭借敏锐的营销智慧投资亿元携手浙江卫视联合打造的又一力作，不仅掀起一场音乐盛典，而且更掀起了正宗凉茶消费热潮。《中国好声音》锁定潮流一族，以"真声音、真音乐"强调音乐的专业性和纯粹性。而加多宝集团则借助栏目的音乐元素丰富了其产品的时尚内涵，获取了潮流人群的消费认同，使加多宝凉茶迅速深入人心，两者可谓珠联璧合。

一、产品品牌的含义与作用

（一）产品品牌的含义

品牌是指用于识别产品（或服务）的名称、术语、符号、象征或设计，或是它们的组合，其目的是把不同竞争者生产的同种产品区别开来。

品牌俗称牌子、厂牌、牌号或货牌，主要包括品牌名称、品牌标志和商标。品牌名称、品牌标志和商标，均是品牌的一部分。

1. 品牌名称

品牌名称是指品牌中能用语言称呼的部分。例如，可口可乐、柯达、长虹等。它主要产生听觉效果。

2. 品牌标志

品牌标志是指品牌中能被识别，但不能用语言直接称呼的部分。它包括专门设计的符号、图案、色彩或字体，如迪士尼乐园的米老鼠和唐老鸭图案。它主要产生视觉效果。

3. 商标

商标是指按法定程序向商标注册机构提出申请，经商标注册机构审查，予以核准，并授予商标专用权的品牌或品牌中的一部分。商标受法律保护，任何人未经商标注册人的许可，皆不得仿效或使用。在我国，商标有注册商标与未注册商标之分。

一个完整的品牌应该具有以下六层意思。

(1) 属性。

一个品牌首先应该代表一定的属性。例如,海尔代表优良的服务,沃尔玛代表低价格。

(2) 利益。

品牌所代表的属性必须转化为对消费者有意义的利益。例如,优质的服务代表消费者可以更放心地使用该企业的产品。

(3) 价值。

品牌还表示企业所代表的价值。例如,梅塞德斯代表了高性能、安全和威信。

(4) 文化。

一个品牌应该有自己的文化内涵,就目前的市场营销发展趋势来看,品牌的文化内涵已经越来越受到人们的重视。例如,可口可乐就代表了美国文化。

(5) 个性。

品牌个性是品牌形象的一部分,是指产品或品牌特性的传播以及在此基础上消费者对这些特性的感知。消费者需要借助于品牌个性来延伸自我。

(6) 使用者。

品牌还能勾画出产品使用者的特征。例如,我们印象中坐在奔驰车后面座位上的应该是一位 50 岁的经理,而非 20 多岁的女秘书。

(二) 产品品牌的作用

1. 将本企业的产品与竞争者的产品区别开来

品牌是企业产品的象征和标志。消费者通过品牌对同类产品进行区分。对于企业来说,这形成了企业的产品与竞争者的产品的相对差异性,从而使得企业可以制定一个相对差异的价格;对于消费者来说,通过选择某个品牌的产品并进而形成品牌忠诚,可以在一定程度上降低购买的认知风险,减少在精力和时间上的耗费。

2. 保护企业的无形资产

品牌特别是知名品牌是企业的一项极其重要的无形资产。品牌中的商标通过法律注册后,就会受到法律的保护。这样,一方面可以有效避免其他企业对本企业品牌的模仿和假冒,另一方面也可以增强消费者购买的信心。

3. 降低企业营销的难度

企业可以通过创建知名品牌来赢得市场竞争优势。一方面,消费者在选购商品时,很大程度上会选择熟悉的品牌,这可以增加企业推广其品牌的迫切性;另一方面,产品自身的特征会影响品牌的美誉度,这将促使企业努力提高其产品的性能,以满足消费者的需要。

4. 增值功能

知名品牌能够给企业带来差别于竞争者的独特优势,从而使得企业在市场上赢得溢价。企业的超额利润就是品牌的增值功能。当然,品牌本身作为企业的一项无形资产,也会随着其知名度和美誉度的不断提升而增值。

二、产品品牌策略

企业可选择的产品品牌策略主要包括以下六种。

（一）品牌有无策略

企业首先要对是否创建品牌做出抉择。产品是否使用品牌要视企业产品的特征和战略意图来定。大多数产品需要通过品牌塑造来提升形象。但有些产品则没有必要进行品牌塑造，这些产品主要包括：

（1）大多数未经加工的原料产品，如棉花、矿砂等；
（2）同质化程度很高的产品，如电力、煤炭、木材等；
（3）某些生产比较简单、选择性不大的小商品，如小农具等；
（4）临时性或一次性生产的产品。

上述几类产品塑造品牌的效果通常不大，因此，针对这几类产品，企业不塑造品牌反而可以为企业减少开支，增加利润。

（二）品牌归属策略

企业在决定了使用品牌之后，还要决定如何使用品牌。企业通常可以在以下三种品牌使用策略之间进行选择。

（1）制造商品牌策略。企业创立品牌，从而赋予产品更大的价值，并从中获得品牌权益。
（2）经销商品牌策略。实力强大的经销商会倾向于树立自己的品牌；而实力弱小、无力塑造品牌的经销商则通过原始设备制造商来营利。
（3）混合策略。企业对自己生产的一部分产品使用制造商品牌，而对另外一部分产品则使用经销商品牌。这种策略可以使企业综合利用上述两种策略的优点获利。

（三）统分品牌策略

如果企业决定使用自己的品牌，那么还要进一步在使用单一品牌和使用多品牌之间做出抉择。

1. 统一品牌策略

统一品牌策略即企业对所有产品均使用单一的品牌。例如，海尔集团的所有家电均使用"海尔"这一品牌。统一品牌策略可以使企业的品牌效益最大化，使不同的产品都享受到品牌所带来的声誉，并建立企业对外统一的形象。但统一品牌策略也可能由于企业内某些产品的失败而使企业整个品牌受损。

2. 个别品牌策略

个别品牌策略即企业对不同的产品使用不同的品牌。这种策略避免了品牌由于个别产品失败而丧失声誉的危险，同时有助于企业发展多种产品线和产品项目，开拓更广泛的市场。这种策略的主要缺点是品牌过多，不利于发挥营销上的规模性。这种策略适用于那些产品线很多、产品之间关联性小的企业。

（四）品牌延伸策略

品牌延伸策略是指企业利用已有的成功品牌来推出新产品的策略。例如，百事可乐在碳酸饮料市场取得成功之后，又推出了服装、运动包等产品。这种策略可以使企业借助成功品牌的声誉将新产品顺利地推向市场，为企业节约了市场推广的费用，但新产品的失败也可能给原有品牌的声誉带来影响。

（五）多品牌策略

多品牌策略是指企业为一种产品设计两个或两个以上的品牌。例如，宝洁公司的洗发水就有潘婷、海飞丝、飘柔等不同的品牌。这种策略的主要优势在于：

（1）可以占据更多的货架空间，从而减少竞争者产品被选购的机会；
（2）可以吸引那些喜欢求新求异而且需要不断进行品牌转换的消费者；
（3）可以使企业发展产品的不同特性，从而占领不同的细分市场；
（4）可以促进企业内部各个产品部门和产品经理之间的竞争，提高企业的整体效益。

（六）品牌重新定位策略

由于消费者需求和市场结构的变化，随着时间的推移，企业的品牌可能会失去原有的吸引力。因此，企业有必要在一定时期内对品牌进行重新定位。在对品牌进行重新定位的时候，企业需要考虑以下两个问题。

（1）将品牌从一个细分市场转移到另外一个细分市场所需要的费用，包括产品质量改变费、包装费及广告费等。
（2）定位于新的细分市场的品牌的营利能力，营利能力取决于细分市场上消费者人数、平均购买力、竞争者的数量和实力等。

三、产品包装的含义、种类与作用

（一）包装的含义

包装是指对某一品牌产品设计并制作容器或包扎物的一系列活动。它有两层含义：一是静态的，是指盛放或包裹产品的容器或包扎物；二是动态的，是指设计、生产容器或包扎物并将产品包裹起来的一系列活动。

（二）包装的种类

按在流通过程中作用的不同，包装可分为运输包装和销售包装。

1. 运输包装

运输包装又称外包装或大包装，是指为了适应储存、搬运过程的需要所进行的包装，主要有箱、袋、包、桶、坛、罐等包装方式。

2. 销售包装

销售包装又称内包装或小包装，是指为了消费者携带、使用方便或美化和宣传产品而进行的包装。这类包装不仅能保护产品，而且能更好地美化和宣传产品，吸引消费者，方便消费者携带和使用。

（三）产品包装的作用

产品包装最初的作用是保护产品、方便运输。随着市场竞争的发展，包装也已成为企业非价格竞争的一个重要手段。良好的包装能够为企业带来营销价值。产品包装的具体作用体现在四个方面。

1. 保护产品

这是包装的基本功能，良好的产品包装能够保护产品在运输、储存过程中免于损坏。

2. 促进销售

设计精美、富有新意的包装能够起到吸引消费者的注意力、促销产品的功能。与此同时，包装也能体现产品的市场定位。例如，定位于高端市场的产品通常拥有精美、豪华的包装。

3. 创造价值

包装创造价值的作用主要体现在两个方面：一方面，包装提高了产品的附加价值，消费者愿意购买包装精美、富有创意的产品；另一方面，包装能够体现品牌形象，漂亮的包装是无声的广告。

4. 提供便利

不同的包装可以帮助消费者很方便地识别不同的产品，从而节约了消费者的时间和精力。另外，便利的包装也能够方便消费者携带和储存产品。

四、产品包装策略

鉴于产品包装在产品市场营销中的巨大作用，企业对产品的包装工作应给予足够的重视。对于企业来说，可供其选择的包装策略一般包括以下七种。

（一）类似包装策略

类似包装策略是指企业在本企业各种类型不同的产品上使用外形类似、图案类似、具有共同特征的包装，使企业各种产品具有类似的包装，从而使得消费者从外观上就可以直接判断出企业的系列产品。类似包装策略的优点主要体现在以下三方面。

（1）壮大企业的声势，扩大企业的影响力，特别是在新产品初次上市之时，可以借助于企业原有的声誉迅速让消费者接受新产品。

（2）类似的包装反复出现，会增加企业形象在消费者面前的曝光率，客观上起到了宣传企业产品的效果。

（3）采用类似的包装可以节省包装设计成本和印刷成本。

（二）差异包装策略

差异包装策略是指企业对不同的产品采用风格各异的包装，从而将不同市场定位、满足不同目标市场需求的产品区别开来。这种包装策略的优点是一个产品的失败不会波及企业的整体形象；缺点是增加了企业的成本。

（三）配套包装策略

配套包装策略是指企业把两种或两种以上在消费上具有关联性的产品放在一个包装内出售。这种关联性可表现在使用、观赏或自身系列配套等方面。配套包装策略可以方便消费者的购买和使用，并且还可以帮助企业促销滞销的产品。企业在使用配套包装策略时必须注意的是，产品的搭售不能引起消费者的反感，更不能损害消费者的利益。

（四）重复使用包装策略

重复使用包装策略是指某产品被使用之后，该产品的包装还可以移作它用。这种包装策略可以引起消费者的购买兴趣，移作它用的产品包装也可以起到宣传企业产品的效果。例如，盛装饮料的瓶子常被用来插花或做其他用途。

（五）等级包装策略

等级包装策略是指企业根据产品的档次和价格给予其不同的包装。这些不同的包装在成本上具有很大的差别，可以丰富消费者的选择。例如，用来送礼的消费者可能更倾向于购买具有豪华包装的产品，而为了自己使用的消费者则多会购买简易包装的产品。

（六）更新包装策略

更新包装策略是指用新的包装来代替老的包装。这种包装策略常常在企业产品的销售陷入困境的时候使用，包装的更新就像产品的更新一样，能够给消费者耳目一新的感觉。一般情况下，一个企业的品牌和包装要保持稳定性。但是，当出现以下三种情况的时候，企业往往需要更新包装：

（1）产品的质量出现了问题，给消费者留下了不好的印象，产品改良后，一般需更新产品的包装；

（2）竞争者太多，原有包装不利于本企业产品打开销售局面；

（3）原包装使用时间过长，使得消费者产生了陈旧感。

（七）附赠品包装策略

附赠品包装策略是指企业在产品包装中附赠小礼品，以吸引消费者购买或重复购买，从而扩大产品销量。附赠品的形式可以是多种多样的，如玩具、图片、奖券等，这种包装策略常被用来开发儿童、青少年或低收入者市场。

项目八 产品策略

【项目知识结构图】

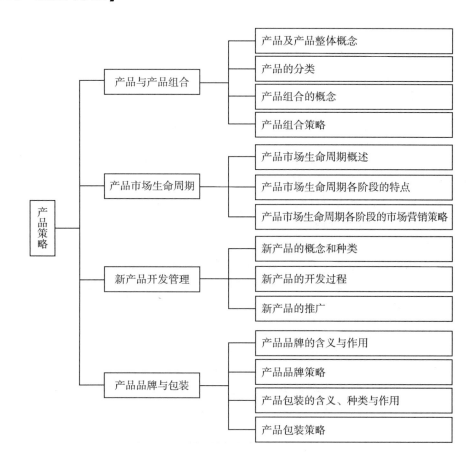

【延伸阅读】

可口可乐新配方饮料的失败

1. 决策的背景

20世纪70年代中期以前,可口可乐公司是美国饮料市场上的"No.1",可口可乐占据了全美80%的市场份额,年销量增长速度高达10%。

然而好景不长,20世纪70年代中后期,百事可乐的迅速崛起令可口可乐公司不得不着手应对这个饮料业"后起之秀"的挑战。

首先,百事可乐公司推出以饮料市场最大的消费群体——年轻人——为目标消费者群的"百事新一代"广告系列,赢得了青少年的钟爱;同时,也使自身拥有了"年轻人的饮料"的品牌形象。

其次,百事可乐公司又推出一款非常大胆而富创意的"口味测试"广告。广告结果令该公司非常满意:超过80%的人认为百事可乐的口感优于可口可乐。这个名为"百事挑战"的直播广告令可口可乐公司一时无力应付。市场上百事可乐的销量再一次激增。

2. 市场营销调研

为了着手应战并且找出可口可乐发展不如百事可乐的原因，可口可乐公司推出了一项代号为"堪萨斯工程"的市场调研活动。

1982年，可口可乐公司广泛地深入到10个主要城市中，进行了大约2000次的访问，欲通过调查了解口味因素是否是可口可乐市场份额下降的重要原因，同时征询顾客对新口味可乐的意见。这次调研的最后结果表明，顾客愿意尝新口味的可乐。这一结果坚定了可口可乐公司决策者们的想法，长达99年的可口可乐配方已不再适合今天消费者的需要了。于是，满怀信心的可口可乐公司开始着手开发新口味可乐。

之后，可口可乐公司向世人展示了比老可口可乐口感更柔和、口味更甜、泡沫更少的新可口可乐样品。在新可口可乐推向市场之初，可口可乐公司又不惜血本进行了又一轮的口味测试。结果60%的消费者认为新可口可乐比原来的好，52%的人认为新可口可乐比百事可乐好。新可口可乐的受欢迎程度打消了可口可乐公司领导者原有的顾虑，他们认为新可口可乐推向市场只是个时间问题。

在新可口可乐上市之初，可口可乐公司又大造了一番广告声势。1985年4月23日，可口可乐公司在纽约的林肯中心举办了盛大的记者招待会，共有200多家报纸、杂志和电视台记者出席，依靠传媒的巨大力量，可口可乐公司的这一举措引起了轰动效应，终于使可口可乐公司进入变革"时代"。

3. 灾难性后果

起初，新可口可乐的销路不错，有1.5亿人试用了新可口可乐。然而，新可口可乐的配方并不是每个人都能接受的，不接受往往并非因为口味，同时，这种"变化"受到了原可口可乐消费者的排挤。因为他们认为传统的可口可乐配方代表了一种传统的美国精神，而热爱传统配方的可口可乐就是美国精神的体现，放弃传统配方的可口可乐意味着一种背叛。

于是，老口味的传统可口可乐由于人们的预期会减少而居为奇货，价格竟在不断上涨。每天，可口可乐公司都会收到来自愤怒的消费者的成袋信件和很多电话。为数众多的批评，使可口可乐公司迫于压力不得不开通了83部热线电话，雇请大批公关人员安抚愤怒的顾客。

面临如此巨大的批评压力，可口可乐公司的决策者们不得不稍作动摇。在之后又一次推出的顾客意向调查中，30%的人说喜欢新口味可口可乐，而60%的人却明确拒绝新口味可口可乐。最终，可口可乐公司恢复了传统配方的可口可乐的生产，同时也保留了新可口可乐的生产线和生产能力。

（资料来源：作者根据公开资料整理。）

1. 如果你是一名可口可乐公司的市场营销人员，你可以在新可口可乐遭受失败之际，给公司提出什么样的解决方案？
2. 从新可口可乐决策之误的教训中你可以得到哪些启示？

【自测思考】

参考答案

一、单项选择题

1. 顾客在购买有形产品时所获得的包括送货、安装、维修等服务项目,这些服务项目可统称为（　　）。
   A. 核心产品　　　B. 延伸产品　　　C. 形式产品　　　D. 期望产品
2. 当一种产品价格提高时,会引起另一种产品需求量的增加,则这两种产品是（　　）。
   A. 互补品　　　　B. 替代品　　　　C. 转换品　　　　D. 相关品
3. 一个企业生产经营的产品线中的产品项目总和称为（　　）。
   A. 产品组合的长度　　　　　　　　B. 产品组合的宽度
   C. 产品组合的深度　　　　　　　　D. 产品组合的相关度
4. 企业原来生产经营高档产品,后来增加一些同类型中低档次的产品,这种策略称为（　　）。
   A. 向上延伸策略　B. 向下延伸策略　C. 填补策略　　　D. 双向延伸策略
5. 产品组合的宽度是指产品组合中所拥有（　　）的数目。
   A. 产品项目　　　B. 产品线　　　　C. 产品种类　　　D. 产品品牌
6. 产品组合的长度是指（　　）的总数。
   A. 产品项目　　　B. 产品品种　　　C. 产品规格　　　D. 产品品牌
7. 处于市场不景气或原料、能源供应紧张时期,（　　）产品线反而能使总利润上升。
   A. 增加　　　　　B. 扩充　　　　　C. 延伸　　　　　D. 缩减
8. 期望产品是指购买者在购买产品时,期望得到与（　　）密切相关的一整套属性和条件。
   A. 服务　　　　　B. 质量　　　　　C. 产品　　　　　D. 用途
9. 品牌中可以被识别,但不能用语言称呼的部分叫（　　）。
   A. 品牌名称　　　B. 品牌标志　　　C. 商标　　　　　D. 厂牌

二、多项选择题

1. 某企业有 5 个产品系列,全部生产家用电器,这两条信息可以反映该企业产品组合的（　　）。
   A. 宽度　　　　　　　　B. 深度　　　　　　　　C. 密度
   D. 强度　　　　　　　　E. 相关度
2. 产品市场生命周期中介绍期的主要特点是（　　）。
   A. 销售量低　　　　　　B. 市场竞争激烈　　　　C. 促销费用大
   D. 单位生产成本高　　　E. 销售增长缓慢
3. 产品整体概念的五个层次是（　　）。

A. 核心产品 B. 形式产品 C. 延伸产品
D. 期望产品 E. 潜在产品

4. 高露洁公司在市场上不仅销售口腔清洁用品，而且以同样的品牌名称销售非处方药品和去头屑香波。下列正确的表述包括（　　）。

A. 该公司产品组合的长度是3
B. 该公司产品组合的宽度是3
C. 该公司采取的是统一品牌策略
D. 该公司生产的都是便利品，公司应尽量增加销售此类产品的网点

5. 产品市场生命周期包括（　　）。

A. 开发期 B. 介绍期 C. 成长期
D. 成熟期 E. 衰退期

6. 对处于成熟期的产品，可采取的市场营销策略包括（　　）。

A. 扩大市场 B. 改善环境
C. 改进产品 D. 改进市场营销组合

7. 对处于产品市场生命周期衰退阶段的产品，可供选择的市场营销策略是（　　）。

A. 集中策略 B. 扩张策略 C. 维持策略
D. 竞争策略 E. 榨取策略

8. 下列属于产品整体概念中产品形式层次的有（　　）。

A. 质量水平 B. 免费送货 C. 外观特色
D. 提供信贷 E. 品牌名称

三、判断题

1. 产品的内涵并不仅仅局限于产品的有形实体，还包括一切能够满足消费者需求的无形部分。（　　）
2. 形式产品是消费者需要的基本内容。（　　）
3. 当一种产品价格的提高（销售减少）会引起另一种产品需求量的增加时，这两种产品便是替代品。（　　）
4. 成长期是产品发展的关键时期，企业应采取扩张性策略和渗透性策略，使产品迅速普及并占领市场。（　　）
5. 从市场营销的角度出发，与老产品相比较，凡是能给顾客带来新的体验的产品，都可视为新产品。（　　）
6. 一个企业生产经营的产品线中的产品项目总和称之为产品组合的深度。（　　）
7. 企业在现有的产品线范围内增加新的产品项目，可以增加产品组合的宽度。（　　）
8. 新产品处于介绍期时，竞争形势并不严峻，而企业承担的市场风险却最大。（　　）

四、思考题

1. 请说明产品组合策略有哪些？

2. 请说明产品市场生命周期各阶段的市场营销策略。
3. 请说明产品品牌策略有哪些？

【实训项目】

实训一：
1. 实训内容

了解某企业实际情况（或利用某个案例），在了解相关情况的基础上，分析该企业现有产品的整体概念、产品组合情况、产品所处的市场生命周期阶段以及产品的发展趋势，评价企业目前的产品组合策略是否依然适用，若有不合适之处，提出调整方案，最后撰写产品组合策略分析报告。

2. 实训要求和操作步骤

实训要求：

组建实训课题小组，将全班学生按每小组 4～5 人的标准划分为若干个课题小组，每个小组指定或推选出一名小组长，大家分组展开实训，并在规定时间内完成实训报告。

操作步骤：

（1）开展调研，收集资料。
（2）围绕训练内容，分析评价当前产品组合策略，也可提出调整方案。
（3）撰写产品组合策略分析报告，并做 PPT 展示。

3. 考核要点

（1）分析报告应包括市场竞争分析、企业自身情况分析、消费者需求分析及产品组合策略分析；
（2）PPT 展示从时间把控、语言组织、表达能力、展现形式、形象及礼仪等方面进行考核。

实训二：案例分析

某公司生产经营的日化产品如表 8-2 所示。

表 8-2　某公司生产经营的日化产品

清洁剂	牙膏	肥皂（香皂）	纸巾
洁爽	媚人	露凝	绝顶
佳洁雪	绝好	露肤	粉红丽人
快乐	海洋	俏佳人	
纯白	兰花草		

请针对所给的资料进行分析，并回答下列问题：

（1）该公司产品组合的宽度和长度分别是多少；
（2）该公司所采用的品牌策略是哪种。

项目九　价格策略

◇ **学习目标**

1. 知识目标：了解影响企业定价的因素；掌握成本导向定价法、需求导向定价法和竞争导向定价法等定价方法以及企业定价的基本策略。
2. 能力目标：能够综合识别和分析影响企业定价的因素，能够熟练掌握各种定价的方法，并针对不同的消费心理、销售条件、销售数量及销售方式，灵活运用各种定价策略来确定具体价格。

◇ **工作任务**

企业定价方法；企业定价的基本策略。

任务一　影响定价的因素

【任务引例】

2016年1月13日，国家发展和改革委员会发出通知，决定完善成品油价格形成机制，进一步推进价格市场化。同时，根据完善后的价格机制，降低国内成品油价格。

通知决定，设定国内成品油价格调控下限，建立油价调控风险准备金；放开液化石油气出厂价格，简化成品油调价操作方式，此后国家发展和改革委员会将以信息稿形式发布调价信息，不再印发调价文件。同时，根据完善后的价格机制，决定自2016年1月13日24时起，汽、柴油最高零售价格每吨分别降低140元和135元，测算到零售价格90号汽油和0号柴油（全国平均）每升分别降低0.10元和0.11元。

通知要求，石油生产经营企业加强生产和调度，保障市场稳定供应，自觉维护市场秩序。各地价格主管部门加强市场监测和价格监督检查，及时解决机制运行中的矛盾和问题，确保新机制平稳运行。

定价是企业面临的最复杂的一个决策问题。影响产品价格的因素是多方面的，不同的市场竞争条件下企业定价的出发点会有所差异，企业在定价时不仅要准确把握其产品的市场模式，充分体现产品的市场定位策略，而且还要综合考虑企业自身的因素（如定价目标、成本、资金周转等）、市场需求、竞争方面的因素（如需求价格弹性、需求交叉弹性、竞争者的价格策略等）。在进行价格决策时，企业决不能以偏概全或者生搬硬套某些已有理论或经验，而要综合考虑各种影响因素，最终定出既合理又准确的产品价格。

一、定价目标

定价目标是指企业通过制定产品价格所实现的预期销售效果。企业的定价目标是为贯彻市场营销战略服务的，任何企业都不能盲目地为其产品定价。定价目标多种多样，不同的企业可能有不同的定价目标，同一企业在不同的时期也可能有不同的定价目标。一般来说，企业的定价目标主要有以下几种。

（一）维持生存

当企业产能过剩或面临激烈的市场竞争时，往往会将维持企业生存作为主要的定价目标，这通常是企业处于不利之地时所实行的一种缓兵之计。例如，当企业受到原材料价格上升、供应不足或新的替代产品迅速成长等方面的强烈冲击时，为确保继续开工并将现有存货出手，企业往往推行大幅度折扣，制定较低的保本价格，特别是在价格敏感型市场中，有时企业甚至以亏本的价格销售产品。只要企业的销售收入能弥补可变成本和一些固定成本，企业的生存便可得以维持，并能迅速回笼资金，争取到研发新产品的资金和时间。一般来说，这种定价目标只能作为特定时期内的过渡性目标，一旦出现转机，将很快被其他定价目标所代替。

（二）利润最大化

利润最大化是所有企业追求的终极目标，是企业生存和发展的基础。最大化的利润取决于产品的价格水平以及在这一价格水平上所实现的销售规模。高价可以给企业带来更多的利润，但企业对利润最大化的追求却未必一定要通过制定高价来实现，低价也可能会提高市场份额，从而使销量和利润增加。因此，企业必须估计本企业产品的市场需求状况和产品的成本，并据此选择一个合适的价格水平，使之能够实现利润最大化。如果企业对其产品的需求函数和成本函数有准确的掌握，借助于这两个函数，企业便可制定出利润最大化的价格。

一般来说，当企业或其产品在市场中享有较高声誉，甚至在一定时期处于垄断地位、市场需求又缺乏弹性时，高价对企业利润最大化是有利的。然而，市场供求和竞争状况处于不断的变化中，新产品层出不穷，任何企业都不可能永远保持绝对的优势或垄断优势。大多数情况下，利润最大化只是被企业作为长期目标，它并不直接影响企业的定价活动，特定的产品定价常常是围绕着某一特定环境下企业某种特定的短期目标的实现来进行的。

（三）短期利润最大化

短期利润最大化是指企业把短期内获得最大利润作为定价的目标。当企业向市场推出具有创新性或具有较高技术含量和技术垄断地位的新产品时,企业总是希望通过制定一个较高的市场价格——撇脂价格,以便在短期内迅速获取最大的利润。

选择这一定价目标需要具备以下条件:

(1) 本企业的产品具有其他企业的产品不可替代的显著优点;
(2) 不存在同类产品的竞争或是企业在竞争中处于绝对优势地位;
(3) 市场上存在一个可以以较高价格接受该产品的顾客群;
(4) 由于技术障碍、市场进入障碍等原因,在短期内高价格不会吸引更多的竞争对手。

如具备上述条件,高价仍能保证企业短期内实现较好的销量,从而实现短期利润最大化。如不具备上述条件,企业要想通过高价在短期内实现最大化的利润是十分困难的,甚至是不可能的。

(四) 实现预期的投资收益率

投资收益率反映企业的投资效益。对于所投入的资金,企业都希望在一定时期内分批收回。这种定价目标以企业获取一定的投资收益为定价基点,按照总成本加合理的利润作为产品销售价格。投资收益率的高低取决于投资回收年限,一般必须高于同期银行利息率,其计算公式为

$$投资收益率 = (总投资 / 投资回收年限) / 总投资 \times 100\%。$$

通常,确定投资收益率需要考虑企业的资本成本、行业平均的投资收益率和投资回收期等。投资收益率有长短期之分,如要求短期内回收投资,投资收益率就高,定价也高;如要求的回收投资期限较长,则投资收益率和定价都相对降低。

采用这一定价目标时,必须注意以下两个问题:

(1) 要确定合理的利润率。一般来说,预期的利润率要高于银行的贷款利率,但同时也要考虑企业的长期目标。投资收益率过低,会影响企业的收益;投资收益率过高,则消费者不能接受,同时会使企业在市场竞争中处于不利地位。

(2) 采用这种定价目标的企业应具备较强的实力,即企业在同行业中居于领导地位或其产品在市场上是畅销产品并有竞争优势;否则,产品滞销,就无法实现预期投资收益率目标。

(五) 提高市场占有率

市场占有率又称市场份额,是指企业的销售额占整个行业销售额的百分比,或者是指某企业的某产品在某市场上的销量占同类产品在该市场销售总量的比重。产品的销售既是企业一切生产经营活动的直接目的,又是企业再生产过程得以继续的前提。维持和提高市场占有率,有利于保证企业产品的销售量,提升企业的市场竞争能力,从而为企业长期经营目标的实现创造条件。因此,市场占有率是综合反映企业经营状况和企业产品在市场上竞争能力的重要指标,关系企业的兴衰存亡,尤其当企业的某种产品处于市场成长期时,更应把保持和增加市场占有率作为定价目标。

美国近年来的营销研究表明,市场占有率与投资收益率之间存在很高的内在关联度。研究人员分析发现:当市场占有率在10%以下时,投资收益率大约为8%;当市场占有率

为10%～20%时，投资收益率约为14%以上；当市场占有率为20%～30%时，投资收益率约为22%；当市场占有率为30%～40%时，投资收益率约为24%；当市场占有率在40%以上时，投资收益率约为29%。

因此，以市场占有率为定价目标有获取长期较好利润的可能。以提高市场占有率为定价目标，企业或以低价进行市场渗透，打开销路，逐步占领市场；或以高价高促销方式迅速进入市场并占领市场。低价和高促销费用都会减少企业的短期利润，但随着市场占有率的提高和产品销售额的持续增加，以及由此产生的规模效应，从长远来看，为企业所带来的积极影响比短期营利更为重要。因此，许多企业为了保持或提高市场占有率，宁愿牺牲短期利益，即所谓的"放长线，钓大鱼"，将扩大产品销售、保持和增加产品销售额、提高市场占有率作为定价的目标，以确保长期的收益。

（六）适应价格竞争

价格竞争是市场竞争的主要手段。一般来说，当企业的实力比较雄厚或处于行业领先地位时，其定价目标主要是对付或抑制竞争对手，往往可以主动调整价格，以先发制人、压制竞争对手；当企业同竞争对手势均力敌或居于市场竞争的挑战者位置时，企业的定价目标多是攻击竞争对手，侵蚀竞争对手的市场占有率，有成本优势的企业可以以低价排挤竞争对手，扩大自己的市场占有率；而当企业市场竞争力较弱，势单力薄时，为防止竞争对手进行价格报复和避免价格战，企业一般不主动调整价格，多以稳固市场占有率为定价目标。

（七）稳定价格维护形象

企业形象是企业通过一系列卓有成效的市场营销活动在消费者心目中树立的一种形象，是企业在经营中创造和积累的无形资产与财富，是企业成功运用市场营销方法与技巧所取得的消费者对本企业的肯定与信赖。市场价格越稳定，经营风险也就越小，这是企业获得一定目标收益的必要条件。因此，一些行业中具有雄厚实力和良好信誉又能左右市场价格的企业，为了维护企业信誉，稳定地占领目标市场，并在稳定的价格中获得稳定的利润，通常以此为定价目标。特别是当市场供求发生变化时，为了避免同行业的企业之间不必要的价格竞争，行业中的大企业往往会采取稳定价格的"保护政策"，不随波逐流，给消费者以财力雄厚、靠得住的感觉。这不仅有利于实现企业的经营目标、提升企业形象，而且有利于稳定市场。

二、产品成本

产品成本是企业的产品价格构成中最基本、最重要的因素，也是产品价格的最低限。产品成本是企业经济核算的盈亏平衡临界点，产品价格只有高于其成本费用，才能以销售收入补偿产品生产及营销成本，并补偿产品经营者为其所承担的风险支出。因此，产品成本是企业进行产品定价的基本因素和重要依据。准确理解各种成本因素是企业定价决策获得成功的重要保证，根据定价策略的不同需要，产品成本可从以下不同角度加以理解。

(一)固定成本

固定成本是指企业在一定规模内生产经营某一产品所支出的固定费用,即不随产品种类和产品数量的变化而变化的成本,如固定资产折旧、房屋租金、借贷利息、办公费用、管理人员的工资等。这些成本在实际生产过程中,不论产量多少都必须予以支付。

(二)变动成本

变动成本是指企业在同一范围内支付变动因素的费用,即随产品种类和产品数量的变化而变化的成本,如原材料、生产工人的工资、销售佣金及直接营销费用等。

(三)总成本

总成本是指一定水平的生产所需的固定成本和变动成本之和。当产量为0时,总成本就等于固定成本。

(四)平均固定成本

平均固定成本是指平均每单位产品所耗费的固定成本,即固定成本除以产量。固定成本不随产量的变化而变化,但平均固定成本会随产量的增加而减少。

(五)平均变动成本

平均变动成本是指平均每生产一单位产品所消耗的变动成本,即总变动成本除以产量。当市场发展到一定的规模、工人熟练程度得以提高、批量采购原材料价格下降时,平均变动成本呈递减趋势;但是如果超过某一极限,则平均变动成本又有可能上升。

(六)平均成本

平均成本是指一定范围和一定时期内成本耗费的平均水平,即总成本除以产量。因为固定成本和变动成本会随着生产效率的提高和规模经济效益的逐步形成而下降,所以单位产品的平均成本在此过程中呈递减趋势。

(七)边际成本

边际成本是指每增加一单位产量所增加的总成本。在一定产量的基础上,最后增加的那个产品花费的成本所引起的总成本的增量即为边际成本。企业可根据边际成本等于边际收益的原则来寻求能带来最大利润的均衡产量。

(八)长期成本

长期成本是指企业能够调整全部生产要素时,生产一定数量的产品所消耗的成本。所谓长期,是指足以使企业能够根据自己所要达到的产量来调整一切生产要素的时间量。在这个时期内,一切生产要素都可以变动。长期成本中没有固定成本和变动成本之分,只有总成本、平均成本与边际成本之别。

（九）机会成本

机会成本是指企业从事某一项经营活动而放弃另一项经营活动的机会，或利用一定资源获得某种收入而放弃另一种收入。另一项经营活动所应取得的收益或另一种收入即为目前正在从事的经营活动的机会成本。企业在经营中应正确选择经营项目，其依据是实际收益必须大于机会成本，以使企业内有限的资源得到最佳的配置。

三、市场需求

与成本决定了价格的下限相反，市场需求决定价格的上限。一般情况下，市场需求状况是影响企业定价的最重要的外部因素，它往往决定产品价格的最高临界点。市场需求对企业制定产品价格有着重要的影响，而市场需求又受到价格和消费者收入变动的影响，因价格与消费者收入等因素而引起的市场需求的相应变动率就叫作需求弹性。需求弹性分为需求的价格弹性、收入弹性和交叉弹性。

（一）需求的价格弹性

需求的价格弹性简称价格弹性，是指因价格变动而引起的需求的相应变动率，反映需求量对价格的敏感程度，用需求变动的百分比与价格变动的百分比的比值来表示，即价格变动1%所引起的需求变动的百分比。需求的价格弹性的大小通常用价格弹性系数（E_p）来表示，公式为

$$E_p = \left| \frac{需求变动百分比}{价格变动百分比} \right|。$$

为比较需求的价格弹性的大小，人们往往仅考虑价格弹性系数的绝对值。但实际上，需求与价格的变动是有方向性的，因而 E 有正负之分，并且大多数产品的 E 值都小于0。

不同的产品具有不同的价格弹性，具体有以下三种情况。

（1）当需求的价格弹性系数为1，即 $E_p = 1$ 时，称为单一弹性或不变弹性，即某种商品的需求变化幅度与其价格变化幅度呈等比例变化。对于这种产品，价格的上升（或下降）会引起需求的等比例减少（或增加），因此，价格变化几乎对销售收入无任何影响。定价时，企业可以实现预期盈利率为目标或参考通行的市场价格，同时将其他市场营销措施作为提高盈利率的主要手段。

（2）当需求的价格弹性系数>1，即 $E_p > 1$ 时，称为富有弹性，即产品的需求变化幅度大于其价格变化幅度。这表明该产品的需求对其价格变化较为敏感，价格的上升（或下降）会引起需求较大幅度的减少（或增加）。在定价时，企业可以通过制定较低的价格，通过薄利多销达到增加盈利的目的；对于这种产品，提升其价格则可能引起需求的大幅锐减，从而影响企业收入。

（3）当需求的价格弹性系数<1，即 $E_p < 1$ 时，称为缺乏弹性，即产品的需求变化幅度小于其价格变化幅度。这表明该产品的需求对其价格变化较为迟钝，价格的上升（或下降）仅仅能引起需求较小幅度的减少（或增加）。在定价时，企业可以通过制定较高的价格，以达到增加盈利的目的。对于这种产品，低价对于需求的刺激效果并不明显，薄利并

不能多销，反而会减少企业的销售收入。

企业在定价时考虑需求的价格弹性的意义在于，不同产品具有不同的需求价格弹性，而且需求的价格弹性的大小对企业的价格决策有着重要影响。

一般情况下，需求的价格弹性的大小受以下因素的影响。

（1）产品的需要程度。

需求的价格弹性与产品的需要程度成反比，产品的需要程度越高，其需求的价格弹性越小。例如，生活必需品的需求的价格弹性一般较小；而非生活必需品，特别是奢侈品等价值较高的产品，需求的价格弹性较大。

（2）产品的替代性。

需求的价格弹性与产品的替代性成正比，如果产品的替代性较强，其需求的价格弹性就较大，需求受价格变动的影响也较大；反之，如果产品的替代性较弱或难以被替代，其需求的价格弹性就较小，消费者只能被动接受价格的变动，需求受价格变动的影响也较小。

（二）需求的收入弹性

需求的收入弹性简称收入弹性，是指因消费者收入的变动而引起的需求的相应变动率，反映需求变动对收入变动的敏感程度，一般用 E_y 来表示，公式为

$$E_y = \frac{需求变动百分比}{收入变动百分比}。$$

收入弹性有强弱之分，主要有 $E_y>1$，$E_y=1$，$E_y<1$ 和 $E_y>0$ 四种类型。一般情况下，需求与收入成正比关系。上述前三种类型分别表示随着消费者收入变化，需求发生较大幅度变化、等比例变化和较小幅度变化。$E_y>1$ 意味着消费者货币收入的增加导致其对某产品的需求有较大幅度的增加。一般来说，高档食品、耐用消费品、娱乐支出的情况属于这种情况。$E_y<1$ 意味着消费者货币收入的增加导致其对某产品的需求的增加幅度较小。一般来说，生活必需品的情况就是如此。第四种类型反映即将淘汰的商品或低档商品的需求特征，即随着消费者收入的增加，对某些产品的需求反而减少，需求与收入呈反向变化。如某些低档食品、低档服装等，当消费者的收入增加时，对这些产品的需求往往会减少。

企业在为其产品定价时，考虑产品需求的收入弹性有着重要的意义。一方面，对于随着消费者收入变化而产生的不同产品需求量，企业应区别对待，力争使产品价格与收入变化对需求的影响相适应，实现销售量随着消费者收入的增加而增长的目的。另一方面，企业利用价格对需求的影响，适时调整价格，可刺激高收入弹性产品的需求，实现更多的盈利。在消费者的实际收入水平既定的条件下，对于收入弹性高的产品，降低其价格意味着消费者对这类商品的需求量会大幅度增加，企业可实现薄利多销。而当收入水平增长较快时，消费者用于高收入弹性产品的支出必定大大增加，此时适当提高产品价格对需求量的影响不大，企业可借此实现销量与盈利的同时增加。例如，20 世纪 90 年代，我国居民收入水平普遍较低，加之福利分房的政策尚未取消，造成大量的商品房滞销。而到 90 年代末，随着福利分房政策的取消和居民购买力水平的提高，尽管商品房的价格不断上涨，但需求依然十分旺盛，销售量节节攀高。

（三）需求的交叉弹性

需求的交叉弹性简称交叉弹性，是指因一种产品价格变动引起另外一种相关商品需求的相应变动率。交叉弹性用 E_BP_A 表示，即 A 商品价格变动使 B 商品需求发生相应变动的比率，公式为

$$E_BP_A = \frac{B\text{ 产品需求量变动百分比}}{A\text{ 产品收入变动百分比}}。$$

许多商品的使用价值彼此相互关联，这种关联主要有两种表现形式：一种是替代相关，称为替代产品；另一种是互补相关，称为互补产品。

替代产品是指从使用价值角度看可以相互替代的产品，如毛料服装与棉质服装。不同的消费水平、偏好和习惯决定着消费者对这些产品会有不同需求量。但当其中一种产品价格发生变化（如毛料服装的价格上升）时，部分消费者会限于收入水平转而选择另一种产品（如棉质服装），从而导致毛料服装的需求下降，棉质服装的需求上升。这种伴随一种产品价格的变化，另一种产品的需求量呈同方向变化的规律，使替代产品的交叉弹性为正值。

互补产品是指从使用价值角度看具有相互补充作用的产品。当其中一种产品的价格发生变化时，不仅该种产品的需求量会发生变化，而且另一种产品的需求量亦会发生相应变化。这种伴随一种产品价格的变化，另一种产品需求量呈反方向变化的规律使互补产品的交叉弹性为负值。

不同产品的交叉弹性不一，因此，企业在定价时，不仅要考虑本企业产品的价格对其自身产品需求的影响，而且也要考虑市场上相关产品的价格对本企业产品的需求的影响。相关产品价格的变化对企业产品需求在客观上起着增强或减弱的作用。特别是当企业本身的产品价格较高且相关程度高时，定价时更要注重交叉弹性的影响。替代产品的定价要同时兼顾各产品间需求量的影响；互补产品的定价则应错落有致、高低分明，努力以一种产品需求的扩大带动另一种产品需求的增加，从而实现销售量与盈利水平同时增长。西方国家的一些企业廉价供应罐装生产线、高价供应浓缩液，或低价倾销汽车、高价供应零配件等均是采取此类定价策略。

四、市场竞争

市场竞争也是影响价格的重要因素。根据竞争程度的不同，竞争可以分为完全竞争、垄断竞争、寡头垄断和完全垄断四种情况。在不同的市场竞争模式下，企业的定价策略也会有所不同。

（1）在完全竞争条件下，市场上有无数的买者和卖者；同一行业中的每一个企业生产的产品是基本没有差别的；企业进入或退出一个行业是基本自由的；市场中每一个买者和每一个卖者都掌握着与自己的经济决策有关的产品和市场的信息。在这种条件下，卖者和买者都对现有的市场价格没有决定权。卖者既不能制定高于市场价格的价格（买者就会购买其他卖者的产品），也没必要制定低于市场价格的价格（按照现行市场价格就可以销售全部产品）。因此，卖者和买者只能按照市场供求关系决定的市场价格来销售产品，只能

是价格的接受者,而不是价格的决定者,因此,无所谓定价问题。

(2) 在垄断竞争条件下,每一个生产者都对自己的产品有垄断权,但同时可替代的同类产品的生产者又为数众多,彼此之间竞争激烈,价格就是在这种竞争中形成的。在这种条件下,卖者已不是消极的价格接受者,而是强有力的价格决定者,有一定程度的定价自由。

(3) 在寡头垄断条件下,少数几家大企业向社会供给该行业的大部分产品,因此他们对市场价格和供给量都有决定性作用。在这种条件下,价格往往不是由供求关系直接决定的,而是由少数几个大企业控制的。这种价格比较稳定,价格竞争趋于缓和,但非价格竞争很激烈。

(4) 完全垄断是指一种商品的供应完全由独家控制,形成独占市场。在完全垄断条件下,卖者完全控制市场价格,交易的价格由垄断者单方面决定,企业可以在法律允许的范围内随意定价。

总之,大多数市场都是不完全竞争的市场,在这种市场上,企业必须为自己的产品确定灵活、适当的价格,以求取得经营上的成功。

五、政府干预

市场经济的最基本特征是自由企业制度,企业在对其资产完全负责的前提下,有充分处理与经营有关事务的自由,这其中也包括自由定价权。但是,现代市场经济是受到政府调节和干预的经济。政府可以通过行政的、立法的、经济的手段对企业定价及社会整体物价水平进行调节和控制。因此,企业在为其产品定价时必须充分考虑政府干预因素。

(一) 行政手段

政府主要在某些特殊时期,对某些特殊产品采用限价措施。例如,在物资严重匮乏时期(如战争年代)对某些产品实行最高限价;为保护生产者利益对某些产品实行最低限价等。政府利用行政手段进行的限价措施在一定时期内对于保护消费者和生产者的利益具有积极作用;但从长期来看,不利于供求规律调节作用的发挥,随着时间的推移,商品的短缺和过剩会变得更为严重。因此,政府利用行政手段进行的限价措施不宜长期采用。

与最低限价相比,政府补贴具有更大的灵活性,因此,政府补贴这种方式为许多国家广泛采用。例如,美国根据1973年的农业和消费者保护法,由政府制定许多重要农产品的价格,如果市场价格高于政府定价,农民可以把农产品拿到市场上自由买卖;如果市场价格低于政府定价,则由政府给予农民价差补贴,以稳定农民收入、保护农民的生产积极性。

(二) 立法手段

政府采用立法手段对产品价格进行干预的主要目的是为了保护竞争、限制垄断。例如,美国为了防止大制造商的价格歧视,保护中小批发商和零售商,1936年通过了《罗宾逊·彼德曼法案》,规定地理上的价格歧视(一个地区比另一个地区以更便宜的价格出售货物）和对人的价格歧视（为损害和消灭竞争而以不合理的低价出售货物）为非法行为。

（三）经济手段

经济手段是政府反通货膨胀的重要措施。经济手段对企业定价的影响主要表现为：

（1）为抑制需求、减少投资而采取的提高利率或增加税负等措施，会影响企业的成本，减少企业利润（在紧缩的情况下，成本的增加更多地反映为利润减少而不是价格上升）；

（2）以征税为基础的收入政策，可以限制工资增长速度，一定程度上可以限制价格的上升。

六、心理因素

消费者的消费活动和购买行为是在一定的消费心理的指导下进行的。因为消费者的心理行为随机性较大，所以是企业制定价格时最不易把握的一个影响因素，但又是企业不可忽视的一个重要因素。

（一）预期心理

消费者预期是消费者对未来一定时期内市场供求状况和价格变动趋势的估计。不同的消费预期会对消费者的购买行为产生不同的影响。如果预计未来产品价格将下跌，消费者就会采取静观其变的态度，持币待购；反之，消费者就会争相抢购。消费者的预期心理及由此产生的消费行为，势必对企业定价产生影响。企业应充分研究消费者的预期心理，并据此确定有针对性的价格策略，这对企业进行科学的定价具有重要意义。

（二）认知价值和其他消费心理

认知价值是消费者心理上对产品价值的一种估计和认同，它与消费者的产品知识、购物经验、对市场行情了解的程度有关，同时也受到消费者的兴趣爱好的影响。消费者一般根据某种产品能为自己提供的效用大小来判断其价格高低，他们对产品一般都有客观的估价，即在消费者心目中该产品的价格，这种估价被称为期望价格。期望价格一般不是一个固定的价额，而是一个价格范围。当确认价格合理、物有所值时，消费者才会做出购买决策，进而发生购买行为。此外，消费者还存在求实、求新、求质、求美、求廉、求名等多种心理，这些心理都会对消费者的认知价值产生影响，进而影响消费者的购买行为。值得一提的是，消费者还普遍存在"便宜无好货，好货不便宜"的价值判断与追求物美价廉的矛盾心理，既想物美价廉，又怕吃亏上当。随着消费者消费层次的提升和购买心理的日趋复杂，消费者的心理因素对企业定价的影响权重越来越大。企业在为其产品定价时，应充分考虑以上各种心理因素，才能制定出既能适应消费者的需要，又有利于扩大商品销售和提高企业经济效益的价格。

任务二　企业定价的一般方法

【任务引例】

百胜餐饮集团中国事业部于2009年7月15日与大成食品亚洲有限公司、山东新昌集团有限公司和福建圣农发展股份有限公司等3家企业在北京签署协议，首次以"成本定价"的全新模式，在未来时间内采购28万吨鸡肉，总金额将超过50亿元人民币。该协议的签订使肯德基获得了长期、稳定、优质的鸡肉，同时也促进了我国鸡肉供应商的健康发展。

一、成本导向定价法

成本导向定价法是以产品成本作为企业制定产品价格的依据，分别从不同角度制定对企业最有利的价格的一种定价方法。这种定价方法强调对企业产品成本的充分补偿和营利的可能，企业的定价必须以产品成本为最低界限，在保本的基础上再考虑不同的情况，从而制定出对企业最为有利的价格。由于成本导向定价法在方法上更为简单，技术上更易实现，也更易获利，因此，这种定价法是企业最基本、最常用的定价方法。成本导向定价法主要包含以下三种类型。

（一）成本加成定价法

成本加成定价法是一种最基本的定价方法，即以单位产品的成本为基础，再加上一定的加成率，从而定出产品的销售价格。这个加成率就是预期利润占产品成本的百分比。成本加成定价法的计算公式为

$$P = C(1+R)。$$

式中，P 为单位产品的价格；C 为单位产品成本；R 为成本加成率。例如，某企业产品的单位变动成本是10元，固定成本是300 000元，预计销售量为50 000个，则该企业的单位产品成本为

$$\begin{aligned}单位产品成本 &= 单位变动成本 + 固定成本/预计销售量 \\ &= 10 + 300\,000/50\,000 \\ &= 16（元）。\end{aligned}$$

该企业若以成本加成定价法为其产品定价，有以下两种方法。

（1）逆加法。

假设企业想在销售额中有20%的利润加成，则

$$\begin{aligned}单位产品价格 &= 单位产品成本/(1-加成率) \\ &= 16/(1-20\%) \\ &= 20（元）。\end{aligned}$$

（2）顺加法。

假设企业想在成本的基础上获得20%的利润加成，则

$$单位产品价格＝单位产品成本×（1＋加成率）$$
$$＝16×（1＋20\%）$$
$$＝19.2（元）。$$

零售企业（如百货店、杂货店等）一般采用逆加法来制定产品价格，但也有例外，如水果店、蔬菜店等多采用顺加法来定价。

将一个固定的、惯例化的加成加在成本上，这样的定价忽略了现行价格弹性，无论是对长期利润还是对短期利润，都难以确保企业实现利润最大化。需求的价格弹性总是处在不断变化中，因此，最适加成也应随之调整。最适加成与需求的价格弹性成反比，如果某产品的价格弹性高，其最适加成就应相对低些；如果某产品的价格弹性低，其最适加成就应相对高些。

成本加成定价法的优点主要体现在以下几个方面。

（1）计算方法简便易行。尤其在企业生产多种产品时，成本加成法可以迅速地解决价格的计算和确定问题。

（2）可以避免或减少同行业之间的价格竞争。如果同行业的其他企业也都采用成本加成法，在成本加成率接近的情况下，价格也趋同，这样就可以避免或减少同行业之间的价格竞争。

（3）成本加成法对买卖双方都比较公平。买方不至于因需求强烈而支付较高的价格，而卖方也可获得一定加成的利润。

成本加成定价法的缺点主要包括以下几个方面。

（1）缺乏灵活性，难以适应动态变化的市场竞争环境，如忽视了市场需求、价格缺乏竞争力、不利于根据市场的变化来及时调整价格等。

（2）加成率的确定仅从企业角度考虑，而不顾价格水平对市场销售量的影响。

（3）按产量分摊固定成本缺乏科学依据。产量大，分摊额小，造成价格偏低，损失利润；反之则形成不切实际的虚高价格，加剧了销售难度。

（二）目标利润定价法

目标利润定价法又称投资收益率定价法，是成本加成定价法的另外一种实现方式，即根据企业的投资总额、预期销量和投资回收期等因素来确定其产品的价格。

例如，某企业的总投资额为12 000 000元，固定成本为6 000 000元，单位变动成本为200元，投资回收期为5年，预期销量为6 000单位。该企业若采用目标利润定价法为其产品定价，则主要包括以下几个步骤。

（1）确定目标利润率。

$$目标利润率＝1/投资回收期×100\%$$
$$＝1/5×100\%$$
$$＝20\%。$$

（2）确定单位产品目标利润。

$$单位产品目标利润＝总投资额×目标利润率/预期销量$$

$$=12\,000\,000\times20\%/6\,000$$
$$=400(元)。$$

(3) 计算单位产品价格。

单位产品价格＝企业固定成本/预期销量＋单位变动成本＋单位产品目标利润
$$=6\,000\,000/6\,000+200+400$$
$$=1\,600(元)。（注：税负忽略不计）$$

与成本加成定价法相类似，目标利润定价法也是一种生产者导向的产物，很少考虑市场竞争和市场需求的实际情况，只是从保证生产者的利益出发制定价格。另外，先确定产品销量，再计算产品价格的做法完全颠倒了价格与销量的因果关系，把销量看成是价格的决定因素，在实际上很难行得通。尤其是对于那些需求价格弹性较大的产品，用这种方法制定出来的价格，无法保证销量的必然实现，那么，预期的投资回收期、目标利润等也就只能成为一纸空谈。不过，对于需求比较稳定的大型制造企业，价格弹性小且供不应求的小商品，具有垄断地位且市场占有率高的产品以及大型的公用事业、劳务工程和服务项目来说，在科学预测价格、销售量、成本和利润等的基础上，目标利润定价法仍不失为一种有效的定价方法。

（三）盈亏平衡定价法

在销量既定的条件下，企业产品的价格必须达到一定的水平才能做到盈亏平衡、收支相抵，这个既定销量称为盈亏平衡点或保本点，这种以达到盈亏平衡为依据来制定产品价格的方法称为盈亏平衡定价法。如图 9-1 所示，图中点 E 为盈亏平衡点，点 Q 为盈亏平衡销量（保本点销量）。

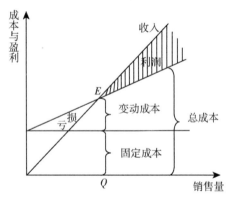

图 9-1　盈亏平衡定价法

固定成本、变动成本和科学地预测销量是盈亏平衡定价法的前提。盈亏平衡点价格的计算公式为

盈亏平衡点价格＝固定成本/销量＋单位变动成本。

例如，某企业的固定成本为 200 000 元，单位变动成本为 20 元，年产量为 5 000 件，则该企业产品的盈亏平衡点价格＝200 000/5 000＋20＝60（元）。

以盈亏平衡点确定价格只能使企业的生产耗费得以补偿，而不能得到收益。因此，在实际中企业均将盈亏平衡点价格作为价格的最低限度，通常将盈亏平衡点价格加单位产品目标利润的结果作为产品的最终价格。有时,为了开展价格竞争或应付供过于求的市场格局,企业采用盈亏平衡定价方式以取得市场竞争的主动权。

从本质上说,成本导向定价法是一种卖方定价导向。它忽视了市场需求、竞争和价格水平的变化,在有些时候与定价目标相脱节,不能与之很好地配合。此外,运用这一方法制定的产品价格均建立在对销量主观预测的基础上,降低了价格制定的科学性。因此,在采用成本导向定价法时,企业还需要充分考虑需求和竞争状况,以确定最终的产品价格水平。

二、需求导向定价法

需求导向定价法是一种以市场需求强度及消费者感受为主要依据的定价方法。需求导向定价法一般包括理解价值定价法、逆向定价法和需求差异定价法。

(一)理解价值定价法

所谓理解价值定价法,就是指企业以消费者对产品价值的理解为定价依据,运用各种市场营销策略和手段,影响消费者对产品价值的认知,引导消费者形成对企业有利的价值观念,再根据产品在消费者心目中的价值来制定价格。例如,消费者在超市购买一袋速溶咖啡需要2元;而在咖啡厅,同样的一杯咖啡需要至少20元;如果送到某五星级宾馆的房间里享受,则需50元,一级比一级高的价格并不是由产品本身成本的增加而导致的,而是由于附加的服务和环境气氛使消费者对产品的感受、对产品价值的理解不同所致。

理解价值定价法的关键在于该定价法可以准确地估计顾客的认知价值。理解价值定价法与市场定位观念相一致,因此,企业应明确本企业产品的市场定位,拉开其与市场上同类产品的差异,突出产品特征,使消费者感到购买该企业的产品能获得更多的相对利益,从而提高消费者愿意支付的价格限度。企业则可据此提出一个可销售价格,进而估算在此价格水平下产品的销量、成本及盈利水平,最后确定实际价格。

(二)逆向定价法

逆向定价法是指企业根据消费者能接受的最终销售价格,在计算企业经营的成本和利润后,逆向推算出产品的批发价和出厂价。这种定价方法不以实际成本为主要依据,而以市场需求为主要出发点,力求所定价格为消费者所接受。市场营销渠道中的批发商和零售商多采用这种定价方法。例如,假定消费者可以接受的某产品的价格是200元,减去40%的零售商毛利,零售商的成本就是120($200-200×40\%$)元;减去15%的经销商毛利,经销商的进货成本就是102($120-120×15\%$)元;然后减去10%的税收后的价位是91.80($102-102×10\%$)元;最后减去运费保险费5元,则得到该产品的出厂价格为86.80元。

(三)需求差异定价法

需求差异定价法是指企业根据市场需求的时间差、产品差、地区差、消费水平及心理差异等来确定产品价格的一种方法。它是对同种产品在面对不同细分市场时采取不同价格的灵活定价方法,其实质是差异化营销策略在定价中的具体应用和体现。由于需求差异定价法针对不同的需求而采用不同的价格,实现顾客的不同满足感,能够为企业谋取更多的利润,因此,在实践中得到广泛的运用。

需求差异定价法的形式主要有以下几种。

1. 因顾客差异定价

即同一产品对不同的顾客制定不同的价格。例如,门票分成人票和儿童票及免票;国家电网对电价实施差异性定价(一般来说,居民用电价格较低,而工业用电和商业用电价格较高)等。

2. 因时间差异定价

当商品的市场需求随着时间的变化而有所变化时,企业便可在不同的时间对同一种产品制定不同的价格。许多产品的市场需求随季节的变化而发生变化(如空调、电暖气、羽绒服、凉席等),有些产品的市场需求强度以天(如节假日)甚至以一天中某个时间的不同而不同。对于某些时令商品,在旺季人们愿意以稍高的价格购买,而一到淡季,市场需求明显减弱,所以企业在为这些商品定价时就应考虑到淡季与旺季的价格差别。例如,旅游景点门票实行淡季与旺季的差别定价,在旅游旺季定价会高一些,在旅游淡季则低一些。

> 【小案例】
>
> 某服装公司在意大利以无积压商品而闻名,其秘诀之一就是对时装分段定价。它规定新时装上市,以3天为一轮,凡一套时装未以定价卖出,每隔一轮按原价削10%,以此类推,那么到10轮(1个月)之后,该公司的时装价就跌到了只剩35%左右的成本价了。这时的时装,公司就以成本价售出。因为时装上市还仅1个月,价格已跌到约1/3,谁还不来买?所以一卖即空。该公司最后结算,获利颇丰。

3. 因产品差异定价

不同外观、花色、型号、规格、用途的产品,也许成本有所不同,但它们在价格上的差异有时并不完全反映其成本之间的差异。有某种标记的产品,往往会产生比其他具有同样使用价值的产品更为强烈的需求,可制定较高的价格。例如,奥运会期间,标有会徽或吉祥物的产品的价格比其他同类产品的价格要高出许多;书籍有平装版和精装版,其价格差异较大,但内容则完全一样;对于同一型号的产品还可能因颜色的不同而制定不同的价格。

4. 因地区差异定价

如果同一种产品在不同地理位置的市场上存在不同的需求强度,那么企业就可以据此不同为该产品制定出不同的价格。例如,旅游点和名胜古迹地区的旅馆、餐饮的定价通常高于一般地区;演唱会门票的价格也往往因座位位置的不同而有较大的差异。

三、竞争导向定价法

竞争导向定价法是以市场上竞争对手的价格作为制定本企业同类产品价格的主要依据,并随竞争对手价格的变化而调整自己的价格水平的定价方法。这种定位方法适合于市场竞争激烈、供求变化不大的产品。它具有在价格上排斥竞争对手、扩大市场占有率、迫使企业在竞争中努力推广新技术的优点。竞争导向定价法一般包括以下几种具体方法。

（一）随行就市定价法

随行就市定价法是使本企业的产品价格与行业内同类产品价格水平保持一致的定价方法。此定价法既充分利用了行业的集体智慧，充分反映了市场供求情况，又能保证适当的收益，还有利于协调同行业的关系。这种"随大流"的定价方法，主要适用于需求弹性较小或供求基本平衡的产品。对于这类产品，单个企业提升价格就会失去顾客；而降低价格，需求和利润也不会增加。随行就市定价法是一种较稳妥的定价方法，尤其为中小企业所普遍采用。

（二）投标定价法

投标定价法又称密封投标定价法，是指由招标者（买方）公开招标，投标者（卖方）竞争投标，密封定价，招标者择优选取，到期公布中标者名单，中标企业与招标者签约成交的一种定价方法。投标定价法主要以竞争者可能的定价为转移，定价低于竞争者，可增加中标机会；但定价不能低于边际成本，否则难以保证合理的收益。这种定价方法一般用于建筑工程、大型设备、政府的大宗采购等。

（三）拍卖定价法

拍卖定价法是指卖方预先展示所售产品，在一定的时间和地点，按照一定的规则，由买方公开叫价竞购的定价方法。一般卖方规定一个较低的起价，买方不断抬高价格竞买产品，直到没有竞争对手回应最后一次叫价，即最高价格时，卖方把产品销售给出价最高的买方。拍卖定价法一般用于古董、艺术品、土地或大宗商品等。

任务三　企业定价的基本策略

【任务引例】

"安静的小狗"是一种松软猪皮便鞋的牌子，由美国沃尔弗林环球股份公司生产。当"安静的小狗"问世时，该公司为了解消费者的心理，采取了一种独特的试销方法：先把100双鞋无偿送给100位顾客试穿8周，8周后，公司派人登门通知顾客收回鞋子，若想留下，每双鞋子顾客需支付5美元。其实公司老板并非真想收回鞋子，而是想知道5美元一双的猪皮便鞋是否有人愿意购买。结果，绝大多数试穿者把鞋留下了。得到这个消息后，该公司便大张旗鼓地开始生产、推销这种鞋子。后来，该公司以每双7.5美元的价格销售了几万双"安静的小狗"。

企业在使用适当的定价方法制定了产品的基本价格后，针对不同的消费心理、销售条件、销售数量及销售方式，运用灵活的方法及对基本价格进行调整，是保证企业所定的产品价格取得成功的重要策略。灵活的定价策略是在具体场合将定价的科学性与艺术性相结合的体现。

一、新产品定价策略

新产品定价是企业定价的一个重要环节。新产品定价合理与否，关系其能否及时打开销路、占领市场并获得预期利润，对于新产品上市后的发展具有十分重要的意义。新产品定价策略主要有以下三种。

（一）撇脂定价策略

撇脂定价策略是指企业在产品市场生命周期的介绍期或成长期，利用消费者的求新、求奇心理，抓住激烈竞争尚未出现的有利时机，有目的地将价格定得很高，以便在短期内获取尽可能多的利润，尽快地收回投资的一种定价策略。这种定价策略适合于需求弹性小、产品生命周期短、款式色彩翻新较快的时尚产品。撇脂定价策略若运用得当，能为企业带来丰厚的利润。使用该策略的前提是产品必须有创新，必须能吸引足够的消费者，最好受专利保护。手机、相机、电脑等电子产品，多采用这种定价策略。该定价策略的缺点是由于利润较大，会吸引较多的竞争者，而且高价还可能会影响销路和市场开拓。

> 【小案例】
> 苹果公司的 iPod 产品是近年来较成功的消费类数码产品，一经推出就获得市场的认可。第一款 iPod 零售价高达 399 美元，即使对于美国人来说，也是属于高价位产品，但是有很多"苹果迷"既有钱又愿意花钱，所以还是纷纷购买。苹果的撇脂定价取得了成功。但是苹果公司认为还可以"撇到更多的脂"，于是不到半年又推出了一款容量更大的 iPod，当然价格也更高，定价 499 美元，但仍旧卖得很好。

（二）渗透定价策略

渗透定价策略又称薄利多销策略，是指企业在产品上市初期，利用消费者求廉的消费心理，有意将价格定得很低，使新产品以物美价廉的形象吸引顾客，占领市场，以谋取远期的稳定利润。需求弹性较大的非生活必需品，尤其是技术密集型生产资料和工业消费品，试销成本一般较高，为了尽快进入市场，企业易采用渗透定价策略。渗透定价策略的缺点是投资回收期长、见效慢、风险大，一旦渗透未果，企业就会遭受严重的经济损失。

（三）满意定价策略

满意定价策略又称温和定价策略或平价销售策略，是介于撇脂定价策略和渗透定价策略之间的一种定价策略。撇脂定价策略定价过高，对消费者不利，既容易引起竞争，又可能遭到消费者拒绝,具有一定风险;渗透定价策略定价过低,对消费者有利,对企业最初收入不利,资金的回收期也较长,若企业实力不强,将很难承受。满意定价策略采取适中价格,基本上能够做到供求双方都比较满意。满意定价策略在正常情况下能使企业实现营利目标,赢得中间商和消费者的广泛合作。但这种定价策略的应变能力差,不宜在复杂多变和竞争激烈的市场环境中使用。

二、产品组合定价策略

(一)产品线定价

企业的产品线中一般不止一种产品,在定价时,企业应该适当地确定产品线中相关产品的价格差异,以显示产品线中各系列产品的需求和功能的差异性,让消费者明确该系列产品的高、中、低档的差距。在定价时,首先,确定某种产品的最低价格,使它在产品线中充当领袖价格,吸引消费者购买该产品及产品线中的其他产品;其次,确定产品线中某种产品的最高价格,使它在产品线中充当品牌质量和回收投资的角色;最后,对产品线中的其他产品,也分别依据其在产品线中的角色不同而为其制定不同的价格。

(二)任选品定价

许多企业在提供主要产品的同时,还提供任选品与之配套,如饭店不仅提供饭菜,而且提供烟酒;电脑销售不仅提供整机而且提供配件。一般来说,任选品定价方法有两种:一是低价策略,即主要产品定价较高,任选品定价较低或带有促销和服务性质,以此招徕顾客;二是高价策略,即主要产品定价较低,但任选品定价较高,以此赚取较高利润。

(三)互补产品定价

互补产品是指和主产品关系密切、必须与主产品配套使用的产品。例如,刀片是剃须刀的互补产品;打印纸和墨粉等耗材是打印机的互补产品。对于互补产品,企业可以采取主产品定价较低而互补产品定价较高的方法,以此获取较高的利润。例如,佳能打印机的价格一般较低,而墨粉等相关耗材的价格却较高,企业就可以以较高的耗材价格弥补主产品低价销售的损失,从而获得市场的成功;吉列公司也是采用剃须刀架低价、刀片价格却较高的策略获得市场成功的。

(四)分部定价

分部定价是指企业先向顾客收取固定费用,再根据使用情况收取使用费用的一种定价策略。这种定价策略多为服务性企业采用。在该定价策略中,固定费用一般较低,以吸引顾客,企业多通过可变费用来获利。例如,出租车一般都有起步价,如果超过起步价,则要加上超过里程的计价;电话收费以往也是每个月收取固定的月租费,然后再按使用情况增收话费。使用这种定价策略,当消费者使用量太少时,企业也不至于亏本;当消费者使用量大时,企业的盈利则会快速增长。分部定价面临着和互补产品定价同样的问题,即应收多少固定费用和使用费用。一般而言,固定费用应较低,以吸引消费者购买,利润可以从使用费用中获取。

(五) 副产品定价

某些产品在加工过程中会产生副产品。如果副产品没有价值且处理起来需要费用,主产品的定价就必须能够弥补这些费用。如果副产品有价值,则可根据其价值为其定价。副产品带来的收入有助于企业在面临竞争时,降低主产品的价格。如头发处理得当也会成为理发店的另一个利润来源,这种情况在诸如工业加工、石油化工、肉类加工、皮革加工等企业中十分普遍。这就要求企业科学地制定自己的主产品和副产品价格组合。

(六) 组合产品定价

为了促进销售,有时企业不只销售单一的产品,也常常将有连带关系的产品组成一个组合一起销售。企业为产品组合制定的价格一般低于单独购买该组合中每件产品的价格总和,通过可节约一定的费用,来吸引顾客购买其中某些无意购买的产品,以增加产品的销量。如化妆品组合、文具组合、旅游产品组合等均使用了组合产品定价策略。使用组合产品定价策略可以通过以畅带滞,提高每一次交易的交易量,减少库存积压。企业在具体使用过程中应注意两点:一是组合产品的价格必须具有吸引力;二是组合产品的销售一定要有单件产品的配合销售,以便让消费者进行比较和选择。

三、折扣定价策略

企业在为其产品制定价格之后,为了鼓励消费者及早付款、大量购买或淡季购买等,也常常在原价格的基础上酌情按照一定比例给予折扣或降价,使消费者获得实惠,从而调动消费者的购买积极性,这种定价策略就是折扣定价策略。折扣定价策略实质上是一种优惠策略,通过直接或间接地降低价格,以争取顾客、扩大销量。灵活地运用折扣定价策略是提高企业销售量的重要途径。折扣定价策略具体包含以下几种。

(一) 现金折扣

现金折扣也称付款期折扣,是指企业对那些用现金购买或以提前付款方式购买商品的顾客,在原价的基础上给予一定比例的价格优惠。企业考虑的交易条件应包括对折扣期限、折扣率、付清全部货款的比例及时间等的规定。折扣的大小一般根据付款期间的利息和风险成本等因素确定。定价时使用现金折扣策略有利于鼓励顾客按期或提前付款,加快资金周转,减少利率风险,从而增加效益。但由于现金折扣往往对不同的顾客给予不同的折扣,容易形成一定程度的价格歧视,因此会影响部分顾客的心情和满意度,某种意义上也有违公平竞争的原则。

(二) 数量折扣

数量折扣是指企业根据顾客购买的数量或金额大小的差异而给予不同的价格折扣。顾客购买得越多,企业给予其的折扣就越大。数量折扣又分为非累计数量折扣和累计数量折扣。非累计数量折扣适用于短期交易商品、季节性商品以及易腐、易过时的商品。累计数量折扣特别适用于长期交易的商品、大批量销售的商品及需求相对稳定的商品。

（三）功能折扣

功能折扣又称交易折扣、业务折扣、职能折扣、进销差价，也叫贸易折扣，是指生产企业给批发商、零售商等中间商为经营其产品所付努力（如执行记账、推销、储存、运输、服务等营销功能）的一种额外折扣。中间商在产品分销中承担的功能、责任、风险和重要性越大，其获得的功能折扣就越大。

（四）季节折扣

季节折扣又称季节差价，是指生产季节性产品或经营季节性业务的企业为鼓励中间商或顾客早进货、早购买或淡季消费、过时消费而给予的价格折扣。如羽绒服企业在春夏两季给零售商季节折扣，以鼓励其提前订货。季节折扣有利于刺激消费，调节供需，扩大经营和流通，避免巨幅波动，可使企业做到淡季不淡，生产和经营平稳，加速资金周转，从而降低经营成本，减少企业和社会的损失。

（五）复合折扣

复合折扣即企业在市场销售过程中，由于竞争加剧而采取将多种折扣同时给予某种商品或某一时期销售的商品。如在淡季可以同时使用季节折扣、现金折扣和数量折扣的组合，以较低的实际价格鼓励消费者购买。当遇到市场不景气时，企业可采用复合折扣策略渡过危机。

（六）价格折让

价格折让是价格折扣的另一种形式，是另一种类型的价目表价格的减价。它有利于消费者和中间商积极消费和购买企业的产品。价格转让策略具体包括促销折让和以旧换新折让两种形式。

1. 促销折让

促销折让是指生产企业对参与企业促销活动（如刊登地方性广告、橱窗展示、营业推广等）的中间商给予一定的价格折让，以此作为对中间商积极参与促销活动的奖励或报酬，从而有效调动中间商推销本企业产品的积极性。

2. 以旧换新折让

对进入成熟期的耐用品，企业可采用以旧换新的折让策略，以刺激消费需求，促进产品更新换代，扩大新产品销售。例如，家电企业通常采用以旧换新折让策略；在国外，汽车市场也常用该定价策略。

四、心理定价策略

心理定价策略是企业为迎合消费者的消费心理需要而采取的定价策略。即企业根据消费者在购买商品时的心理活动及营销心理学原理为其产品制定价格，来引导和刺激消费者购买本企业的产品。心理定价策略具体包括以下几种。

（一）声望定价

声望定价是指针对消费者"价高质必优"的心理，对在消费者心目中享有声望、具有信誉的产品制定较高价格的一种定价策略。声望定价策略可以满足某些消费者的特殊欲望，如地位、身份、财富、名望和自我形象等，还可以通过较高的价格显示企业产品的名贵和优质。

（二）尾数定价

尾数定价是指依据多数消费者有零头价格比整数价格便宜的消费心理而采取的一种将产品价格定得特别精细的定价策略，如超市常将某种水果的价格定为5.99元/斤等。尾数定价策略一方面给消费者以心理上优惠的感觉，另一方面标价精确可以增强消费者心理上的信任感，可以满足消费者求实、求廉的消费心理。对于需求弹性较高的产品，尾数定价策略往往会带来需求量的大幅提升。

（三）招徕定价

所谓招徕定价，是指零售商利用部分消费者求廉的心理，特意将几种商品的价格定得较低，以吸引消费者购买低价商品时同时购买其他商品的一种定价策略。例如，某些超市随机推出特价商品，每天、每时都有一种或数种商品特价销售，以吸引消费者经常来采购廉价商品，同时也选购其他正价商品，以获得更多利润。

（四）习惯定价

习惯定价是指对于消费者熟悉的产品，企业把价格定在消费者已经习惯了的水平，便于消费者购买的一种定价策略。这种定价策略一般用于成本波动较小、消费者对价格非常敏感的产品。

五、地区定价策略

一般来说，购买某企业产品的不仅有当地的消费者，也有外地的消费者。如果把产品卖给外地的消费者，企业就需要把产品从产地运到消费者所在地，需要装运费用。所谓地区定价策略，就是企业对销售给不同地区（包括当地和外地不同地区）消费者的某种产品，就分别制定不同的价格，或是制定相同的价格进行考量的一种定价策略。也就是说，就销售给不同地区的产品，企业要决定是否制定地区差价。

（一）原产地定价

所谓原产地定价，就是消费者按照出厂价购买某种产品，企业只负责将这种产品运到产地某种指定运输工具（如卡车、火车、船舶、飞机等）上交货，交货后，从产地到目的地的一切风险和费用一概由消费者承担。这种定价策略对企业也有不利之处，即距离较远的消费者可能不愿购买，转而购买竞争对手的产品。

（二）统一交货定价

这种定价策略和原产地定价正好相反。所谓统一交货定价，就是对销售给不同地区的消费者的某种产品，企业都按照相同的出厂价加相同的运费（按平均运费计算）定价。也就是说，对不同地区的消费者，不论远近，都实行统一价格。

（三）分区定价

这种定价策略介于原产地定价和统一交货定价之间。所谓分区定价，就是企业划分出若干价格区，对处于不同地区的消费者，分别制定不同的价格，同一区域内实行同一价格。一般较远的区域，价格较高；而较近的区域，价格较低。

（四）基点定价

所谓基点定价，是指企业选定某些城市作为基点，然后按一定的出厂价加上从基点城市到顾客所在地的运费来定价，而不管货物实际上是从哪个城市起运的。有些企业为了提高定价的灵活性，选定许多个基点城市，按照距消费者最近的基点计算运费。

（五）运费免收定价

所谓运费免收定价，是指有些企业因为想开拓某些地区的市场，愿意负担将本企业产品销往这些地区的全部或部分实际运费，因为他们认为，如果生意扩大，其平均成本就会降低，足以抵偿这些费用开支。采取运费免收定价策略，企业可以加快市场渗透，并且能在竞争日益激烈的市场上占据有利地位。

任务四 价格调整策略

由于各种市场营销环境因素不断变化，因此，有些时候企业需要对已有的产品价格进行必要的调整和改变。企业调整产品价格的主要原因有两种：一是市场供求环境发生了变化，企业认为有必要对自己产品的价格进行调整；二是竞争者的价格发生了变动，企业不得不做出相应的反应，以适应市场竞争的需要。前一种调整称为主动调整，后一种调整称为被动调整。在市场营销管理中，企业需要对价格调整的时机、条件、竞争者可能对价格变动做出的反应等进行分析，才能保证价格变动达到预定的市场营销目标。

一、降价策略

（一）降价的原因

降低产品的价格是企业在经营过程中经常采用的市场营销手段。企业降价的原因可能来自宏观环境的变化，也可能来自行业及企业内部条件的变化。具体说来，企业降价的原因主要包括以下几个方面。

（1）当企业的产品库存过多，或者目前开工不足时，需要通过降价来扩大销售量；或者为使存货尽快地脱手，需要采用降价措施。

（2）在强大的竞争压力下，企业的市场占有率下降，迫使企业通过降价来维持和扩大市场份额。

（3）企业的成本费用比竞争者低，因此，企业试图通过降价来控制市场，或者希望通过降价来提高本企业产品的市场占有率，从而扩大生产和销售量。

（4）竞争对手降低了价格，特别是当本企业的产品与竞争对手的产品区别不大时，企业毫无选择也要相应地降低价格。

（5）市场需求富有弹性，当降低产品价格可以带来需求量的大幅上升时，这时企业可以考虑通过降价来增加销售量，扩大销售收入。

（6）在通货紧缩的经济形势下，由于货币值上升，价格总体水平下降，企业的产品价格也要降低，因为与之竞争的产品的价格也在下降。

（二）降价的方式

即使企业产品具备了降价的条件，但因不同企业的产品所处的地位、环境以及导致降价的原因不同，企业选择降价的方式也不尽相同，具体包括以下几种方式。

（1）增加额外费用支出。例如，在价格不变的情况下，企业增加运费支出，实行送货上门或免费安装、调试、维修以及免费提供技术培训等。

（2）改进产品的性能，提高产品的质量。在价格不变的情况下，这实际上等于降低了产品的价格。

（3）实行价格折扣，如数量折扣、现金折扣、津贴等。

（4）营业推广。在其他条件不变的情况下，企业向购买商品的消费者馈赠礼品，如玩具、工艺品等。赠送礼品的费用要从商品价格中得到补偿，这实际上也等于降低了商品的价格。

降价一般会受到消费者的欢迎，但也可能会引起一些消费者的疑惑，他们可能会认为产品降价是因为质量、性能方面出了问题。所以，企业在采取降价措施时，应当能提供一个令人信服的理由，尽量打消消费者的疑惑。

二、提价策略

（一）提价的原因

虽然价格上涨会引起消费者、中间商和企业推销人员的不满，但是一次成功的提价活动却能使企业的利润大大增加，所以只要有机会，企业就可以适当采用提价策略。企业提价的原因主要有以下几个方面。

1. 成本上涨

成本上涨的原因可能来自企业内部，如企业自身生产及管理水平出现问题导致总成本增加。如果企业在这种情况下增加产品价格可能不是明智之举，因为一旦竞争者不上调价格，企业的销售就会受到严重影响。成本增加还可能发生在整个行业中，如行业的原材料价格、工资等上涨。企业的成本提高，产品继续保持原价，会妨碍企业获得合理的利润，甚至会影响企业的正常运营。这时，企业只能通过涨价来转移成本上涨的压力，维持正常的盈利水平。

2. 通货膨胀

由于通货膨胀或货币贬值，使产品的市场价格低于其价值，迫使企业不得不通过提价的形式来减少因货币贬值造成的损失。

3. 产品供不应求

当产品供不应求时，提价不仅能平衡供需，而且能使企业获得高额利润，为企业扩大生产或研发新产品提供保障。

4. 改进产品

企业常常通过技术革新来提高产品质量、改进产品性能、增加产品特色，由此也会相应地提高产品的价格。一方面可以弥补成本，另一方面可以有效提示消费者产品与原先有所不同，已有所改进。

5. 竞争策略的需要

有的企业提价，并非出于以上原因，而是由于竞争策略的需要。有些企业有时以产品的高价格来显示产品的高品位，即将自己产品的价格提高到同类产品价格之上，使消费者感到其产品的品位要比同类产品高。

（二）提价的方式

（1）公开真实成本。这是指企业通过公共关系、广告宣传等方式，在消费者认知的范围内，把产品的各项成本上涨的真实情况告诉消费者，以期获得消费者的理解，缓解或消除消费者的抵触情绪。

（2）增加单位包装中产品的数量或提高产品的质量。企业在涨价的同时，增加单位包装中产品的数量或提升产品的质量，以此来增加消费者的理解，消除消费者的不满。

（3）附送赠品或提供其他优惠。企业在涨价的同时，随产品附送一些小赠品、小礼物，或提供某些特殊优惠，这种方式在零售业最常见。

（4）价格不变，但减少单位包装内产品的数量或减少服务项目。

三、消费者对价格变动的反应

企业的价格变动会直接影响消费者的利益和消费者的购买决策，因此，分析消费者对价格变动的反应，是企业在制定价格调整策略时应当特别注意的问题。消费者对价格变动的反应可以归纳为以下几个方面。

（1）一定范围内的价格变动是可以被消费者接受的；提价幅度若超过消费者可接受价格的上限，会引起消费者的不满，使他们产生抵触情绪而不愿购买企业的产品；降价幅度若低于消费者预期的价格下限，则会导致消费者产生种种疑惑，也会对实际购买行为产生抑制作用。

（2）在产品知名度提高、消费者收入增加或通货膨胀等情况下，消费者可接受价格的上限会提高。在消费者收入减少、通货紧缩等情况下,消费者可接受价格的下限会降低。

(3) 消费者对降价的理解是:

① 产品可能有质量问题或是因为过时、过期而将被淘汰;

② 企业遇到财务困难,很可能会停产,产品的售后服务可能会受到影响;

③ 产品价格可能会持续下跌;

④ 产品成本降低。

(4) 消费者对提价的理解是:

① 产品供不应求,价格可能会继续上涨;

② 产品质量得到提升;

③ 企业过于贪婪,想获得更高的利润;

④ 物价持续上涨,产品提价也可理解。

四、竞争者对价格变动的反应

当企业准备调整产品价格时,还须认真考虑竞争者对本企业的调价行为可能产生的反应。如果竞争者也改变自己产品的价格或采取其他市场营销方法,不仅会对本企业价格的变动效果产生影响,甚至对整个竞争局势也会造成重要影响。

一般来说,竞争者对于企业价格变动的反应可以归结为以下三类。

(一) 跟进

跟进指竞争者也采取同样的价格变动措施。当企业发动降价可能会威胁到竞争者的市场份额,或者企业提价让竞争者看到有明显的市场反应或好处时,竞争者都可能采取跟进措施。

(二) 不变

下列情况下,竞争者可能当企业调整产品价格时,仍保持现有价格。

(1) 降价企业的产品所占市场份额很小、声誉较低,降价对其他企业不会产生威胁;

(2) 竞争者拥有比较稳定的忠诚顾客群;

(3) 竞争者有意避免价格战;

(4) 竞争者认为整个市场增长潜力太小,变动价格没有什么意义。

(三) 战斗

战斗即竞争者采取针锋相对的价格调整策略,不惜与发动价格变动的企业打价格战。在下列情况下,竞争者往往可能做出这样的反应。

(1) 竞争者认为调价企业的价格变动行为是针对自己来的,因为变动价格的企业对自己的市场地位会产生威胁;

(2) 竞争者是市场中的领导者,不愿意放弃其在市场中的领导地位;

(3) 竞争者相当看好当前的市场,欲通过包括价格竞争在内的方法排挤掉竞争对手,以谋取长远利益。

战斗的具体形式很多,可以直接降价,可以增加廉价的产品项目,也可以采取更大的折扣优惠。

企业应该事先分析竞争者对自己的调价行为可能产生的反应,并且要估计竞争者的这种反应对于市场营销活动有哪些不利的影响,同时考虑制定相应的应对措施。

五、企业应对竞争者价格变动的策略

竞争者发动的价格竞争通常是经过周密策划的,留给企业做出反应的时间很短。因此,企业应该建立有效的市场营销信息系统,加强对竞争者有关信息的收集,以便对竞争者可能的调价行动做出正确的预测,同时还应建立应付价格竞争的反应决策模式,以便缩短反应决策时间。

(一)了解、获取和分析相关信息

面对竞争者的调价,企业在采取应对措施前,应仔细对下列问题进行调查和分析研究。

(1)竞争者调价的目的是什么?竞争者的调价是暂时的还是长期的?能持续多长时间?

(2)产品的需求价格弹性是多少?产品成本和销售量之间的关系如何?

(3)如果企业对竞争者的价格变动行为不做出反应,会对企业产品的市场占有率和利润产生什么影响?

(4)其他企业对调价企业的调价行为是否会做出反应?这又会对本企业产生什么影响?

(5)对本企业可能做出的每一种反应,调价企业和其他企业又会有什么反应?

(二)企业的应对策略

企业总是经常受到其他企业以争夺市场占有率为目的而发动的挑衅性降价的攻击。当竞争者的产品在质量、性能等方面与本企业的产品没有太大差异,竞争者产品的调价有利于其市场份额的扩大时,企业可以选择如下应对策略。

(1)维持原来的价格。如果企业认为自己也跟着调价会导致本企业的利润大幅减少,或认为企业顾客的忠诚度会使竞争者市场份额的增加极为有限,可采取这一策略。但如果出现竞争者市场份额增加使其竞争信心增强、本企业顾客的忠诚度减弱、本企业员工士气动摇等情况,那么采用这种策略可能会使企业陷入困境。

(2)维持原价并采用非价格手段(如改进产品质量、增加服务)进行反攻。

(3)追随调价,并维护产品所提供的价值。如果企业不降价将会导致市场份额大幅度下降,而要恢复原有的市场份额将付出更大代价时,企业应该采取这种策略。

(4)用提价并上市新品牌的方式来围攻竞争对手的调价品牌。这将贬低竞争对手调价产品的市场定位,提升本企业原有的品牌定位,也是一种有效的价格竞争手段。

(5)推出更廉价的产品与竞争对手开展竞争。企业可以在市场占有率逐步下降时,在对价格很敏感的细分市场上采取这种策略。

【项目知识结构图】

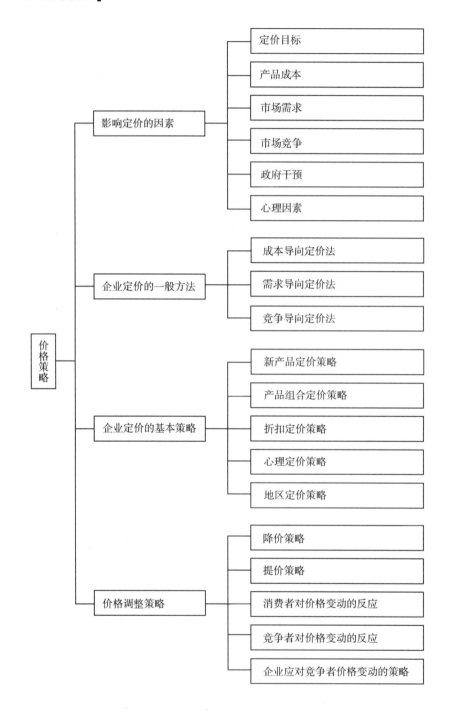

【延伸阅读】

我国农产品政府定价退出历史舞台

从 2015 年起国家放开烟叶收购价格。由于烟叶收购价是农产品领域最后一个实行政府定价的品种，此举标志着我国农产品价格将全部由市场形成，政府定价彻底退出历史舞台。

国家发展和改革委员会表示，烟草企业可根据种烟成本收益、工业企业需求和行业发展需要，自主确定烟叶收购价格。此前，烟叶收购价格由国务院价格主管部门会同国家烟草专卖局制定，具体分品种、分等级、分地区差别定价。

1978 年以来，我国农产品价格改革不断推进和深化，始终坚持市场取向不动摇，在推进改革的进程中，实行调放结合，并逐步加大"放"的分量，最终实现全面放开。1985 年放开了绝大多数农副产品购销价格，1992 年放开生猪、猪肉价格，1999 年放开棉花收购价格，2004 年放开粮食收购市场和价格。放开农产品价格，促进了各种要素自由流动和重新组合，市场机制配置资源的作用得以发挥，农村生产力得到了大发展、大解放。

据悉，农产品价格的放开并非"一放了之"，而是在充分发挥市场机制作用的同时，将市场调节与政府调控相结合，不断加强和完善农产品价格宏观调控体系。目前，国家对稻谷、小麦实行最低收购价政策；对玉米、油菜籽实行临时收储政策；对棉花、大豆开展目标价格补贴改革试点；对生猪建立了缓解市场价格周期性波动调控预案；并通过建立重要农产品储备制度、完善进出口调节机制、加大财政补贴力度等综合措施。市场调节与政府调控相结合，防止了主要农产品价格的大幅波动，保护了农民利益。

国家发展和改革委员会指出，烟叶收购价格放开后，价格主管部门将加强价格服务和价格监管，认真做好烟叶生产成本收益调查和价格监测工作，加强市场监管，规范市场主体价格行为，维护正常价格秩序。

参考答案

【自测思考】

一、单项选择题

1. 当企业产能过剩或面临激烈的市场竞争时，则往往会将（　　）作为主要目标。
   A. 维持生存　　　　　　　　　　B. 追求利益最大化
   C. 短期利润最大化　　　　　　　D. 提高市场占有率
2. 产品成本是企业价格构成中最基本、最重要的因素，它决定产品价格的（　　）。
   A. 最低临界点　　　　　　　　　B. 平均水平
   C. 最高临界点　　　　　　　　　D. 实际水平
3. 市场需求状况是影响企业定价的最重要的外部因素，它决定产品价格的（　　）。
   A. 最低临界点　　　　　　　　　B. 平均水平
   C. 最高临界点　　　　　　　　　D. 实际水平

4. 当需求的价格弹性系数＞1时，企业较宜制定（　　）的价格。
   A. 较高　　　　　　　B. 适中　　　　　　　C. 较低　　　　　　　D. 任意
5. 当需求的价格弹性系数＜1时，企业较宜制定（　　）的价格。
   A. 较高　　　　　　　B. 适中　　　　　　　C. 较低　　　　　　　D. 任意
6. 根据企业的投资总额、预期销量和投资回收期等因素来确定价格的方法是（　　）。
   A. 成本加成定价法　　　　　　　　　　B. 目标利润定价法
   C. 盈亏平衡定价法　　　　　　　　　　D. 竞争导向定价法
7. 企业根据市场需求的时间差、产品差、地区差、消费水平及心理差异等来确定产品价格的方法是（　　）。
   A. 理解价值定价法　　　　　　　　　　B. 逆向定价法
   C. 需求差异定价法　　　　　　　　　　D. 随行就市定价法
8. （　　）又称薄利多销策略，是指企业在产品上市初期，利用消费者求廉的消费心理，有意将价格定得较低，使新产品以物美价廉的形象吸引顾客、占领市场，以谋取远期的稳定利润。
   A. 撇脂定价策略　　　　　　　　　　　B. 渗透定价策略
   C. 满意定价策略　　　　　　　　　　　D. 理解价值定价法
9. （　　）又称温和定价策略或平价销售策略，是介于撇脂定价和渗透定价之间的一种定价策略。
   A. 撇脂定价策略　　　　　　　　　　　B. 渗透定价策略
   C. 满意定价策略　　　　　　　　　　　D. 理解价值定价策略
10. （　　）策略可以满足某些顾客的特殊欲望，如地位、身份、财富、名望和自我形象等。
    A. 尾数定价　　　　　　B. 招徕定价　　　　　C. 习惯定价　　　　　D. 声望定价

二、多项选择题

1. 企业的定价方法可以分为（　　）。
   A. 成本导向定价法　　　B. 盈亏平衡定价法　　　C. 需求导向定价法
   D. 需求差异定价法　　　E. 竞争导向定价法
2. 成本导向定价法一般包括（　　）。
   A. 成本加成定价法　　　B. 理解价值定价法　　　C. 随行就市定价法
   D. 目标利润定价法　　　E. 盈亏平衡定价法
3. 需求导向定价法一般包括（　　）。
   A. 随行就市定价法　　　B. 理解价值定价法　　　C. 逆向定价法
   D. 需求差异定价法　　　E. 投标定价法
4. 竞争导向定价法一般包括（　　）。
   A. 随行就市定价法　　　B. 理解价值定价法　　　C. 投标定价法
   D. 拍卖定价法　　　　　E. 逆向定价法
5. 新产品定价策略主要包括（　　）。
   A. 撇脂定价策略　　　　B. 渗透定价策略　　　　C. 满意定价策略

D. 理解价值定价策略 E. 随行就市定价策略

三、思考题

1. 影响定价的因素有哪些？
2. 企业定价的方法有哪些？
3. 竞争导向定价法包括哪几种具体方法？
4. 新产品定价策略有哪些？
5. 心理定价策略包括哪几种具体类型？

【实训项目】

实训一：

1. 实训内容

在授课教师的指导下，学生以小组为单位，以某企业新产品为研究对象，对该产品定价进行分析并最终确定产品价格，实训结束后写出实训报告。

2. 实训要求和操作步骤

（1）选择企业定价目标。
（2）分析影响定价的因素。
（3）对各因素进行调研。
（4）选择定价方法。
（5）最终确定价格。

3. 考核要点

（1）结合企业和产品实际，选择定价目标并分析影响定价的因素。
（2）依据定价目标和影响定价的因素，确定合适的定价方法并形成最终价格。
（3）学生的逻辑思考能力和对价格策略的运用。

实训二：案例分析

位于美国加州的一家珠宝店专门经营由印第安人手工制成的珠宝首饰。几个月前，珠宝店进了一批由珍珠质宝石和白银制成的手镯、耳环和项链。该宝石同商店以往销售的绿松石宝石不同，它的颜色更鲜艳，价格也更低。很多消费者还不了解它。对他们来说，珍珠质宝石是一种新的品种。副经理希拉十分欣赏这些造型独特、款式新颖的珠宝，她认为这个新品种将会引起顾客的兴趣，形成购买热潮。她以合理的价格购进了这批首饰，为了让顾客感觉物超所值，她在考虑进货成本和平均利润的基础上，为这些商品确定了销售价格。

一个月过去了，商品的销售情况令人失望。希拉决定尝试运用她本人熟知的几种营销策略。比如，希拉把这些珠宝装入玻璃展示箱，摆放在店铺入口醒目的地方。但是，陈列位置的变化并没有使销售情况好转。

在一周一次的见面会上，希拉向销售人员详细介绍了这批珠宝的特性，下发了书面材料，以便他们能更详尽、更准确地将信息传递给顾客。希拉要求销售员花更多的精力来推销这个产品系列。

不幸的是，这个方法也失败了。希拉对助手说："看来顾客是不接受珍珠质宝石。"希拉准备另外选购商品了。在去外地采购前，希拉决定减少商品库存，她向下属发出把商品半价出售的指令后就匆忙起程了。然而，降价也没有奏效。

一周后，希拉从外地回来。该批珠宝已经销售一空。当希拉问及原因时，店主贝克尔对她说："将那批珠宝的价格在原价基础上提高两倍再进行销售。"希拉很疑惑，"现价都卖不掉，提高两倍怎么就会卖得出去呢？"

1. 希拉对这批珠宝采取了哪些市场营销策略？销售失败的主要原因是什么？
2. 贝克尔为什么通过提高售价而获得销售的成功？
3. 结合案例说明影响定价的主要因素、基本的定价方法及定价策略。

项目十　渠道策略

◇ **学习目标**

1. 知识目标：了解分销渠道的功能、类型及中间商的类型，掌握分销渠道设计与管理的相关知识，包括渠道成员的选择、培训、评价和激励，渠道冲突的管理，渠道的调整。

2. 能力目标：能够对分销渠道进行设计，学会对渠道成员进行管理以帮助企业实现市场营销目标。

◇ **工作任务**

分销渠道设计；分销渠道管理。

任务一　分销渠道

【任务引例】

直销曾是戴尔公司的代名词。但是，自从戴尔本人发出"直销不是一种信仰"后，一切都发生了变化。

起初，戴尔公司仅在海内外设立不具有销售功能的体验中心，之后该品牌开始全面进入沃尔玛、家乐福、国美、苏宁以及其他众多的连锁渠道。与此同时，2008年4月，戴尔公司宣布了一系列分销伙伴计划，全面向分销领域过渡。此外，在消费类业务上，戴尔（中国）公司还与本土C2C企业淘宝合作，首次引入第三方在线营销伙伴。

如果以为戴尔公司只是被动地适应分销，甚至以为分销才是戴尔公司的营销变革，那显然是错误的。事实上，引入零售、代理制，仅是戴尔公司营销变革的一部分。

不难看出，戴尔公司正放下身段，越来越接近普通消费者。这一变革被归因于需求。因为全球最早接触互联网的10亿人，大部分属于西方人或有西方风格的人，而接下来第二个接触互联网的10亿人，将更多来自新兴市场，比如中国和印度的消费者。戴尔公司的目标就是通过上述变革满足新兴市场增量用户的需求。

在营销组合"4P"中涉及企业外部资源的关键性因素——渠道，这是企业市场营销活动中最复杂、最富有挑战性的决策因素之一。由于渠道中的中间商最接近消费者，在竞争激烈且产品和服务日趋同质化的今天，中间商对市场的主导作用越发明显。不能很好地研究和利用中间商的企业，其市场生存能力也将越来越差。正所谓"得渠道者得天下"，这也迫使企业必须不断调整分销渠道系统的设计和管理，并将渠道策略提升到战略层面。

研究分销渠道策略的目的在于，使企业能够通过销售网络的建设与管理，采取有效的渠道竞争策略，把产品适时、适地、方便、经济地提供给消费者，解决生产与消费在时间、地点、数量、品种、信息、产品和所有权等方面的差异和矛盾，进而实现企业的营销目标。分销渠道通常简称为渠道，是市场营销价值链中的一个重要环节。

一、分销渠道的含义

在市场营销理论中，有两个与渠道有关的术语经常被混淆，那就是市场营销渠道和分销渠道，实则两者是有区别的。

菲利普·科特勒在其《市场营销原理》一书中曾就这两个概念之间的关系进行了论述，指出过两者的差异。

所谓市场营销渠道，是指配合在一起生产、分销和消费某一个生产者的产品和劳务的所有企业和个人。也就是说，市场营销渠道包括某种产品供、产、销过程中的所有企业和个人，如生产者、供应商、商人中间商、代理中间商、辅助商（辅助分销活动的仓储、运输、金融、广告代理等机构）以及最终消费者等。

所谓分销渠道，是指促使某种产品和服务顺利地经由市场交换过程，转移给消费者的一整套相互依存的组织。企业的分销渠道成员包括产品或服务从生产者向消费者转移过程中，取得这种产品或服务的所有权或帮助所有权转移的所有企业和个人。其中，既有取得产品所有权的中间商，又有帮助产品所有权转移的代理中间商，还有处于渠道起点和终点的生产者和最终消费者。

由此不难看出，市场营销渠道和分销渠道的区别在于：市场营销渠道包括了供应商及辅助商，而分销渠道则不包含。

二、分销渠道的流程和功能

分销渠道的组成可以有多种不同形式，其中，生产者和消费者是每种渠道形式必须有的组成部分，而中间机构的数量和组织方式则决定了分销渠道的长度和宽度的变化。

（一）分销渠道的流程

产品或服务从企业向消费者转移的过程中，渠道成员之间会发生各种各样的业务联系，这些业务联系构成了"渠道流程"。正是这些渠道流程，将产品在适当的时间，以适当的方式，运至适当的地点，交至所需要的人手中，才使渠道成员有机地联系在一起。产品由生产领域向消费领域转移的一系列分销活动大体上可分为五大类,菲利普·科特勒曾将其归纳为五种流程,即所有权流、实体流、货币流、信息流和促销流(如图10-1所示)。

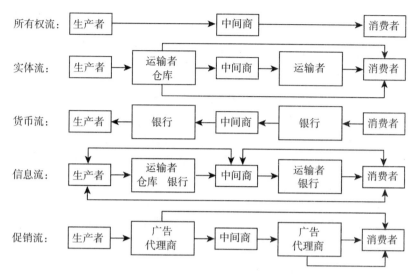

图 10-1　分销渠道中的五种流程

1. 所有权流

所有权流也称商流,是指产品从生产领域向消费领域转移过程中的一系列买卖交易活动。在这一活动中实现的是产品的所有权由一个机构向另一个机构的转移。有些机构表面上也介入这一过程(例如,有些中间商以代销的方式经营某一产品的交易活动),但由于其实际上并不拥有产品的所有权,所以不应包括在商流活动之中。

2. 实体流

实体流也称物流,是指产品在从生产领域向消费领域转移过程中的一系列产品实体运动。实体流包括产品实体的储存以及由一个机构向另一个机构进行运输的过程;同时,还包括与之相关的产品包装、装卸、流通加工等活动。

3. 货币流

货币流是指在产品从生产领域向消费领域转移的交易活动中所发生的货币运动。货币流一般与所有权流的方向相反,即由顾客将货款支付给中间商,再由中间商扣除佣金或差价后支付给生产者(制造商),其中,一般要以银行或其他金融机构作为中介。

4. 信息流

信息流是指在产品从生产领域向消费领域转移的过程中所发生的一切信息收集、传递和处理活动。信息流既包括生产者向中间商及消费者的信息传递(如产品、价格、销售方式等方面的信息),又包括中间商及消费者向生产者所进行的信息传递(如购买力、购买偏好、对产品及其销售状况的意见反馈等)。所以,信息流的运转方向是双向的。

5. 促销流

促销流是指在产品从生产领域向消费领域转移的过程中,生产者通过广告公司或其他宣传媒体向中间商及消费者所进行的一切促销努力。它包括利用广告、推销或公共关系等方式向其销售对象传递有利于产品销售的信息的一切活动。

在以上五种流程中，所有权流和实体流是最主要的，是整个产品分销活动得以实现的关键，人们对分销渠道的研究也主要集中于这两个流程。

（二）分销渠道的功能

分销渠道在市场营销活动中主要具有以下八个方面的功能。

(1) 调研，即收集制订计划和进行交换时所必需的信息。
(2) 促销，即设计和传播有关产品的信息，鼓励消费者购买。
(3) 接洽，即为生产企业寻找、物色潜在买方，并和买方进行沟通。
(4) 配合，即按照买主的要求调整供应的产品，包括分等、分类和包装等活动。
(5) 谈判，即代表买方或者卖方参加有关价格和其他交易条件的谈判，以促成最终协议的签订，实现产品所有权的转移。
(6) 实体分销，即储藏和运输产品。
(7) 融资，即收集和分散资金，以负担分销工作所需的部分费用或全部费用。
(8) 风险承担，即承担与从事渠道工作有关的全部风险。

三、分销渠道的类型

按照不同的划分标准，分销渠道可分为多种不同的类型（如表10-1所示）。

表10-1　分销渠道的类型

分类标准	分销渠道的类型	主要特征	表现形式
有无中间环节	直接渠道	中间不经历任何形式的中间商	直销、邮购、上门推销
	间接渠道	中间经历若干中间商	一级批发、二级批发
不同中间环节层次的多少	长渠道	两个或两个以上的中间环节	二级批发、三级批发等
	短渠道	只经历一个中间环节	一级批发、邮购
同一层次中间环节的多少	宽渠道	多个中间商	百货店
	窄渠道	仅有少数中间商	专卖店

（一）直接渠道和间接渠道

1. 直接渠道

直接渠道又称零级渠道，是生产企业不通过中间商环节，将产品直接销售给消费者的渠道模式，是一种最短的分销渠道。在直接渠道中，没有中间商的介入，节省了分销所产生的一切费用，从而降低了产品的成本与价格。直接渠道既包括电视购物、网络直销、上门销售和制造商商店等形式，又包括博览会、展销会、交易会、订货会等形式。由于工业品技术性较强，甚至有的产品是按照用户的特殊要求定制生产的，加之批量较大、购买频率较低，因此，直接渠道是工业品的主要渠道模式。

2. 间接渠道

间接渠道是指企业通过中间商把产品销售给消费者的一种渠道模式。依据分销渠道中间商的层级数量，间接渠道又可以分为一级渠道、二级渠道和多级渠道。间接渠道是消费品的主要分销模式。

通常来说，渠道层级越多，渠道就越长，企业对渠道的控制力就越弱。由于成熟的市场是微利市场，过多的销售环节会摊薄利润，造成企业的利润下降，因此，很多企业常常通过精简渠道层次来加强渠道控制，或者通过削弱渠道成本来降低产品价格，保持企业利润。

> 【小资料】
> **医药企业的"混合销售"模式**
>
> 医药企业（简称药企）的混合销售模式即一方面自建渠道，另一方面又保留各级医药代理商空间，两者互相策应，并插入市场的每一处空白。早期采用这种销售模式的药企并不多，但随着我国医药市场持续精细化和药改新政的不断推行，这种销售模式近年来得到了业界的一致推崇。
>
> 尽管该模式得到推崇，但也有业内人士表示并不是所有的药企都适合混合销售模式。药企选择该模式去运作相关产品时并非一味靠"拍脑门"，而是受几大因素的影响：一是自身产品，营销模式往往是由自身产品来决定的；二是国家政策，如新农合、低基药、低价药等政策的颁布，在政策的导向下，药企会积极思考，形成与之相对应的模式；三是我国现有的医药市场格局。

（二）长渠道和短渠道

产品在从生产企业流转向消费者的过程中，每经历一个中间商就会形成一个层次，层次越多，渠道越长，层次越少，则渠道越短。在国际市场营销中，渠道层次长的可达十多个，最短的可为零级渠道，即直接渠道。

1. 长渠道

所谓长渠道，是指企业采用两个或更多的中间环节把产品销售给消费者。长渠道的优点是：企业可把全部销售工作交给中间商，自己集中力量于生产和开发新产品；中间商则可利用自己的资金、经验等优势，集中力量搞好产品的销售工作，并为生产企业收集有关信息。长渠道的缺点是：渠道越长，环节或层次就越多，产品在渠道中停留的时间就越长，损耗就越大；另外，产品每经过一个层次，就要增加一次流通费用，最后到达最终消费者手中时，价格就越高，这可能会影响该产品的销售量和市场占有率。

2. 短渠道

所谓短渠道，是指企业用较少的中间环节，甚至一个也不用，完全由企业自己将产品销售给消费者。短渠道的优点是：减少了渠道层次，缩短了流通时间，减少了流通费用，提高了渠道的效率；有利于将企业的产品又快又省地送到消费者手中；减少流通中的损耗，还有利于企业开展针对消费者的销售服务工作，并提高企业的信誉。短渠道的缺点是：企业承担的商业职能较多，会牵扯企业一部分精力，不利于企业集中力量搞好生产和新产品开发。

（三）宽渠道和窄渠道

按照分销渠道各个层次中所使用的不同类型的中间商的数量，分销渠道可以分为宽渠道和窄渠道。所谓宽渠道，是指在同一层次中企业选择多种不同类型的中间商同时为本企业的同一种产品进行销售工作。反之，则称为窄渠道。由于企业对中间商多少的选择有多种类型，因此，企业可选择的渠道宽度策略也分为多种。

1. 密集性分销

密集性分销又称广泛性分销，是指在同一渠道层次中使用尽可能多的中间商分销企业的产品。这种策略的出发点是扩大市场覆盖面或快速进入一个新市场。一般来说，消费品中的便利品（如肥皂、饼干、纸巾等）和工业品中的辅助品（如办公用品等），顾客较重视其购买的便利性，宜于采用密集性分销。密集性分销的优点是市场覆盖面广，潜在的买方有较多的机会接触到产品；缺点是中间商的积极性不高，责任心差。

2. 选择性分销

选择性分销是指企业在一定时期和特定的市场区域内，选择少数中间商来经营自己的产品。选择性分销更适用于消费品中的选购品、特殊品和生产资料中的标准产品。企业之所以选择有限数量的中间商，是因为对于有些产品，消费者不是经常购买、使用频率较低，或者产品价格较高，消费者购买时需精心挑选（如时装、家具、家用电器等）。上述这些产品如果采用密集性分销，成本会较高，使用选择性分销则比较适宜。适用选择性分销策略的产品还有一些工业消费品（如机械零部件、设备等），其客户主要是工业用户，相对来讲，用户数量少，购买频率也较低，而且他们在购买时还要考虑专业技术标准和售后服务等因素，所以对这类产品采用选择性分销比较合适。选择性分销的优点是企业通过对中间商的挑选，保留了效率最高、合作态度最好的合格中间商，有利于生产企业与中间商的协调配合和树立产品的形象，使企业对产品的控制能力增强，广告等促销费用也可降低。总之，这种策略可提升整个渠道的效率。

另外，在选择分销策略时，有的企业推出新产品时采用选择性分销，当产品进入市场生命周期的成长期时，改为密集性分销，以扩大销售网络，力求增加其产品的市场占有率。而有的企业则相反，开始时采用密集性分销，然后根据经营实绩，淘汰一部分不理想的中间商，继而改为选择性分销。

3. 专营性分销

专营性分销又称独家分销，是指企业在特定的市场区域内，只选择一家中间商来分销其产品。通常，双方会签订独家经营合同，规定这家中间商不能经营其他竞争性产品，而生产企业也不能在该地区直销或使用其他中间商分销其产品。高档消费品，特别是名牌消费品，以及多数生产资料多采用专营性分销策略。专营性分销是一种最窄的渠道，通常适用于重要工业品或高档名牌消费品，或者某经销商或代理商具有独特优势的产品。这些产品通常需要企业做很多的促销和服务工作，并建立自己的品牌和声誉，如汽车、高级手表、计算机、摄像机、复印机、电梯等。对于生产企业直接出售给最终消费者的产品，也可以采用专营性分销，通常是由消费者向生产企业预订某产品时约定不得再售与他人。这种策略的特点是：企业一旦选定了某家中间商为其独家销售，企业就不能把同一产品交给同一市场的第二家中间商去销售；专营性分销的中间商也不能销售与该企业产品相竞争的其他企业的同类产品。这种策略的优点是企业可有效地控制中间商，中间商的销售积极性也高；缺点是风险较大，企业一旦选错了中间商或中间商出现倒闭破产等情况，企业便会在一段时间内面临较大的损失。

四、分析渠道的系统结构

按分销渠道中成员间相互联系的紧密程度，分销渠道可分为传统分销渠道和渠道系统两大类。

（一）传统分销渠道

传统分销渠道是由独立的生产者、批发商和零售商组成。传统分销渠道是一个高度松散的销售组织网络，渠道中的成员均是独立的，没有一个渠道成员能够完全或基本控制其他成员，他们各自为政，相互讨价还价，各自追求利润的最大化而不顾整体的利益，即使为此牺牲整个渠道系统的、全面的、长远的利益也在所不惜。因此，随着经济的快速发展、新的商业势态的发展和渠道成员关系的变化，传统分销渠道面临的挑战越来越严峻，正逐步开始发生变化，并呈现出新的发展趋势。

（二）渠道系统

渠道系统是指在传统分销渠道中，渠道成员采取不同程度的联合经营步骤或一体化经营而形成的分销渠道。渠道系统主要包括以下几种。

1. 垂直渠道系统

垂直渠道系统是由生产者、批发商和零售商组成的一种统一的联合体，每个成员把自己视为渠道系统中的一分子，关注整个垂直渠道系统的成功。垂直渠道系统具有广泛的适用性。无论是大企业，还是小企业；无论是日用品，还是生产用品，都大量地采用垂直渠道系统。垂直渠道系统的优点是：便于合理管理库存；便于削减分销成本；便于把握需求动向；易于安排生产与销售；渠道控制力强；有利于阻止竞争者加入；商品质量有保障；服务水平高。垂直渠道系统的缺点是：维持系统的成本较高，经销商缺乏独立创造性。

垂直渠道系统包括三种形式：公司式垂直渠道系统、管理式垂直渠道系统和契约式垂直渠道系统。

（1）公司式垂直渠道系统。

公司式垂直渠道系统是指一家公司通过建立自己的销售分公司、办事处或通过实施产供销一体化及横向战略而形成的分销系统。它是渠道关系中最紧密的一种，是制造商、经销商以产权为纽带，通过企业内部的管理及管理制度而建立起来的。企业可以通过两种方式来建立这种渠道系统：一种是由大工业公司拥有和管理的，采取一体化经营方式；另一种是由大型零售公司拥有和管理的，采取商工一体化方式。

（2）管理式垂直渠道系统。

管理式垂直渠道系统，即通过渠道中某个有实力的成员来协调整个产销通路的渠道系统。例如，名牌产品制造商以其品牌、规模和管理经验优势出面协调批发商、零售商经营业务和政策，采取共同一致的行动。

(3) 契约式垂直渠道系统。

契约式垂直渠道系统，即不同层次的、独立的制造商和中间商，以合同为基础建立的联合渠道系统，如批发商组织的自愿连锁系统、零售商合作系统、特许零售系统等。

2. 水平渠道系统

水平渠道系统又称共生型营销渠道关系，是指由两个或两个以上成员相互联合在一起，共同开发新的营销机会的渠道系统。其特点是两家或两家以上的渠道成员横向联合共同形成新的机构，发挥各自优势，可实现分销系统有效、快速的运行，实际上是一种横向的联合经营。其目的是通过联合，发挥资源的协同作用或规避风险。例如，可口可乐公司和雀巢公司合作，组建新的公司。雀巢公司以其专门的技术开发新的咖啡及茶饮料，然后交由熟悉饮料市场分销的可口可乐公司去销售。

水平渠道系统的优点是：通过合作可实现优势互补和规模效益，节省成本，可快速拓展市场。但水平渠道系统也具有一定的缺点：合作有一定的冲突和困难。因此，水平渠道系统比较适合实力相当且营销优势互补的企业。

3. 多渠道系统

多渠道系统也称复合渠道系统，是指一个企业建立两条或更多的渠道将相同的产品送到一个或多个目标市场。采用多渠道系统可以增加产品的市场覆盖面和销售量，但渠道之间的竞争有可能带来"串货"，从而造成渠道冲突，增加渠道运营成本。所以，企业采用多渠道系统时，必须加强对渠道的管理。

任务二　中间商

【任务引例】

京东的 O2O 模式主要在为线下便利店进行牵线搭桥，刺激便利店不断进行改造整合进入京东的 O2O 体系。事实上，京东的目的是利用线下便利店实现物流中最难的两个点：生鲜和宅配。而实现的方式就是颠覆中间商。

1. 以便利店为核心改造供应链

阿里巴巴是用"传统物流＋生鲜包装"的模式解决生鲜电商的配送，即在不改造供应链的前提下，仅通过改变生鲜产品包装（添加冷冻剂等）的方式对产品进行保鲜。京东相关负责人认为，这种模式目前是可行的，但成本太高。京东希望做的是，从源头到住宅实现生鲜物流渠道的覆盖，以完全掌握这一过程的控制权。其核心是不断联合各个城市的便利店及超市。

2. 京东的核心筹码是垂直流量

便利店和商超为什么要选择京东拓展自己的 O2O 业务呢？显然，京东的优势在于其在零售垂直领域的流量优势。太多线下品牌想通过自身搭建网站的模式，自己主导O2O业务，但往往因为流量的昂贵而最终放弃。在这一过程中，京东实际上扮演了如下几个角色：其一，供应链整合者；其二，软件系统服务商；其三，流量售卖者。这三个角色都是建立在其相比传统企业具有垂直流量优势的前提下。

中间商是指产品从生产领域向消费领域转移的过程中直接或间接转移商品所有权的营销机构，它在生产和消费之间起着桥梁或中介的作用。中间商是分销渠道的主体，生产企业的绝大部分产品是通过中间商转卖给消费者的，因此，中间商对于生产企业的分销活动发挥着十分重要的作用。根据在流通领域或分销渠道中的作用和功能的不同，中间商一般可分为批发商、零售商、经纪人和代理商。

一、批发商

批发包括将产品销售给次级批发商或其他企业时所发生的一切活动。批发商是指那些主要从事批发经营的组织或个人。批发商处于商品流通环节的起点或中间环节，其销售对象不是最终消费者，当批发商的商业交易结束时，商品仍处于流通领域。

（一）批发商的功能

1. 商品集散功能

生产者出于规模经济的考虑，一般从事大批量、少品种的生产。而零售商作为消费者的采购代理，希望小批量、多品种地供货，这样既可以减少资金压力，又能更好地满足消费者多方面的需求。批发商的首要职能便是解决供需在商品集散上的矛盾，满足供求双方在品种、数量上的各自要求，起到完成商品集散、疏通流通渠道、促进商品流通的作用。

2. 供求调节功能

供求调节功能是商品流通的重要功能。在社会化、专业化的生产条件下，生产与消费不仅在时间上是分离的，而且在空间上也是分离的。为了调节生产与消费在时间上和空间上的矛盾，客观上需要有专门的流通机构，而批发商正是调节这一矛盾的主体。批发商自身的储存与运输活动很好地解决了供求之间在时间上和空间上的矛盾，促使两者相互协调，保障了商品流通的顺利进行。

3. 信息沟通功能

批发商在商品流通过程中的地位决定了其还担负着信息传递的功能。批发商在集散商品的过程中，既可以获得来自生产者的信息，又可以获得来自零售商的信息，从而成为信息沟通的中枢。一般来说，批发商可向生产者提供有关商品流行趋势的变化、消费者的购买力投向和同行业竞争者的动向等信息情报；向零售商提供的信息则主要是有关生产者的新产品开发、产量变化、成本变动等方面的信息情报。通过批发商的信息沟通，可以促使供求彼此协调，有利于实现社会资源的优化配置。

4. 商品整理功能

批发商在进行批发业务时，往往要对其采购的商品进行分类、分级、分割、整理、包装和初加工，以增加商品的可流通性，适应零售商或其他产业用户的需要，同时，提高流通效率，降低流通成本。这对于高效、有序地组织商品流通具有重要意义。

5. 资金融通功能

批发商的资金融通功能主要体现在以下两个方面。

（1）对于生产企业而言，批发商不仅在商品进入最终消费之前，垫付了资金，而且还可以向生产企业提供预付货款等信用服务，从而保证了社会生产的延续。

（2）对于零售商和其他企事业用户而言，批发商作为其采购代理，可以提供赊销、延期付款等商业信用，缓解资金困难，有利于生产经营及业务开展。

6. 承担风险功能

商品在从生产领域向消费领域转移的过程中，客观上存在着各种各样的流通风险，既有破损、受潮、变质、腐败、烧毁等物理或化学性的风险，又有被盗、被骗、赖账等商品所有权丧失的风险，还有商品跌价、过时、积压、拖欠等经营风险，由于批发商交易量大，同时承担着相应的物流功能，因此也承担着一定的风险。

（二）批发商的类型

1. 根据服务范围和经营的产品线宽窄进行分类

根据服务范围或经营的产品线宽窄不同，批发商可以分为综合批发商、专业批发商和专用品批发商。

（1）综合批发商经营不同行业相关的产品，范围很广，并为零售商提供综合服务。

（2）专业批发商经营的是行业专业化完全属于某一行业大类的产品，如五金批发商、糖烟酒批发商等。

（3）专用品批发商则专门经营某条产品线的部分产品，如杂货业中的冷冻食品批发商、服装行业中的布匹批发商等。

2. 根据市场覆盖面的大小进行分类

根据市场覆盖面的大小不同，批发商可以分为全国性批发商、区域性批发商和地方性批发商。

3. 根据承担的职能和服务范围进行分类

根据承担职能和服务范围不同，批发商可以分为完全服务批发商和有限服务批发商。

（1）完全服务批发商指承担批发商业的全部职能和提供全方位服务的批发商。根据面对的顾客性质不同，完全服务批发商又可进一步分为批发中间商和工业分销商两种。批发中间商主要是向零售商销售商品，并提供广泛的服务；工业分销商主要向制造商销售商品，并提供广泛服务。

（2）有限服务批发商指承担部分批发商业职能和提供部分商业服务的批发商，如现款自运批发商、承销批发商、卡车批发商、邮购批发商等。

二、零售商

零售是指针对最终消费者的销售活动。菲利普·科特勒认为零售是将商品或服务直接销售给最终消费者，供其个人非商业性使用的过程中所涉及的一切活动。零售商是指向最终消费者提供商品或服务的所有组织和个人。零售商处于商品从生产者到消费者流通过程的最后一个商业环节，连接生产企业（或批发企业）与广大的消费者，同时又是数量最多的组织，在整个分销渠道中具有举足轻重的作用。

（一）零售商的功能

1. 分类、组合、包装功能

在市场经济条件下，个人消费者与生产企业或批发商直接交易成本较高，零售商可以代替消费者从生产企业或批发商处采购商品，并将这些商品根据消费者的特点进行分类、组合、包装，不仅方便消费者购买，而且还可以为消费者提供其他服务。

2. 物流功能

零售商的物流功能主要体现在产品的储存和保管上，主要是由社会化生产的单一性和消费需求的多样性，以及供需在时间上存在的矛盾所决定的。因此，零售商必须储存和保管一定数量、种类繁多的商品，这样才能较好地解决供需双方在商品集散上的矛盾，从而最大限度地满足消费者的需求。

3. 服务功能

零售商的一个主要特点便是服务消费，特别是在买方市场中，必须向消费者提供多种服务。零售商的服务功能不仅表现在与商品交易直接相关的订货、送货、包装、安装、退货、换货、修理等方面，而且还表现在提供购物咨询、商品展示、消费信用、展览、餐饮、游乐场等方面的服务。

4. 信息传递功能

零售商处于分销渠道的最终环节，直接连接消费市场，便于获取各种市场信息，并将这些信息反馈给批发商或生产企业，使批发商或生产企业能够及时购进或组织生产满足消费者需求的产品。同时，零售商还可以将批发商或生产企业以及自身的商品供给信息通过各种渠道传递给消费者，激发消费者的购买欲望，并指导消费。

5. 融资功能

零售商的融资功能主要是通过向消费者提供赊销、分期付款等消费信用服务得以实现的，不仅方便消费、刺激消费，而且还能加速商品流通，有利于商品流通规模的扩大。

6. 承担风险功能

商品从生产领域到消费领域，客观上存在诸多风险，如物流、价格波动、财务、信用等风险。虽然流通风险大部分由批发商承担，但零售商作为消费者的采购代理人，也承担着一定的风险。

7. 娱乐休闲功能

零售店铺的商品陈列、店内装饰及文化设施会使消费者在购买商品的同时得到休闲娱乐。随着零售商业竞争的加剧，很多零售商为了吸引消费者，越来越重视娱乐休闲功能的开发。

（二）零售商的类型

零售业态从总体上可以分为有店铺零售商和无店铺零售商两大类。

1. 有店铺零售商

有店铺零售商是指有固定的进行商品陈列和销售的场所和空间，并且消费者的购买行为主要在这一场所内完成的零售业态。其主要包括以下十二类。

(1) 食杂店。

食杂店是指以香烟、酒、饮料、休闲食品为主要经营范围，独立、传统的无明显品牌形象的零售业态。其一般位于居民区内或传统商业区内。食杂店的营业面积一般在 100 平方米以内，辐射半径一般约为 0.3 千米，目标顾客以相对固定的居民为主；柜台式和自选式相结合，营业时间一般在 12 个小时以上。

(2) 便利店。

便利店是指以满足顾客便利性需求为主要目的的零售业态。便利店一般位于商业中心区、交通要道附近，以及车站、医院、学校、娱乐场所、办公楼、加油站等公共活动区。其商圈范围小，目标顾客主要为单身者、年轻人；顾客多为有目的购买。便利店的营业面积一般在 100 平方米左右，利用率高。商品品种在 3000 种左右，以即时食品、日用小百货为主，售价一般高于市场平均水平。便利店多以开架自选为主，结算在收银处统一进行，营业时间一般在 16 个小时以上，提供即时性食品的辅助设施，开设多项服务项目。

(3) 折扣店。

折扣店是指店铺装修简单，提供有限服务，商品价格低廉的一种小型超市业态。折扣店一般经营一定数量的自有品牌商品，通常位于居民区、交通要道附近等租金相对便宜的地区，辐射半径2千米左右，目标顾客主要为商圈内的居民，营业面积一般为 300～500 平方米。折扣店的商品价格一般低于市场平均水平，自有品牌占有较大的比例。折扣店多采用开架自选、统一结算的方式，用工精简，为顾客提供有限服务。

(4) 超市。

超市是指开架售货，集中收款，满足社区消费者日常生活需要的零售业态。根据商品结构的不同，超市可以分为食品超市和综合超市。超市通常位于市、区级商业中心或居住区，辐射半径多为2千米左右，目标顾客以居民为主。其营业面积一般在 6000 平方米以下，经营包装食品、生鲜食品和日用品，自选销售，出入口分设，在收银处统一结算，营业时间一般在 12 个小时以上。

(5) 大型超市。

大型超市是指实际营业面积一般在 6000 平方米以上、品种齐全、满足顾客一次性购齐所需所有商品的零售业态。根据商品结构，大型超市可以分为以经营食品为主的大型超市和以经营日用品为主的大型超市。大型超市通常位于市、区级商业中心或城郊接合部、交通要道附近及大型居住区附近，辐射半径一般在2千米以上，目标顾客以居民、流动顾客为主，大众化衣、食、日用品齐全，注重自有品牌开发。大型超市自选销售，出入口分设，在收银处统一结算；一般都设有不低于营业面积 40% 的停车场。

(6) 仓储会员店。

仓储会员店是指以会员制为基础，实行储销一体、批零兼营，以提供有限服务和低价格商品为主要特征的零售业态。仓储会员店一般在城乡接合部的交通要道附近，辐射半径一般在5千米以上，目标顾客以中小零售店、餐饮店、集团购买和流动顾客为主。仓储会员店的营业面积一般在 6000 平方米以上，以大众化衣、食、用品为主，自有品牌占相当部分；商品在 4000 种左右，实行低价、批量销售；自选销售，出入口分设，在收银处统一结算；一般设相当于营业面积的停车场。

(7) 百货店。

百货店是指在一个建筑物内，经营若干大类商品，实行统一管理、分区销售，满足顾客对时尚商品多样化选择需求的零售业态。百货店一般在市、区级商业中心及历史形成的商业聚集地，目标顾客以追求时尚和品位的流动顾客为主。其营业面积为6000~20 000平方米。具有综合性、门类齐全的特点，以服饰、鞋类、箱包、化妆品、家庭用品、家用电器为主，采取柜台销售和开架销售相结合的方式，注重服务，设有餐饮、娱乐等服务项目和设施。

(8) 专业店。

专业店是指以专门经营某一大类商品为主的零售业态。例如，办公用品专业店、玩具专业店、家电专业店、药品专业店、服饰店等。专业店多在市、区级商业中心以及百货店、购物中心内，目标顾客以有目的选购某商品的流动顾客为主；以销售某类商品为主，品种丰富，选择余地大，具有专业性、深度性的特点。专业店采取柜台销售或开架销售方式，从业人员具有丰富的专业知识。

(9) 专卖店。

专卖店是指以专门经营或被授权经营某一主要品牌商品为主的零售业态。专卖店多在市、区级商业中心，专业街以及百货店、购物中心内；目标顾客以中高档消费者和追求时尚的年轻人为主；以销售某一品牌系列商品为主，销售量少、质优、高毛利。专卖店采取柜台销售或开架销售方式，商店陈列、照明、包装、广告等讲究，注重品牌声誉；从业人员具有丰富的专业知识，提供专业性服务。

(10) 家居建材商店。

家居建材商店是指以专门销售建材、装饰、家居用品为主的零售业态。家居建材商店一般位于城乡接合部、交通要道附近或消费者自有房产比例比较高的地区；目标顾客以拥有自有房产的顾客为主；营业面积一般在6000平方米以上；商品以改善、建设家庭居住环境有关的装饰、装修等用品、日用杂品、技术及服务为主；提供一站式购物和一条龙服务，停车位一般在300个以上。

(11) 购物中心。

购物中心是指由多种零售店铺、服务设施组合在一起的，向消费者提供综合性服务的商业集合体，由某一企业集中开发、管理和运营。购物中心包括购物、餐饮和休闲等。购物中心一般分为三种。①社区购物中心，是在城市的区域商业中心建立的，面积在5万平方米以内。②市区购物中心，是在城市的商业中心建立的，面积在10万平方米以内，商圈半径为10~20千米；有40~100个租赁店，包括百货店、大型综合超市、各种专业店、专卖店、饮食店、杂品店以及娱乐服务设施等；停车位1000个以上；各个租赁店独立开展经营活动，使用各自的信息系统。③城郊购物中心，是在城市的郊区建立的，面积在10万平方米以上，多位于城乡接合部的交通要道附近。

(12) 厂家直销中心。

厂家直销中心是指由生产商直接设立或委托独立经营者设立，专门经营本企业品牌商品，并且多个企业品牌的营业场所集中在一个区域的零售业态。其一般远离市区，目标顾客多为重视品牌的有目的购买者，单店建筑面积一般为100~200平方米，商品均为某企业的品牌，采用自选式销售方式，多家店一般共有500个以上停车位。

2. 无店铺零售商

无店铺零售商是指不通过店铺销售，而由厂家或商家直接将商品销售给消费者的零售业态。无店铺零售商主要包括以下几种。

（1）电视购物，即以电视作为向消费者进行商品推介展示的渠道，取得订单后由商家直接将商品寄送给消费者的一种零售业态。

（2）邮购，即以邮寄商品目录为向消费者进行商品推介展示的主要渠道，并通过邮寄的方式将商品送达给消费者的一种零售业态。

（3）网上商店，即通过互联网进行买卖活动的一种零售业态。

（4）自动售货亭，即通过自动售货机进行商品售卖活动的一种零售业态。

（5）电话购物，即主要通过电话完成销售或购买活动的一种零售业态。

三、经纪人和代理商

经纪人和代理商是专门从事购买、销售或两者兼备，但不拥有产品所有权的企业或个人。与批发商不同，他们对其经营的产品没有所有权，所提供的服务比有限服务批发商还少。与批发商相似的是，他们通常专注于某些产品种类或某些顾客群。

（一）经纪人

经纪人俗称掮客，是指既不拥有产品所有权，又不控制产品实物、价格以及销售条件，只是在买卖双方交易洽谈中起媒介作用的中间商。经纪人的作用是为买卖双方牵线搭桥，协助他们进行谈判，促成交易。交易完成后，经纪人从交易额中提取佣金，他们与买卖双方没有固定关系。

（二）代理商

代理商一般分为制造商代理商、销售代理商、采购代理商和佣金商四类。

1. 制造商代理商

制造商代理商受制造商的委托，在一定的区域内出售制造商的产品。通常，制造商在特定区域可以同时利用多个代理商销售其产品；代理商也常常代销若干个制造商的产品，但代理商经营的产品应该是互补的，而不是相互竞争的。代理商分别和每个制造商签订有关定价政策、销售区域、订单处理程序、送货服务和各种保证以及佣金比例等方面的正式书面合同。代理商了解每个制造商的产品线，并利用其广泛的关系来销售制造商的产品。制造商代理商常被用在服饰、家具和电气产品等产品线上。大多数制造商代理商都是小企业，雇用的销售人员少，但都极为干练。许多无力组织销售队伍的小企业和处于开拓新市场时期的大企业常雇用制造商代理商。制造商代理商主要从事推销职能，起着补充制造商推销人员的作用。

2. 销售代理商

销售代理商是在签订合同的基础上，为委托人销售某些特定产品或全部产品的代理商，他们对价格、条款及其他交易条件可全权处理。销售代理商通常与两个以上委托人签订合同，但一个制造商只能对全部产品或一个产品类别使用一个销售代理商。销售代理商在纺织、木材、某些金属产品、某些食品、服装等行业中较为常见。销售代理商事实上取代了制造商的全部销售职能，主要适用于那些没有力量销售自己产品的小制造商。

3. 采购代理商

采购代理商一般与消费者有长期关系，代消费者进行采购并负责为其进行收货、验货、储运，并将物品运交消费者。他们消息灵通，不仅可以向消费者提供有用的市场信息，而且还能以最低价格买到质量好的物品。

4. 佣金商

佣金商又称佣金行，是指对产品实体具有控制力并参与产品销售协商的代理商。他们与委托人一般没有长期关系。大多数佣金商从事农产品的代销业务，农场主将其生产的农产品委托佣金商代销，付给其一定的佣金。委托人和佣金商的业务一般只包括一个收获和销售季节。

任务三　分销渠道的设计与管理

【任务引例】

美国某公司是世界上最大的生产工程机械的公司。该公司的发展与其遍及世界的分销代理商息息相关。"让代理成为伙伴"是该公司前总裁关于分销代理制的口号。

在该公司每次面临困难的时候，其分销系统都发挥了非常重要的作用。该公司与分销商的协同合作关系具有一般制造商代理所没有的特点。

（1）该公司的分销商是独立的商业组织，独立拥有、独立经营，他们也执行制造商代理的功能，但是类似于销售代理商，他们从事营销活动的职责范围比一般意义上的制造商代理商宽很多，他们被授予的权限也比一般制造商代理商的权限大很多。

（2）该公司的分销商不同于一般的制造商代理商。他们从卡特彼勒公司购买产品，从而对产品拥有所有权和控制权。

（3）该公司的分销商不但不得销售与卡特彼勒公司竞争的产品，甚至不从事其他工程机械制造商的非竞争性产品销售。

（4）该公司的分销商不同于一般代理商只参与分销渠道的部分活动，他们参与几乎全部的分销渠道活动，并且在大部分活动中执行主要功能。

（5）该公司的分销商自行确定最终用户，而无须授权。

（6）该公司的分销商执行一般制造商代理商不执行的部分仓储功能，他们密切与卡特彼勒公司全球或区域配送中心联系，并储备一定的产品，以备迅速向用户供货。

（7）该公司的分销商参与渠道资金流活动，提供产品销售分期付款或赊账销售服务，承担相应的财务风险。

一、影响分销渠道选择的因素

影响分销渠道选择的因素很多,生产企业在决定选择分销渠道时要综合考虑企业所要达到的市场目标和各种影响因素。

(一)市场因素

1. 潜在市场的规模

如果潜在市场的规模较小,企业可以考虑使用推销员或以邮寄方式直接向消费者推销其产品;反之,如果潜在市场的规模较大,则应采取间接分销渠道。

2. 潜在市场的地理分布情况

如果某产品的潜在顾客分散较广,企业就可以考虑采用较长的分销渠道;反之,宜采用较短的分销渠道。

3. 消费者的购买习惯

(1) 消费者购买数量越大、单位分销成本越低的产品,尽可能直接出售给消费者。

(2) 消费者购买频率高,每次购买数量很少而且产品价值较低的产品,宜利用中间商进行分销,即采用长渠道与宽渠道;反之,则宜采用短渠道和窄渠道。

(3) 消费者购买行为投入程度较高的产品,即购买之前需要充分比较研究、购买过程中需要投入较多精力与时间的产品,选用短渠道与窄渠道效果会更好;反之,则宜采用长渠道与宽渠道。

4. 市场上竞争者的情况

一般来说,生产企业要尽量避免和竞争者使用相同的分销渠道。如果竞争者使用和控制着传统的分销渠道,本企业就宜使用其他不同的分销渠道来推销其产品。但是,有时同类产品也可以采取与竞争者相同的分销渠道,以便让顾客进行产品价格、质量等方面的比较。

(二)产品因素

1. 产品单价

如果产品单价较高,则宜采用短渠道或直接渠道,反之则应采用间接分销渠道。

2. 产品的易毁性或易腐性

如果产品易毁或易腐,则宜采用直接渠道或较短的分销渠道。

3. 产品的体积与重量

体积大而重的产品宜选择直接渠道,体积小而轻的产品宜采用间接分销渠道。

4. 产品的技术性

技术复杂、需要安装及维修的产品宜采用直接渠道,反之则宜采用间接渠道。

(三)企业因素

1. 企业实力

如果生产企业本身规模大、资金雄厚、声誉较好,则可以建立自己的销售网点,或选择短渠道。

2. 管理水平

企业的渠道管理水平也会影响企业分销渠道的长度与宽度。一般来说，如果生产企业在销售管理、储存安排、零售运作等方面缺乏经验，工作人员在广告、推销、运输和储存等方面的工作经验不充足，最好选择较长的渠道与窄渠道。如果生产企业熟悉分销运作，具有一定的产品分销经验，并具有较强的销售力量和储存能力，则不必依赖中间商，可以选择短渠道与宽渠道。

3. 控制渠道的愿望

如果生产企业想有效地控制分销渠道，则可以花费较高的费用自设分销机构或选择少数分销商作为自己的合作伙伴。

4. 服务能力

如果生产企业有能力为最终消费者提供很多的服务项目（如维修、安装调试、广告宣传等），则可以取消一些中间环节，选择短渠道。

（四）中间商因素

1. 合作的可能性

若中间商普遍愿意合作，可供企业选择的中间商较多，则渠道可长可短、可宽可窄；否则，宜采用较短、较窄的渠道。

2. 费用

企业利用中间商分销要支付一定的费用。若分销费用较高、企业财力又有限，则宜选择较短、较窄的分销渠道。

3. 服务

如果中间商可以提供较多高质量的服务，企业可以选择较长、较宽的渠道；倘若中间商无法提供所需的相关服务，则宜使用较短、较窄的渠道。

（五）环境因素

环境因素是影响企业选择分销渠道的外部因素。宏观经济形势对分销渠道的选择有较大的制约作用。例如，在经济不景气的情况下，生产企业一般都想以最快、最经济的方法把产品推向市场，这就意味着可能采用较短的分销渠道，减少流通环节，以降低商品价格，提高竞争力。另外，政府有关商品流通的政策和法规也会影响企业对分销渠道的选择。

二、分销渠道的设计

分销渠道的设计是指企业建立以前从未存在过的分销渠道或对已经存在的分销渠道进行变更的行为。分销渠道的设计是建立企业分销渠道体系的首要阶段，其要解决的主要问题是确定渠道目标和渠道方案，一个完整的分销渠道设计一般包括以下几个步骤。

（一）分析消费者的需求

企业市场营销目标的实现必须以满足消费者的需求为前提。在市场营销组合中，如果说产品满足的是消费者的效用需求,价格满足的是消费者的价值需求,促销满足的是消费者的信息需求,那么渠道则是满足消费者购买时的便利需求,即服务需求。所以,了解目标顾客群需要购买的内容、购买地点、购买方式,以及他们希望经销商提供的时间上和空间上的便利条件等,是渠道决策最基础的环节。分析消费者需求的主要内容包括以下五点。

1. 购买批量

购买批量即消费者在一次购买行为中购买产品的数量。消费者的购买批量越低,对于分销渠道提供的服务水平要求越高。因此,生产者宜根据消费者的购买批量设计不同的分销渠道。

2. 等待时间

等待时间是指消费者通过某个渠道收到货物的平均时间。如果消费者喜欢快速交货的渠道,则企业在设计分销渠道时就应将提高服务速度、减少消费者的等待时间、在物流配送系统上加大投入等作为考虑的重要因素。

3. 空间便利条件

空间便利条件是指分销渠道对消费者购买商品时在空间上的方便程度。空间便利条件与出行距离、交通状况和网点分布密度等有关。网点分布密度越高,消费者购物的出行距离就越短,反之则越长。但是不同的商品,人们所能接受的出行距离是不同的。企业在设计分销渠道时,需根据消费者对不同商品的购买特点加以考虑。

4. 商品组合宽度

商品组合宽度是指分销渠道提供的商品花色、品种是否多样化。消费者通常喜欢较宽的商品组合,商品的选择范围越广,越容易使消费者购买到适合的商品。

5. 服务支持

服务支持是指分销渠道提供的附加服务,包括信贷、送货、安装、维修等。分销渠道的设计者必须了解目标市场的顾客需要的服务水平。折扣商店的成功表明许多消费者愿意接受较低水平的服务带来的低价格。提供更多、更好的服务意味着渠道成本的增加和消费者所支付价格的上升。

(二)确定渠道目标

渠道目标是指企业预期达到的为消费者提供的服务水平及中间商应执行的职能等。

确定渠道目标是从确定目标市场开始的。企业在认真分析影响分销渠道选择决策的主客观因素的基础上,一般会划分出若干分市场,然后决定服务于哪些分市场。企业的渠道目标一般为:在目标消费者期望的服务水平下,为企业的产品送达目标市场建立起一个快速、高效的系统,使产品和服务在适当的时间和地点,以合适的价格满足消费者的需求。

(三)明确各种渠道方案

在分析消费者需求和确定渠道目标后,渠道设计的下一步工作就是明确各种不同的渠道方案。渠道方案主要涉及以下四个基本因素。

1. 中间商的基本类型

企业首先必须明确可以完成其渠道工作的各种中间商的类型。

2. 每一层次所使用的中间商的数量

在每一渠道类型的不同层次中，企业所使用的中间商的数量受企业采用的市场分销策略的影响。如前文所述，市场分销策略有密集性分销、选择性分销和独家分销三种。

3. 渠道成员的特定营销任务

每一个生产企业都必须解决如何将产品转移到目标市场这一问题，因此，在分销渠道中，每一个渠道成员都有自己的特定营销任务。

4. 生产企业与中间商的交易条件以及相互责任

企业要与所选择的中间商就中间商应该承担的责任、双方的交易条件等进一步洽谈并确定。

（四）评估各种渠道方案

每一个渠道方案都是企业产品送达最终消费者的可能路线。生产企业所要解决的问题就是从那些看起来似乎都很合理但又不完全相同的渠道方案中选择最能满足企业长期目标的一种。因此，企业必须对各种可能的渠道方案进行评估，评估标准有三个，即经济性、控制性和适应性。

1. 经济性标准

经济性是评估渠道方案时最基本的标准。每一个渠道方案都有其特定的分销成本和销售额，企业必须从中选出分销成本和销售额的最佳组合，即能使企业获得最大利润的方案。

对分销渠道的经济性分析，首先应从评估每个方案的销售前景开始，因为有些成本会随着销售水平的变化而变化。例如，企业需要分析究竟是使用本企业推销人员取得的销售额大，还是使用代理商取得的销售额大。其次是估计各种渠道方案实现某一销售额所需花费的成本。使用代理商所花费的固定成本往往比企业经营一个营业部门所需固定成本低；但是使用代理商实现某一销售水平所需增加的成本要比使用本企业推销员高，其原因是代理商的佣金率比本企业的推销员高。评估一个渠道方案是否符合经济性标准，不应只看此方案能否获得较高的销售额或耗费较低的成本费用，而应综合考量其能否使企业获得最大利润。

2. 控制性标准

评估分销渠道方案还必须考虑其可控性。企业使用中间商必然会带来更多的控制问题。因为中间商都是一个个独立的企业或个体，他们的利益和生产企业的利益是不完全一致的，他们更关心自己的利益最大化。强大的中间商，在可以提供强有力的分销支持和实施对目标市场的影响、控制能力的同时，也常常给生产企业的渠道控制和管理带来困难。一般来说，独家分销的可控性最强，选择性分销次之，密集性分销的可控性是最低的。

3. 适应性标准

选择的渠道与产品对分销的要求是否吻合，是否能满足消费者的需求，也是评估渠道方案的一个重要标准。因此，企业在选择分销渠道时，不能片面追求低成本或者高控制，还要考虑其适应性。另外，市场环境的变化通常要求企业对分销渠道做出相应的调整，过于刚性的渠道结构显然是不利的。当然，每一个渠道方案都会因为在一定期间的承诺而失去弹性,比如说分销商不能随意更换、渠道成员的权利和义务都已经明确规定等。在变化迅速、不确定性大的市场上,渠道方案的适应性更为重要。

(五)确定分销渠道方案

经过对备选渠道方案的经济性、控制性和适应性进行科学评估后,企业通常就能够确定出符合自身需要的最佳分销渠道模式。

三、分销渠道的管理

分销渠道的管理主要包括三个方面的内容:一是对渠道成员进行选择、培训、激励和评价;二是要解决渠道中存在的冲突,提高渠道成员的满意度和营销积极性,促进渠道的协调性,提高效率;三是随着时间和环境的变化,要对渠道进行必要的调整。

(一)渠道成员的选择、培训、激励和评价

1. 渠道成员的选择

当分销渠道设计完成后,企业就应该根据市场营销的需要选择理想的渠道成员,并说服他们经销自己的产品。渠道成员的选择关系到能否实现渠道目标和效率的问题,因此,企业应综合考虑以下各种影响因素,慎重选择。

(1)市场覆盖范围。

市场覆盖范围是企业选择渠道成员时要考虑的关键因素。首先,企业要考虑渠道成员的经营范围所包括的地区是否和企业产品预期销售的地区一致。其次,企业要考虑渠道成员的销售对象是否是企业产品的潜在顾客。这两点是最基本的条件,因为生产企业都希望所选的渠道成员能打入自己选定的目标市场。

(2)声誉。

在目前市场游戏规则还不十分健全的情况下,渠道成员的声誉显得尤为重要。它不仅直接影响企业的货款回收,而且还直接关系市场的网络支持。一旦渠道成员中途有变,企业就会欲进无力,欲退不能。企业重新选择渠道成员往往需要付出更大的成本。

(3)中间商的历史经验。

许多企业在选择渠道成员时很看重其历史经验,往往会认真考察其一贯的表现和营利记录。若渠道成员以往经营状况不佳,则将其纳入分销渠道的风险就大。而且,经营某种商品的历史和成功经验是渠道成员自身优势的另一个来源。

(4)合作意愿。

渠道成员与企业若合作得好,他们就会积极主动地推销企业的产品,这对双方都有利。有些渠道成员希望生产企业也参与促销,以扩大市场需求,他们认为这样会获得更高的利润。因此,生产企业应根据产品销售的需要,确定与渠道成员合作的具体方式,考察被选渠道成员对企业产品销售的重视程度和合作态度,然后再选择最理想的渠道成员进行合作。

(5)产品组合情况。

在经销产品的组合关系中,一般认为:如果渠道成员已经营的产品与本企业的产品是竞争产品，应避免选用。而实际情况是，如果渠道成员已经营的产品组合有空当（如缺少中档产品），或者本企业产品的竞争优势非常明显，则与其合作也未尝不可。这需要区域市场经理及其下属工作人员进行细致、翔实的市场考察。

（6）财务状况。

生产企业一般都倾向于选择资金雄厚、财务状况良好的渠道成员。因为这样的渠道成员能保证及时付款，有时还能在财务上向生产企业提供些帮助，如分担一些销售费用、提供部分预付款或者直接向消费者提供某些资金融通（如允许顾客分期付款）等，这有助于扩大企业产品销路和促进生产发展。

（7）区位优势。

区位优势即位置优势。理想的渠道成员的位置应该是消费者流量较大的地点。企业在选择批发商时则要考虑其所处的位置是否利于产品的批量储存与运输，通常以交通枢纽为宜。

（8）促销能力。

渠道成员推销产品的方式及运用促销手段的能力，直接影响其销售规模。有些产品采用广告销售比较合适，有些产品则适合通过销售人员推销；有些产品需要有效的储存，而有些产品则应快速地运输。生产企业要考虑到渠道成员是否愿意承担一定的促销费用，有没有必要的物质、技术基础及相应的人才。在选择渠道成员之前，企业必须对其所能完成某种产品销售的市场营销政策和技术的现实可能程度做出全面的评价。

一般来说，理想的渠道成员应具备以下条件：第一，与生产企业的目标顾客有较密切的联系；第二，经营场所的地理位置较优越；第三，市场渗透能力较强；第四，有较强的经营实力；第五，有较好的声誉。

2. 渠道成员的培训

企业应该有计划地定期对渠道成员进行系统的培训，培训可以改进和提高渠道成员的工作业绩，以使其掌握并精通企业产品的特殊知识、技术知识、目标顾客知识、服务及维修知识、市场调研知识、推销知识等。企业还应对培训的师资、方法、器材和地点进行精心安排。

3. 渠道成员的激励

企业在选择好渠道成员之后，必须不断地对其加以激励，以促使其尽职尽责、出色地完成任务。企业可采用软硬兼施的方法，俗称"胡萝卜加大棒"。有时，企业会使用一些积极的激励措施，如较高的利润额、特殊关照的交易、奖金等额外酬劳、合作广告折让、展览折让和销售竞赛等；有时，企业也会采取一些消极的激励措施，如威胁减少利润额、推迟交货或终止关系等。采用相应的激励措施前企业通常需要好好研究其渠道成员的需要、存在问题、长处和短处。企业必须避免激励过度与激励不足这两种情况的发生。企业对渠道成员的激励主要包括以下三种形式。

（1）目标激励。

这是一种最基本的激励形式。企业每年都会给渠道成员制定（或协商制定）一个年度目标，包括销量目标、费用目标、市场占有率目标等。完成目标的渠道成员将会获得相应的利益、地位以及渠道权力。所以，目标对于渠道成员来说，既是一种巨大的挑战，又是一种内在动力。在渠道目标的制定方面，企业有时会存在"失当"的情况，大多表现为目标过高或过低,而过高或过低的渠道目标都不能达到有效的激励效果。因此,企业要制定科学合理的渠道目标,必须考虑渠道目标的明确性、可衡量性、挑战性、激励性以及可实现性。

(2) 渠道奖励。

这是生产企业对渠道成员最为直接的激励形式。渠道奖励包括物质奖励和精神奖励两个方面。其中,物质奖励主要体现为价格优惠、渠道费用支持、年终返利、渠道促销等。这是渠道激励的基础手段和根本内容。而精神激励的作用也不可低估,因为经济基础决定上层建筑,上层建筑也反作用于经济基础,渠道成员同样有较高的精神需求。精神激励包括评优评奖、培训、旅游、"助销"、决策参与等,重在满足渠道成员成长的需要和精神的需求。

(3) 工作设计。

这是比较高级的激励形式。工作设计的原义是指把合适的人放到合适的位置,使他们开心,让他们能够发挥自己的才能。将这一思想用于渠道领域,则是指企业合理划分渠道成员的经营区域(或渠道领域),授予独家(或特约)经营权,合理分配经营产品的品类,恰当树立和定位各渠道成员的角色和地位,企业和渠道成员双方互相尊重,平等互利,建立合作伙伴关系,实现共进双赢。

4. 渠道成员的评价

企业除了要对渠道成员进行选择、培训和激励外,还必须定期对其绩效进行检查和评估。企业对渠道成员的评价通常有两种方法:一种是以产出为基础的定量测算方法,如销售额、利润、利润率和存货周转率等;另一种是以行为为基础的定性评估方法,如服务质量、顾客满意度、竞争能力、顾客投诉处理能力、忠诚度等。如果企业发现某些渠道成员的绩效欠佳,就应采取一定的措施加以激励或要求整改。

测量渠道成员的绩效主要有两种方法:一是将每一个渠道成员的销售业绩与其上期的业绩进行比较,并以整体销售业绩的变化比例作为评价标准,对于在整个销售业绩平均水平以下的渠道成员,应给予重视并加强激励措施;二是将每一个渠道成员的销售业绩与根据该地区的销售潜力分析而确定的潜在销售量相比较,即将渠道成员的实际销售额与其潜在销售额进行比较,并按业绩优劣进行排序,以便企业的调整与激励措施能集中于那些未达到既定标准的渠道成员。

【小资料】
开拓国际分销渠道的七条原则

1. 选择经销商。
2. 寻找有能力开发国际市场的经销商。
3. 将经销商看作长期合作伙伴。
4. 通过承诺提供资金、管理人员等以支持市场进入。
5. 坚持对营销战略的控制。
6. 确保经销商提供详细的市场和财务状况资料。
7. 尽早与国际经销商建立一种联系。

(二) 渠道冲突管理

1. 产生渠道冲突的原因

分销渠道是一系列独立的经济组织的结合体，是一个高度复杂的社会有机系统。在这个系统中，既有生产企业，又有中间商，他们共同构成了一个复杂的行动整体。各渠道成员由于所有权的差别，在社会再生产过程中所处的地位不同。因此，他们的目标、任务往往存在矛盾。当渠道成员对计划、任务、目标、交易条件等出现分歧时，就必然出现冲突。渠道成员之间的冲突是利益关系的集中反映，每个渠道成员都是独立的经济组织，获取尽可能大的经济利益必然成为渠道成员追求的重要目标。然而，利益在渠道成员之间又是一种分配关系，具有此消彼长的特点。同时，渠道成员都希望既得利益更多，而承担的任务与风险更少。因此，冲突的产生是不可避免的。综合来说，渠道冲突的原因主要有以下三个方面。

（1）交易中本来就存在矛盾。

交易中本来就存在各种矛盾，如生产企业要以高价出售，并倾向于现金交易，而中间商却要支付低价，并要求优惠的商业信用。矛盾的一个主要原因是生产企业与中间商有不同的目标。生产企业希望占有更大的市场，获得更多的销售增长额及利润；但大多数零售商，尤其是小型零售商，希望在本地市场上维持一种舒适的地位，即当销售额及利润达到满意的水平时，就满足于安逸的状态；生产企业希望中间商只销售本企业的产品，但中间商只要有销路，就不关心销售哪种品牌；生产企业希望中间商将折扣让给买方，而中间商却宁愿将折扣留给自己；生产企业希望中间商为自己的品牌做广告，中间商则要求生产企业负担广告费用，等等。此外，每一个渠道成员都希望自己的库存少一些，希望对方多保持一些库存。

（2）渠道成员的任务和权利不明确及渠道成员的市场知觉存在差异。

渠道成员的任务和权利不明确是产生渠道冲突的一个重要原因。例如，有些公司由自己的销售队伍向大客户供货，同时其授权经销商也努力向大客户推销。地区边界、销售信贷等方面任务和权利的模糊和混乱也会导致诸多冲突。渠道冲突还可能来自渠道成员的市场知觉差异。例如，生产企业预测近期经济前景良好，要求中间商的存货水平高一些，而中间商却可能认为经济前景不容乐观，不愿保留较多的存货。

（3）渠道成员对生产企业的依赖过高。

渠道成员对生产企业的依赖过高也是产生渠道冲突的一个常见原因。例如，汽车生产企业的独家经销商的利益及发展前途直接受生产企业产品的设计和定价决策的影响，这也是产生冲突的隐患。

2. 渠道冲突的类型

渠道冲突主要有三种类型，即垂直渠道冲突、水平渠道冲突和多渠道冲突。

（1）垂直渠道冲突。

垂直渠道冲突指在同一渠道中不同层次渠道成员之间的冲突。这种冲突较之水平渠道冲突要更常见。例如，某些批发商可能会抱怨生产企业在价格方面控制太紧，留给自己的利润空间太小，而提供的服务（如广告，推销等）太少；零售商对批发商或生产企业可能也存在类似的不满。

垂直渠道冲突也叫渠道上下游冲突。一方面，越来越多的分销商从自身利益出发，采取直销与分销相结合的方式销售商品，这就不可避免地要同下游经销商争夺客户，大大挫伤了下游渠道的积极性；另一方面，当下游经销商的实力增强以后，不甘心目前所处的地位，希望在渠道系统中有更大的权力，也会向上游渠道发起挑战。在某些情况下，生产企业为了推广自己的产品，越过一级经销商直接向二级经销商供货，也会使上下游渠道之间产生矛盾。因此，生产企业必须从全局着手，妥善解决垂直渠道冲突，促进渠道成员之间更好地合作。

(2) 水平渠道冲突。

水平渠道冲突指的是处于分销渠道同一层次的渠道成员之间的冲突。在某分销渠道的同一层次中，各渠道成员之间的联系是一种横向的关系，大家都是平等的，即他们在权力上处于同一个水平线，但利益是独立的。渠道成员之间的这种特殊关系决定了他们之间在利益上的差异和矛盾更为突出，因此渠道成员之间积聚着更大的潜在冲突。

(3) 多渠道冲突。

多渠道冲突是指企业因建立了两条或两条以上的渠道向同一市场分销其产品时而产生的冲突。其本质是几个分销渠道在同一个市场内争夺同一客户群而引起的利益冲突。激烈的市场竞争使得企业加强了对市场的争夺，几乎到了"寸土必争"的地步，在同一区域市场，生产企业有时会使用多种分销渠道，这就不可避免地会发生几种分销渠道将产品销售给同种客户群的冲突。

3. 解决渠道冲突的办法

企业要解决渠道冲突，首先要分析冲突产生的原因，才能找到解决冲突的有效办法。特别是渠道的主导产业，要经常设法关注渠道中存在的冲突，发现已经显露的问题和潜在的问题，经常了解渠道成员的满意程度并收集渠道成员的意见和建议，然后有的放矢地制定解决办法。

(1) 目标管理。

当企业面临竞争对手的竞争时，树立超级目标是团结渠道各成员的根本。超级目标是指通过渠道成员共同努力才能实现的单个渠道成员难以实现的目标。其内容包括渠道生存、市场份额、高品质和高顾客满意度。

对于垂直渠道冲突，一种有效的解决办法是在两个或两个以上的渠道层次上实行人员互换。例如，让生产企业的一些销售主管到部分经销商处工作一段时间，有些经销商的负责人也可以在生产企业制定有关经销商政策的领域内工作。经过互换人员，彼此可以培养一个设身处地为对方考虑问题的习惯，便于在确定共同目标的基础上处理一些垂直渠道冲突。

(2) 沟通。

为存在冲突的渠道成员提供沟通机会，可以有效减少有关职能分工引起的冲突。既然各个渠道成员已通过超级目标结成利益共同体，那么，沟通往往可以帮助渠道成员解决有关各自的领域、功能和对消费者的不同理解的问题。劝说的重要性在于使各渠道成员履行自己曾经做出的关于超级目标的承诺。

(3) 协商谈判。

协商谈判的目标是解决渠道成员之间的冲突。谈判是渠道成员讨价还价的一种方法。在协商谈判过程中，每个渠道成员会放弃一些东西，从而可以有效避免冲突发生。

(4) 诉讼。

渠道冲突有时要通过政府来解决,诉诸法律也是借助外力来解决问题的方法。采用这种方法也意味着渠道中的领导力没有起作用,即通过沟通、谈判等途径已没有效果。

(5) 退出。

解决冲突的最后一种方法就是退出该分销渠道。事实上,退出某一分销渠道是解决冲突的普遍方法。若企业想继续从事原行业,必须有其他可供选择的渠道。对于该企业而言,可供选择的渠道成本至少不应比现在大,或者该企业愿意花更大的成本避免现有矛盾。当水平渠道冲突或垂直渠道冲突处在不可调和的情况下时,退出是一种可取的办法。从现有渠道中退出可能意味着中断与某个或某些渠道成员的合同关系。

(三) 渠道的调整

虽然渠道的设计和建立是长期和困难的,但是渠道成员一经确定就永远不改变和不调整的情况是不存在的。这是因为企业所处的环境无时无刻不在发生变化。为了动态适应环境变化,企业需要对渠道适时加以调整,使渠道更为理想。因此,对渠道成员进行评估和调整是企业面临的一项经常性的工作。对渠道的调整有三种不同的层次,即增减渠道成员、增减渠道类型和调整整个渠道。

1. 增减渠道成员

当渠道成员不能完成企业交给的销售任务或不能很好地贯彻企业的有关市场营销策略时,企业就有必要调整个别渠道成员。当增加某一渠道成员时,很可能引起其他渠道成员的抵触情绪,进而影响其合作态度。更换渠道成员也并非易事,因为更换某一渠道成员很可能引起其他渠道成员的恐慌;另外,被更换的渠道成员也可能被竞争对手拉去,从而增加对方的市场占有率。因此,增减个别渠道成员前企业要反复考虑,要慎重行事。

2. 增减渠道类型

当企业发现随着市场的变化,某一类型渠道本身出现了较严重的问题,或客观市场出现了某种重大变化时,就要调整某一类型的渠道。这比增减渠道中的个别成员更要慎重,因为这将会给企业带来较大的风险。当渠道过多导致整体运行不畅时,从提高市场营销效率和集中有限力量等方面考虑,企业可以适当减少某些渠道。相反,当发现渠道过少,不能使产品有效覆盖目标市场,影响产品销量时,企业则可以考虑增加新的渠道。

3. 调整整个渠道

这意味着原有渠道的解体,是对渠道进行的大调整,也是企业做出的重大决策,这样的决策一般由企业最高决策层做出。其原因可能是客观市场情况发生了重大变化,或原有渠道冲突无法解决,造成了极大混乱,或企业战略目标和市场营销组合发生了重大调整。但不论哪种变化,企业在做出决策前都要进行大量的调查研究和分析对比。对整个渠道的调整是一项十分复杂的工作,有时需要企业花费很长的时间和付出很高的代价,无论是出于何种原因的调整,均有较大的风险,企业应慎重行事。因此,为了避免日后调整渠道成员的麻烦,企业在选择渠道成员时,就应慎重决策。

【项目知识结构图】

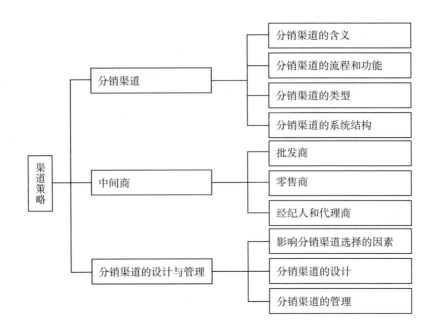

【延伸阅读】

海尔集团电子商务营销渠道的构建

互联网作为跨时空传输的媒体,可以为顾客提供及时的服务,同时,互联网络的交互性可以说是信息时代最具魅力的营销工具。网络将企业和消费者连在一起,给企业提供了一种全新的销售渠道。

海尔集团 CEO 认为,新经济就是以创新为核心,以网络技术、数码经济为基础,由新科技所驱动,可持续发展的经济。其中,网络技术处于基础性的地位。在网络营销方面,海尔集团主要做了如下的工作:

第一,建立海尔网站。建立自己的网站逐渐成为企业的最佳选择。1996年,海尔集团经过深入调查研究和精心规划,针对国际互联网技术的应用日趋成熟的现实,建立了海尔网站。

第二,建立企业内部网。在新经济时代,经济全球化要求企业的业务流程全面信息化,提高企业对市场的快速反应能力,以便降低管理成本,特别是在企业市场范围、经营规模不断扩大的情况下,这一点尤为重要。通过企业内部网进行通信,可以实施营销计划,每天动态掌握各地销售中心的销售情况和售后服务的工作情况。同时,建立本地网站,也便于实现信息的透明度和全面共享,提高集团的整体工作效率。

第三,进军电子商务。2000年3月10日,海尔集团成立了海尔电子商务有限公司,注册资本1000万元,股份公司占30%股份,成为我国国内家电行业中第一个成立电子商务公司的企业。

【自测思考】

参考答案

一、单项选择题

1. 在同一渠道层次中使用尽可能多的中间商分销其产品，这种分销策略是（　　）。
   A. 密集性分销　　　B. 选择性分销　　　C. 专营性分销　　　D. 竞争性分销
2. （　　）是指实际拥有商品所有权的中间商。
   A. 经销商　　　　　B. 代理商　　　　　C. 佣金商　　　　　D. 经纪人
3. 下列适合采用短渠道的产品是（　　）。
   A. 肥皂　　　　　　B. 毛巾　　　　　　C. 水果　　　　　　D. 牙刷
4. 在产品简单、价格低廉、大批量销售，市场广阔而分散的情况下，应采用（　　）策略。
   A. 宽渠道　　　　　B. 窄渠道　　　　　C. 长渠道　　　　　D. 短渠道
5. 一般来说，直接渠道策略适用于（　　）。
   A. 销量大而集中的市场　　　　　　　B. 销量大而分散的市场
   C. 销量小而集中的市场　　　　　　　D. 销量小而分散的市场
6. 渠道上下游冲突也叫（　　）。
   A. 全渠道冲突　　　　　　　　　　　B. 多渠道冲突
   C. 垂直渠道冲突　　　　　　　　　　D. 水平渠道冲突
7. 属于水平渠道冲突的是（　　）。
   A. 连锁店总公司与各分店之间的冲突　　B. 某产品的制造商与零售商之间的冲突
   C. 玩具批发商与制造商之间的冲突　　　D. 同一地区麦当劳各连锁分店之间的冲突
8. 当目标顾客人数众多时，生产者倾向于利用（　　）。
   A. 长而宽的渠道　　B. 短渠道　　　　　C. 窄渠道　　　　　D. 直接渠道
9. 由生产者、批发商和零售商纵向整合组成的统一系统属于（　　）。
   A. 传统渠道系统　　B. 垂直渠道系统　　C. 水平渠道系统　　D. 多渠道系统

二、多项选择题

1. 菲利普·科特勒将分销渠道的流程分为（　　）。
   A. 所有权流　　　　B. 实体流　　　　　C. 货币流
   D. 信息流　　　　　E. 促销流
2. 按照同一层次中间环节的多少可将分销渠道分为（　　）。
   A. 直接渠道　　　　B. 间接渠道　　　　C. 宽渠道
   D. 窄渠道　　　　　E. 长渠道
3. 影响分销渠道选择的因素有（　　）。
   A. 市场因素　　　　B. 产品因素　　　　C. 企业因素
   D. 中间商因素　　　E. 环境因素
4. 垂直渠道系统主要包括（　　）。

A. 公司式垂直渠道系统　　B. 管理式垂直渠道系统　　C. 契约式垂直渠道系统
D. 水平渠道系统　　　　　E. 多渠道系统

5. 渠道冲突主要包括（　　）。

A. 垂直冲突　　　　　　　B. 水平冲突　　　　　　　C. 多渠道冲突
D. 间接渠道冲突　　　　　E. 直接渠道冲突

三、判断题

1. 直接渠道是工业品的主要渠道模式。（　　）
2. 专营性分销中间商可同时销售与该企业产品相竞争的其他企业的同类产品。（　　）
3. 维持系统的成本较高，经销商缺乏独立创造性是垂直渠道系统的缺点。（　　）
4. 批发商在集散商品的过程中，既可以获得来自生产者的信息，又可以获得来自零售商的信息，是信息沟通的中枢。（　　）
5. 消费者购买行为投入程度较高的产品，即购买之前需要充分比较研究、购买过程中需要投入较多精力与时间的产品，选用短渠道与窄渠道效果会更好。（　　）
6. 佣金商与委托人具有长期关系。（　　）
7. 如果产品易毁或易腐，则宜采用间接渠道。（　　）
8. 经济性标准是渠道方案最基本的评价标准，每一个渠道方案都有其特定的成本和销售额，企业必须决定分销成本和销售额的最佳组合，即最大利润的方案。（　　）
9. 密集性分销的可控性最强，选择性分销次之，独家分销则基本上是不可控的。（　　）
10. 对于垂直渠道冲突，一种有效的解决办法是在两个或两个以上的渠道层次上实行人员互换。（　　）

四、思考题

1. 简述垂直渠道系统的形式。
2. 简述影响分销渠道选择的因素有哪些。
3. 简述完整的渠道设计的步骤。
4. 简述选择渠道成员时企业应综合考虑哪些影响因素。
5. 简述渠道冲突的类型。

【实训项目】

实训一：

1. 训练内容

在授课教师的指导下，学生以小组为单位选取某一个企业为研究对象，分析其新产品上市的渠道策略，实训结束后提交实训报告。

2. 训练要求和操作步骤

（1）分析产品特性。

（2）分析渠道特性。
（3）分析市场特性。
（4）制定渠道策略。

3. 考核要点

（1）学生对分销渠道的基本类型及特点的掌握情况。
（2）在实践中能否根据环境、企业、产品特点选择合适的分销渠道。
（3）学生对所学知识的实际应用能力和对实际问题的逻辑分析能力。

实训二：案例分析

"好孩子"进军美国市场

"好孩子"集团创始人宋郑还说："'好孩子'在1994年开始布局海外市场，美国纽约是'好孩子'走向国际的第一站。2014年两项并购完成以前，'好孩子'各方面取得的成绩，也只能称之为'隐形冠军'。"他还告诉记者，'隐形冠军'的意思，简单理解就是销量第一，但不全是自己的品牌。

在进入美国之初，"好孩子"发现，由于美国市场高度发展，无论自己如何努力，其产品和品牌就是无法进入美国主流零售通路。"与当地品牌商合作，他们最多只愿意做加工合作，想用自己的品牌，毫不夸张地说，有些天方夜谭。"宋郑还说。

直到1996年，公司研发了一辆秋千式婴儿车，独创具有平行、弧形两种秋千式的摇摆以及一种流线型的车架造型。也正是用这辆具有5项美国发明专利和外观设计专利的婴儿车，让"好孩子"说服了美国第二大婴儿用品制造商COSCO放下高傲的姿态，愿意与初出茅庐的中国公司合作发展联合品牌，推出"CASCO-Geoby"这一联合品牌。"Geoby"是"好孩子"在海外的品牌名。

在不断的合作中，COSCO的负责人也逐渐认识到"好孩子"强大的研发能力，双方开始了更紧密的战略合作。之后，仅用了3年的时间，"好孩子"用包括了代工与合作品牌的产品，一举成为美国婴儿车市场的销量冠军。

试分析"好孩子"集团是如何进入美国市场的？

项目十一　促销策略

◇ **学习目标**

1. 知识目标：了解促销组合及其影响因素；理解促销的概念、人员推销的程序和营业推广的控制；掌握广告决策的方法和企业公共关系策略。
2. 能力目标：能够制定企业的促销组合决策；能够结合实际情况灵活运用各种促销策略。

◇ **工作任务**

促销组合策略的制定；广告决策；企业公共关系策略。

任务一　促销与促销组合

【任务引例】

美国的高露洁牙膏在进入日本市场时，并没有采取贸然进入、全面出击的策略。该公司当时在经过一番精心调查后，决定先在离日本最近的琉球群岛上开展一连串的广告公关活动，从侧面扩大高露洁牙膏在日本的知名度。

他们在琉球群岛上赠送高露洁牙膏样品，使岛上的每一个家庭都能得到免费的高露洁牙膏。因为是免费赠送的，所以那段时间，居民们不论喜欢与否，每天早晚总是使用高露洁牙膏。这件事情引起了日本当地报纸、电视的注意，这些媒体把此事当作新闻发布。于是，以琉球群岛作为桥头堡，高露洁公司使得全日本的人都知道了高露洁牙膏，以点带面，宣传效果十分明显。然后，该公司逐步占领了日本牙膏市场的较多份额。

促销是市场营销组合策略中的一个重要策略。现代市场营销不仅要求企业开发适销对路的产品，制定吸引人的价格，使用消费者容易购买到其所需产品的渠道，而且还要求企业通过促销活动，传播企业产品的特色、性能、购买条件及产品能给消费者带来的利益等方面的信息，树立企业和其产品在市场上的优良形象，以此扩大企业及其产品的影响，促进企业产品的销售。

一、促销的概念与作用

（一）促销的概念

促销是促进产品销售的简称。从市场营销的角度看，促销是企业通过人员和非人员的方式，沟通企业与消费者之间的信息，引发、刺激消费者的消费欲望和兴趣，使其产生购买行为的活动。促销有以下两层含义。

1. 促销的核心是沟通信息

企业与消费者之间达成交易的基本条件是信息沟通。若企业未将自己生产或经营的产品或服务等有关信息传递给消费者，消费者对此就一无所知，自然谈不上认购。企业只有将自己提供的产品或服务等信息传递给消费者，才能引起消费者的注意，并有可能激发消费者的购买欲望。

2. 促销的目的是引发、刺激消费者产生购买行为

在消费者可支配收入既定的条件下，消费者是否产生购买行为主要取决于消费者的购买欲望，而消费者的购买欲望又与外界的刺激、诱导密不可分。促销正是针对这一特点，通过各种传播方式把产品或服务等有关信息传递给消费者，以激发其购买欲望，使其产生购买行为。

（二）促销的作用

促销作为市场营销的一个重要环节，有着不可替代的作用。促销的作用主要表现在以下四个方面。

1. 传递信息，强化认识

销售产品是市场营销活动的中心任务，信息传递是产品顺利销售的前提。信息传递有单向和双向之分。单向信息传递是指卖方发出信息，买方接收，它是间接促销的主要功能。双向信息传递是指买卖双方互通信息，双方都是信息的发出者和接收者，直接促销有此功效。在促销过程中，一方面，卖方（生产企业或中间商）向买方（中间商或消费者）介绍有关企业的现状、产品的特点、价格及服务方式和内容等信息，以此来诱导消费者对产品或服务产生需求和购买欲望并实施购买行为；另一方面，买方向卖方反馈对产品价格、质量和服务内容、方式是否满意等有关信息，促使生产企业或中间商取长补短，改进产品和服务，更好地满足消费者的需求。

2. 突出特点，诱导需求

在市场激烈竞争的情况下，同类产品很多，并且，有些产品的差别微小，消费者往往不易分辨。企业通过促销活动，宣传、说明本企业的产品有别于其他同类竞争产品之处，便于消费者了解本企业的产品在哪些方面优于同类产品，使消费者乐于认购本企业的产品。生产者作为卖方向买方提供有关信息，特别是能够突出产品特点的信息，能激发消费

者的需求和购买欲望，变潜在需求为现实需求。

3. 指导消费，扩大销售

在促销活动中，企业的市场营销人员通过循循善诱的产品知识介绍，在一定程度上起到了对消费者进行产品专业知识指导的作用，有利于激发消费者的需求和购买欲望，变潜在需求为现实需求，从而达到扩大销售之功效。

4. 滋生偏爱，稳定销售

在激烈的市场竞争中，企业产品的市场地位常不稳定，致使有些企业的产品销售此起彼伏、波动较大。企业运用适当的促销方式，开展促销活动，可使较多的消费者对本企业的产品滋生偏爱，进而稳住已占领的市场，达到稳定销售的目的。对于消费者偏爱的品牌，即使该类商品的需求下降，企业也可以通过一定形式的促销活动，促使该品牌的需求得到一定程度的恢复和提高。

二、促销组合及其影响因素

（一）促销组合

所谓促销组合，就是指企业有目的、有计划地把人员推销、广告、营业推广和公共关系等促销方式配合起来综合运用，形成一个完整的销售系统。

促销方式主要有人员推销、广告、营业推广、公共关系四种形式，它们各有利弊。人员推销可直接接触消费者，便于互相沟通信息，容易激发兴趣，促成即时交易，但费用较大，况且培训推销人员不容易，尤其是优秀的推销人员难以选拔。广告的宣传面广，能多次运用，在树立企业产品的长期形象方面有较好的效果，但因人而异，很难说服消费者进行即时购买，而且广告费用十分昂贵。营业推广的吸引力强，激发需求快，但接触面窄，局限较大，如果时间过长或过于频繁，容易引起消费者的疑虑和不信任。公共关系是企业利用公共媒体传播有关信息，其影响面广，较令人信服，但组织工作量大，且企业难以把握机会和控制宣传效果。

（二）促销组合的影响因素

在考虑选择何种促销手段以达到既经济又有效的市场营销目的时，企业需要考虑以下几个方面的影响因素。

1. *市场条件*

目标市场的不同特征会影响企业对不同的促销手段的选择，并会产生不同的效果。

（1）从市场范围看，小规模的本地市场，应该以人员推销为主；对广泛市场，如全国市场和国际市场，广告有着重要的作用。

（2）从市场集中程度看，若消费对象相对集中，可采用人员推销；反之，宜选择广告、营业推广等形式。

（3）从不同类型的潜在顾客的数量看，用户集中和顾客少的，可用人员推销；用户行业广泛和人数众多的，应以广告宣传为主。

（4）从市场竞争的角度看，在选择促销手段时，还要根据竞争对手的促销活动来确定本企业的相应对策。

2. 产品特性

对不同类型产品的消费者，因他们的信息需求、购买行为各不相同，因此，需要采用不同的促销手段。一般来说，工业用品的技术性强、构造复杂，需要由专人示范操作及讲解，因此适宜用人员推销的形式；而日用消费品的销售面广，性能简单，所以用广告和营业推广的方式进行促销更经济。此外，价格低、适用性强的商品，宜采用广告促销；而价格高、利润大的产品，更适合用人员推销的方式。

3. 产品市场生命周期

当产品处于市场生命周期的不同阶段时，企业的市场营销目标及策略都不一样，因此，促销手段也不尽相同。在介绍期，要让消费者认识了解新产品，可利用广告与公共关系广为宣传，同时配合使用营业推广和人员推销，鼓励消费者使用新产品。在成长期，可继续利用广告和公共关系来扩大产品的知名度，同时用人员推销来降低成本。在成熟期，可利用广告及时介绍产品的改进，同时使用营业推广来增加产品的购销量。在衰退期，营业推广的作用更为重要，同时可配以少量的广告来保持顾客的记忆。

4. 促销预算

促销预算的大小直接影响促销手段的选择，若预算少，就不能采用开销大的促销手段。预算开支的多少，要视企业的实际能力和市场目标而定。不同的行业和企业，促销费用的支出也不相同，如化妆品行业，其促销费用在整个营业额中所占的比重就远高于机械行业。

5. 各种促销方法的特点

人员推销、广告、营业推广和公共关系各自有着自身的特点。这四种促销方法的优点和缺点如表11-1所示。

表11-1 四种促销方法的优和缺点

促销方法	优　　点	缺　　点
人员推销	方式灵活，针对性强，买卖双方交流方便	费用较高，影响面小，推销人才缺乏
广告	传播范围广，渗透性强，影响力大，适用范围广	单向传播，说服力较弱，费用高
营业推广	容易促成交易，效果明显	时间短，不能频繁使用
公共关系	影响力大，作用持久	不易控制，见效慢

任务二　人员推销

【任务引例】

李嘉诚是香港开埠后的第三任首富,但其创业初期有过一段不寻常的推销经历。他出生于广东潮安县,12 岁那年与家人辗转来到香港,一家人寄居在舅舅的家里。14 岁那年,他的父亲去世,为养活家人他被迫辍学走上社会谋生。

14 岁的李嘉诚凭着毅力、韧性和真诚在港岛西营盘的春茗茶楼找到一份工作,他在努力干好每一件事的同时,给自己定了两门必修功课:一是时时处处揣测顾客的籍贯、年龄、职业、财富、性格等,以便找机会验证;二是揣摩顾客的消费心理,既待人真诚又投其所好,让顾客在高兴之余掏腰包。一段时间后,李嘉诚对顾客的消费需求和习惯了如指掌,如谁爱吃虾饺、谁爱吃干蒸烧卖、谁爱吃肠粉加辣椒、谁爱喝红茶或绿茶,李嘉诚心中都有一本账,练就了一套既赢得顾客又能让顾客乖乖掏钱的本领。

后来,李嘉诚到一家五金厂做推销员,他每天很早就来到厂里,挑着铁桶沿街推销。靠着一双铁脚板,他走遍了香港的很多地方,从不放弃每一笔可做的生意。李嘉诚凭着坚韧不拔的毅力,建立了销售网络,赢得顾客的信誉。

再后来,因为塑胶业的蒸蒸日上,李嘉诚开始推销塑胶产品,由于他肯动脑筋,又很勤奋,在塑胶产品的推销过程中大显身手,业绩突出,20 岁便被提升为业务经理,而且也使李嘉诚淘得了第一桶"金",为日后进军塑胶业和构建庞大的企业帝国打下了坚实的基础。

一、人员推销的概念与特点

(一)人员推销的概念

人员推销是指企业运用推销人员直接向消费者推销产品或服务的一种促销活动。在人员推销活动中,推销人员、推销对象和推销品是三个基本要素。其中,推销人员和推销对象是推销活动的主体,推销品是推销活动的客体。推销人员通过与推销对象的接触、洽谈,将推销品推销给推销对象,从而达成交易,实现既销售商品,又满足顾客需求的目的。

(二)人员推销的特点

1. 人员推销的优点

人员推销与非人员推销相比,其优点主要表现在以下四个方面。

(1)信息传递的双向性。

人员推销作为一种信息传递形式,具有双向性的特点。在人员推销过程中,一方面,推销人员通过向推销对象宣传介绍推销品的有关信息,如产品的质量、功能、使用方法、安装技巧、维修方法、技术服务、价格以及同类产品竞争者的有关情况等，来达到招徕顾客、促进产品销售之目的；另一方面，推销人员通过与推销对象接触，能及时了解推销对象对推销品的评价，通过观察和有意识地调查研究，能掌握推销品的市场生命周期及市场占有率等情况。这样不断地收集信息、反馈信息，可以为企业科学地制定市场营销策略提供依据。

（2）推销目的的双重性。

一重目的是激发需求与市场调研相结合，另一重目的是推销产品与提供服务相结合。就后者而言，一方面，推销人员施展各种推销技巧，目的是推销产品；另一方面，推销人员与推销对象直接接触，向推销对象提供各种服务，是为了帮助推销对象解决问题，满足推销对象的需求。双重目的相互联系、相辅相成。推销人员只有做好推销对象的参谋，更好地满足推销对象的需求，才更可能诱发推销对象的购买欲望，促成购买，使推销效果达到最大化。

（3）推销过程的灵活性。

由于推销人员与推销对象直接联系，当面洽谈，可以通过交谈和观察了解推销对象，进而根据不同推销对象的特点和反应，有针对性地调整自己的工作方法，诱导推销对象购买其产品。而且，推销人员还可以及时发现、答复和解决推销对象提出的问题，消除推销对象的疑虑和不满意感。

（4）友谊、协作的长期性。

推销人员与推销对象直接见面，长期接触，可以促使买卖双方建立友谊，密切企业与消费者之间的关系，易于使消费者对企业的产品产生偏爱。如此，企业在长期保持友谊的基础上开展推销活动，有助于建立长期的买卖协作关系，稳定地销售产品。

2. *人员推销的缺点*

（1）支出较大，成本较高。

由于每名推销人员直接接触的推销对象有限，销售面窄，特别是在市场范围较大的情况下，人员推销的开支较多，这就增大了产品的销售成本，一定程度上也减弱了产品的竞争力。

（2）对推销人员的要求较高。

人员推销的效果直接取决于推销人员素质的高低，并且，随着科学技术的发展，新产品层出不穷，对推销人员的素质要求也越来越高。这就要求推销人员必须熟悉新产品的特点、功能、使用方法、保养和维修等知识与技术。企业要培养和选择出理想的、能胜任其职务的推销人员比较困难，而且耗费也大。

二、人员推销的形式、对象与策略

（一）人员推销的形式

一般来说，人员推销有以下三种形式。

1. 上门推销

上门推销是常见的人员推销形式。它是指由推销人员携带产品的样品、说明书和订单等走访推销对象,并推销产品的推销形式。这种推销形式可以针对推销对象的需要提供有效的服务,因此,这种推销形式是一种积极主动的、名副其实的"正宗"推销形式。

2. 柜台推销

柜台推销又称门市推销,是指企业在适当地点设置固定的门市,由营业员接待进入门市的顾客,并推销产品的推销形式。门市的营业员属于广义的推销人员。柜台推销与上门推销正好相反,它是等客上门式的推销方式。由于门市里的产品种类齐全,能满足顾客多方面的购买需求,为顾客提供较多的购买方便,并且可以保证商品安全无损,因此,消费者比较乐于接受这种推销方式。柜台推销适合推销人员推销零星小商品、贵重商品和容易损坏的商品。

3. 会议推销

会议推销指的是推销人员利用各种会议向与会人员宣传和介绍产品,开展推销活动的推销形式。在订货会、交易会、展览会、物资交流会等会议上推销产品均属会议推销。在这种推销形式中,推销人员的接触面广,推销集中,可以同时向多个推销对象推销产品,成交额较大,推销效果较好。

(二) 人员推销的对象

推销对象是人员推销活动中接受推销的主体,是推销人员说服的对象。人员推销的对象主要有消费者、生产用户和中间商三类。

1. 消费者

推销人员向消费者推销产品,必须对消费者要有所了解。为此,推销人员最好能掌握消费者的年龄、性别、民族、职业、宗教信仰等基本情况,进而了解消费者的购买欲望、购买能力、购买特点和购买习惯等。另外,推销人员还要注意消费者的心理反应,对不同的消费者要施以不同的推销技巧。

2. 生产用户

推销人员将产品推销给生产用户的前提条件是熟悉生产用户的有关情况,主要包括生产用户的生产规模、人员构成、经营管理水平、产品设计与制作过程以及资金使用情况等。在此前提下,推销人员还要善于准确而恰当地说明自己产品的优点,并能对生产用户使用该产品后所得到的效益做必要的分析,以激发其购买欲望。同时,推销人员还应帮助生产用户解决疑难问题,以取得生产用户的信任。

3. 中间商

中间商与生产用户一样,也对所购买商品具有丰富的专门知识,其购买行为属于理智型。这就需要推销人员具备相当的业务知识和较高的推销技巧。推销人员在向中间商推销产品时,首先,要了解中间商的类型、业务特点、经营规模、经济实力以及他们在整个分销渠道中的地位;其次,应向中间商提供有关信息,向中间商提供相关帮助,双方建立友谊,以扩大销售。

(三) 人员推销的策略

人员推销的策略主要包括试探性策略、针对性策略、诱导性策略和公式性策略四种。

1. 试探性策略

试探性策略是指推销人员在不了解推销对象的情况时,先同推销对象进行试探性接触,观察其反应,然后根据推销对象的反应有针对性地采取一定的推销技巧,激发推销对象的购买欲望,并进一步促使推销对象购买产品。

2. 针对性策略

针对性策略是指推销人员在基本了解或掌握推销对象的情况时,根据推销对象的需求有针对性地进行宣传介绍和劝购。

3. 诱导性策略

诱导性策略是指推销人员从推销对象的角度分析产品能给其带来的利益和好处,当好推销对象的参谋,诱导推销对象的需求并满足其需求。

4. 公式性策略

公式性策略是指推销人员用公式化的语言,指导和吸引推销对象购买产品。

三、人员推销的程序

虽然没有两个完全相似的推销情境,也没有两个推销人员按完全相同的方法去完成自己的推销任务,但大多数推销人员是按如图11-1所示的六步推销程序去执行推销任务的。

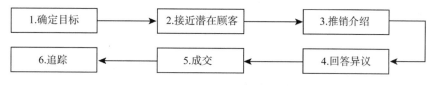

图11-1 人员销售的六步推销程序

(一)确定目标

人员推销的第一个步骤就是要先研究潜在的消费者,选择极大可能成为顾客的人,即潜在顾客。这些潜在顾客可从直接对消费者、产业会员调研,以及通过公共档案、电话号码簿、工商会员名单、公司档案获得。推销人员应把重点放在那些有资财、愿意和有权力购买产品的潜在顾客上。

(二)接近潜在顾客

推销人员在接近潜在顾客时首先要给对方一个良好的第一印象,因为第一印象往往会成为持续长久的印象。因此,推销人员与潜在顾客的第一次接触往往是能否成功推销产品的关键。至于具体的途径,最好的办法就是推销人员要立足于对潜在顾客的了解,即对他们所需及产品如何才能适应他们所需的了解上。凡是能了解每个潜在顾客特殊情况的推销人员,大都能给对方留下良好的第一印象,并大都能推销成功。

(三)推销介绍

在多数情况下,这一步骤除了对产品进行实际推销介绍外,还包括产品的展示。在这一过程中,推销人员应充分介绍产品的特点,以及与竞争者的产品相比,所推销的产品有哪些优势,有时甚至也可指出本产品的某些不足,或可能出现的问题及如何减免或防范这些可能的问题等。在展示产品时,推销人员还可提请潜在顾客亲自演练使用展示品。在展示和试用所推销的产品时,推销人员应把重点放在推销介绍时所指出的特点上。

(四) 回答异议

潜在顾客在任何时候都可能提出异议或问题,这就给推销人员提供了一个消除可能影响销售的那些反对意见的机会,此时,推销人员可进一步指出产品的其他特点,或提示企业可提供的特别服务。潜在顾客所提的问题一般可分为两类:一类是必须在成交前加以解决的问题;另一类是需要进一步沟通的问题。

(五) 成交

对潜在顾客所提问题作答后,推销人员就要准备促成最重要的目标——成交,就是要使潜在顾客同意购买自己推销的产品。此时,推销人员必须确保在成交前没有遗留重要的问题,而且推销人员不应与潜在顾客再发生争议。许多有经验的推销人员,还往往会以潜在顾客已打算购买的假设为据,向潜在顾客提出"您希望什么时候送货?""您是要买标准型还是豪华型?"等问题。这就可能促使犹豫不决的潜在顾客立即做出购买决定,而不会再说:"我将要购买这个产品"。

(六) 追踪

对于贵重物品,通过人员推销成交后,推销人员必须予以跟踪,以确保商品能按时、保质、在良好状况下送达顾客手中,并确保商品处于正常的使用状态。这种追踪可以给顾客留下一个好印象,并为未来推销铺平道路,因此,追踪是推销过程的重要一环。总之,推销人员的职责并不随销售工作的结束而结束,它将随着推销人员与顾客之间良好、有效的相互关系而延续下去。

四、推销人员的管理

(一) 推销人员应具备的素质

人员推销是一个综合而复杂的过程,它既是信息沟通过程,又是商品交换过程,也是技术服务过程。因此,并非每个人都能干好推销工作,作为一名推销人员,一般应具备以下素质。

1. 思想素质

推销人员应具有良好的道德品质和正确的推销观念,文明经商,作风正派。不弄虚作假,以劣充优;不招摇撞骗,坑害顾客;不见利忘义,唯利是图;应真心实意地为消费者服务;应严格执行国家的政策、法规等。同时,推销人员还要有吃苦耐劳的精神,有坚韧不拔的毅力。

2. 文化素质

推销人员应具备一定的文化水平,工业发达国家的推销人员一般都受过高等教育和专门训练。没有文化作基础,推销人员的推销水平往往就不可能有较大的提高。一般来说,一名优秀的推销员应具备一定的经济学、社会学、管理学、心理学、地理学、会计学、公共关系学等方面的基础知识;在此基础上,还要有较深的市场营销学、推销学等专业知识,并能有效地运用这些知识。

3. 业务素质

推销人员不仅要知识面广,而且要具有丰富的业务技能和推销经验,能够排除种种推销障碍,成功地说服潜在顾客实施实际购买行为。一名优秀的推销人员一般应具备如下业务素质。

(1) 熟悉业务,熟悉企业、产品、潜在顾客和市场等方面的情况。

① 企业情况包括企业的历史,现状及发展战略,企业在同行业中所处的地位,企业生产经营的产品及其定价、渠道、销售方式、服务项目等。

② 产品情况包括产品的性能、用途、用法、维修、式样、规格、包装等。

③ 潜在顾客情况包括潜在顾客的购买心理与购买行为、购买习惯、购买决策权、购买条件、购买方式和购买时间等。

④ 市场情况包括市场竞争状况、现实买主情况、消费者及潜在销售量情况等。

(2) 熟识行情,推销人员应当思维敏捷,善于捕捉各种有关的市场信息,能及时从中分辨出有价值的市场信息并加以有效利用。市场信息来源十广泛,推销人员必须做这方面的有心人,时时留心,处处注意,不断向企业提供具有新价值的市场信息。

(3) 善于察言观色,具有较强的应变能力。推销人员几乎每天要与消费者打交道,所接触的众多消费者在性格、爱好等方面均有差异。推销人员应善于察言观色,并能针对消费者之间的差异分别采取不同的推销策略。

(4) 善于言辞,具有较好的语言表达能力。推销人员要说服消费者实施购买行为并非易事,必须掌握一定的语言艺术,否则,不仅难以说服消费者购买,而且还会使消费者产生反感。常言道:"会说的说笑了,不会说的说跑了。"因此,推销人员应当善于言辞,应具有较强的语言表达能力。

4. 身体素质

推销工作是一项十分艰辛的工作,推销人员经常出差在外,四处奔波,没有一个强壮的身体是不行的。为此,推销人员要经常锻炼身体,要以饱满的热情和旺盛的精力来完成本职工作。

(二) 推销人员的甄选与培训

由于推销人员的素质高低直接关系企业促销活动的成功与失败,因此,对推销人员的甄选与培训十分重要。

1. 推销人员的甄选

甄选推销人员包括两个方面:(1) 对未从事过推销工作的人员进行甄选,选出品德端正、作风正派、工作责任心强的人员加入推销人员的行列;(2) 对在岗的推销人员进行甄选,淘汰那些不适合推销工作的人员。

推销人员的来源有两个方面：一是来自企业内部，就是把本企业内德才兼备、热爱并适合推销工作的人选拔到推销部门工作；二是从企业外部招聘，即企业从应届毕业生、其他企业或单位等群体中物色合格人选。无论哪种来源，企业都应严格考核，择优录用。

甄选推销人员有多种方法，为准确地选出优秀的推销人员，企业应根据对推销人员素质的要求，采用申报、笔试和面试相结合的方法。首先，由报名者自己填写申请，借此掌握报名者的性别、年龄、受教育程度及工作经历等基本信息；然后，通过笔试和面试了解报名者的仪态风度、工作态度、知识广度和深度、语言表达能力、理解能力、分析能力、应变能力等。

2. 推销人员的培训

已当选的推销人员还需经过培训才能上岗，以便学习和掌握有关知识与技能。同时，对于在岗的推销人员，每隔一段时间还要对其进行培训，使其了解企业的新产品、新的经营计划和新的市场营销策略等，进一步提高素质。培训内容通常包括企业知识、产品知识、市场知识、心理学知识和政策法规知识等。

培训推销人员的方法很多，常用的方法有如下三种。一是讲授培训。这是一种课堂教学培训方法。一般是通过举办短期培训班或进修等形式，由专家、教授和工作经验丰富的优秀推销人员来讲授基础理论和专业知识，介绍推销方法和技巧。二是模拟培训。它是受训人员亲自参与的有一定真实感的培训方法。具体做法是，由受训人员扮演推销人员向由专家或有经验的优秀推销人员扮演的消费者进行推销，或由受训人员分析推销实例等。三是实践培训。实际上，这是一种岗位练兵。当选的推销人员直接上岗，与有经验的推销人员建立师徒关系，通过传、帮、带的方式，使受训人员逐渐熟悉业务，成为合格的推销人员。

任务三　广告策略

【任务引例】

红牛功能饮料源于泰国，产品销往全球140多个国家和地区，凭借着强劲的实力和信誉，红牛创造了奇迹。作为一个风靡全球的品牌，红牛在广告宣传上的推广，也极其具有特色。

红牛，以功能饮料的身份和在当时看来颇为壮观的广告声势向人们迎面扑来。一直以来，"困了累了喝红牛"这句带有明确诉求的广告语惹得人们对红牛不得不行注目礼。特别是在强度非常高的电视广告中，一个又累又困的人喝下一罐红牛后，顿时精神百倍，活力倍增。同时，公司不断地在向消费者强调红牛世界著名功能饮料品牌的身份。"功能饮料""世界著名品牌""来自泰国"，这些惹眼的字样，加上夸张的电视广告表现，一时间人们对红牛不仅"肃然起敬"，又感到十分神秘。

广告创意中，红牛的宣传策略主要集中在引导消费者选择的层面上，注重对产品功能属性的介绍。由于当时市场上的功能饮料只有红牛这一个品牌，所以红牛在宣传品牌的同时要用最简单的广告语来告知消费者功能饮料的特点——在困了累了的时候，可以提神醒脑、补充体力。

就这样一句简单、明确的广告语，让很多消费者清晰地记住了红牛的功能，也认可了红牛这个品牌。

一、广告的概念与构成要素

（一）广告的概念

广告一词源于拉丁语"Advertere"，有"注意""诱导""大喊大叫"和"广而告之"之意。广告作为一种传递信息的方式，在企业促销活动中应用最为广泛。市场营销学中探讨的广告，是一种经济广告，即广告主以促进销售为目的，付出一定的费用，通过特定的媒体传播商品或服务等有关信息的大众传播方式。

（二）广告的构成要素

一个典型的广告由五个要素构成：
(1) 广告主，是指发布广告的单位或个人。
(2) 广告媒体，是指传递广告信息的载体。
(3) 广告费用，是指广告主开展广告活动所必须支付的各种费用，包括调研费、设计制作费、媒体费、机构办公费，以及其他相关支出等。
(4) 广告受众，是广告的对象，即接收广告所传播的信息的人。
(5) 广告信息，是指广告的具体内容。

二、广告的特点、分类与作用

（一）广告的特点

广告作为一种独特的促销方式，具有以下特点。

1. 信息性

广告具有信息性，其基本功能就是通过信息传递以实现沟通。

2. 渗透性

广告是一种覆盖面广、渗透力强的促销方式。

3. 表现性

广告的表现手法多种多样，它可以把感情、兴趣等感性因素和知识、信息等理性因素融为一体，更具有表现力和说服力。

（二）广告的分类

广义的广告分为三大类，即社会广告、文化广告和经济广告。

1. 社会广告

社会广告是指企业事业单位、团体及个人利用报纸、电视、广播等媒体，刊播有关挂失、招聘等内容的启事和通知，如招聘广告、寻物广告、征婚广告等。

2. 文化广告

文化广告是指人们熟悉的文化艺术方面的宣传信息，如书刊介绍、影讯报道等。

3. 经济广告

经济广告也叫商业广告，是指为销售产品、提供服务、提高企业知名度而进行的经济信息的传播。

市场营销学中所讲的广告就是经济广告。按照不同的标准，经济广告可以分为不同的类型。

（1）按广告传播范围分类。

按照传播范围的不同，广告可以分为世界性广告、全国性广告、区域性广告和地方性广告。

①世界性广告。

世界性广告是指宣传、推销面向世界的产品的广告，这类广告在媒介的选择和制作技巧方面都要适合国外消费者的特点和要求，一般通过具有国际影响力的媒体发布，如卫星电视、卫星广播和在全世界范围内发行的报刊等。

②全国性广告。

采用全国性广告的多是一些企业规模大、产品服务普遍及专业性强、使用地区分散的产品。全国性广告一般通过全国性的报纸、杂志、电视、电台等媒体发布，以激发全国范围内的消费者对产品的兴趣和需求。

③区域性广告。

中小企业多选用区域性广告。区域性广告宣传的多是一些地方性、季节性、销售量有限而选择性较强的产品。这类广告一般通过省市级的报纸、电台、电视台等区域性的媒体发布，在一定的区域范围内宣传、销售产品。

④地方性广告。

采用地方性广告的多为零售企业、地方性工业、服务性企业等。这类广告多选择地方报纸、地方电台、路牌、霓虹灯等媒体，其传播范围较区域性广告的传播范围要窄，宣传的重点是促使人们使用地方性产品。

（2）按广告对象分类。

按广告对象的不同，广告可以分为消费者广告、工业用户广告、商业批发广告和专业广告。

①消费者广告。

消费者广告面向最终消费者，由生产企业或商业经营者向消费者推销他们的产品，因此，又称为商业零售广告。这类广告占广告的大部分。

②工业用户广告。

工业用户广告是由生产企业或批发商发布，对象是某类工厂、公司中的管理人员或操作人员。

③商业批发广告。

商业批发广告一般面向商业企业，最终达成交易的都是一些比较大宗的买卖。

④专业广告。

专业广告主要面向从事某些专业化工作的人，如牙医、建筑师、律师、会计师等。这类广告的目的主要是说服上述专业人员来用其职业领域中的某种产品（如医疗器械、医药品等），或说服他们使用某种个人产品，并通过他们影响广大消费者，如牙膏、牙刷、口腔清洁用品等，如能得到牙医的推荐，影响力是很大的；建筑材料如能得到建筑部门或建筑师的推荐，宣传效果也会很好。

（3）按广告的内容分类。

按广告内容的不同，广告可以分为商品广告和企业广告。

①商品广告。

商品广告以推销商品为内容，又分为报道性广告、劝导式广告和提示性广告。报道性广告的基本任务是使消费者知道某些信息，而不是劝导购买，属于开拓性广告；劝导式广告以说服为目标，属于竞争性广告；提示性广告以刺激重复购买为目标。

②企业广告。

企业广告不直接介绍产品和宣传产品的优点，而是宣传企业的一贯宗旨与信誉、历史与成就，目的是树立企业在消费者心中的优良形象，沟通企业与消费者的公共关系，为企业长期的销售目标服务。因此，企业广告又称战略性广告。

（4）按广告目标分类。

按广告目标的不同，广告可以分为通知性广告、说服性广告和提醒性广告。

①通知性广告。

通知性广告的主要目的在于将有关产品或服务的信息告知消费者，以促发初级需求。这类广告使消费者了解了产品的构成、用途、价格等信息，引起了消费者的注意、兴趣或使消费者对产品产生了较深刻的印象，为购买此产品奠定了一定的基础。通知性广告在工业产品中较为多见。

②说服性广告。

说服性广告的主要目的在于建立消费者对某一特定品牌的选择性需求。它通过对消费者的说服性宣传，促使消费者尽快采取购买产品的行动，以便迅速增加企业产品的销售量。说服性广告常着重反映产品的功能、效果、将给消费者带来的利益和价值、产品主要的优越性等。这类广告在企业竞争中经常被采用，大多数广告属于这一类型。

③提醒性广告。

提醒性广告的主要目的是保持消费者对本企业产品的记忆，提醒消费者想起某种产品，也让购买过本企业产品的顾客确信他们的购买行为是正确的，以便培养一批忠诚的顾客。这类广告具有强化宣传的功能与效果。

（三）广告的作用

广告的作用主要包括以下几个方面。

（1）介绍产品。广告能使消费者了解有关产品的存在、用途、优点及使用方法等，有助于消费者根据广告信息选择适合自己的产品。同时，广告信息的传播对培养新的需求和新的消费方式有一定的作用，对扩大销售量和开发新产品也具有重要意义。

(2) 促进尝试性购买。消费者使用产品是广告要达到的目的,广告能刺激、鼓励消费者做出第一次购买的尝试。消费者通过尝试性购买和使用产品,才有可能成为企业的忠实顾客。

(3) 开拓新市场,发展新顾客。企业要发展壮大,就需要不断扩大市场,拓展产品销路。对于新的细分市场,由于广告能广泛、经常地接近消费者,因而能起到开路先锋的作用。广告是企业进行市场渗透的有力武器。

(4) 保持或扩大市场占有率。广告可以让消费者经常感觉和认识到某种产品的存在。这是企业保持一定市场占有率的有效手段。

(5) 树立或加深消费者对企业商标的印象。消费者在购买产品时,企业的名称和商标往往是选择的重要依据。因此,企业的名称和商标是否能赢得消费者的好感和信赖,直接关系到企业产品的销售。广告是建立消费者对企业及其商标印象的重要途径。

(6) 消除消费者对产品的偏见,改善消费者对产品的评价,确立消费者对产品的好感。

(7) 支持中间商,改善与中间商的关系。

总之,广告的作用是多方面的,在现代商品市场上,广告已经成为企业在竞争中取胜的必要手段。

【小案例】
毛姆是英国一名著名的作家,他一生著书颇丰,享有世界声誉。可是一开始并不是这样,他写了很多作品,非常好,但就是销路不畅。他很着急,就开动脑筋想办法。一天,他突然想到一个好办法,在一家发行量大的报纸上,登了一则征婚启事:"本人是一位年轻有教养、爱好广泛的百万富翁,希望找一位与毛姆小说中的女主角一样的女性结婚。"这个启事一登出来,毛姆的小说被抢购一空,并不停地加印;而毛姆也一夜之间,全国皆知,家喻户晓。

三、广告决策

(一) 广告媒体决策

1. 广告媒体的概念及其分类

广告媒体是广告主将广告内容传递给广告接收者的传播介质,它是广告宣传必不可少的物质条件。广告媒体并非一成不变,而是随着科学技术的发展而发展的。广告媒体主要有以下几种。

(1) 报纸、期刊等印刷类广告媒体。

各种报纸、期刊等是传统的、普遍的广告媒体。这类广告媒体的优点是:①读者比较稳定,宣传覆盖率高;②传播迅速,反应及时;③能对产品进行较详细的介绍和说明,制作简单、灵活;④费用较低。但这类广告媒体也有一定的局限性:①保存性较差;②内容庞杂，易分散注意力；③画面清晰度有限。

(2) 电台、电视、电影等广告媒体。

电台主要是用语言表达来吸引听众，由于它不受文化水平的限制，所以电台广告的优点是传播对象较为广泛。

电视、电影从视听两方面吸引观众，电视广告和电影广告的优点是：①宣传作用较大；②涉及范围广泛；③生动、灵活、形式多样，容易使观众留下深刻的记忆。这类广告媒体的缺点是费用高、竞争者较多。

(3) 邮寄广告媒体。

邮寄广告，即广告主将印刷的广告物，诸如产品样本、产品目录、产品说明书、产品通告函等，直接寄给消费者、中间商或代理人。在此过程中用来邮寄的产品样本、产品目录、产品说明书、产品通告函等即为邮寄广告媒体。邮寄广告媒体最大的优点是广告对象明确、传递速度较快；缺点是传播面小。

(4) 户外广告媒体。

户外广告媒体通常有招贴、广告牌、交通指示牌及霓虹灯等。户外广告媒体经常被作辅助性广告媒体。

(5) 网络广告媒体。

网络已经发展了很多年，现在就广告来讲，是一种重要的媒体形式，尤其受年轻人的喜欢。

2. 广告媒体选择的影响因素

(1) 商品的特性及信息传递的目标。

①对于需要表现外观和质感的产品，如服装、化妆品等，宜选用电视、杂志、互联网等具有强烈视觉效果的媒体，以增加产品的美感和吸引力。

②对技术性要求较高的产品，可选用专业性杂志或目录邮寄方式。

③如果只是发布一条促销活动的告知性信息，广播或报纸可能是广告效益较高的媒体选择。

④对于只需听觉就能了解的产品和信息，则适宜选用广播作为广告媒介。

(2) 目标消费者的媒体习惯。

企业有针对性地选择广告媒体，使用目标消费者易于接受并随时可接触到的媒体，是增强广告效果的有效措施，也是广告效益最大化的必要手段。

(3) 媒体的影响力。

企业所选广告媒体的影响力应尽可能到达企业拟定目标市场的每一个角落，而且所选广告媒体的信誉度越高、社会公众形象及口碑越好，其所发送的信息在消费者心目中的可信度就越强。报纸、杂志的发行量，广播、电视的听众、观众数量，以及各种媒体的覆盖范围和相对固定的顾客群等，是媒体影响力的标志。

(4) 媒体成本。

从一次性的广告投入总额看，电视是最贵的广告媒体，相比之下报纸比较便宜。但衡量某一媒体成本高低的指标，往往是指成本与目标对象的人数之间的比例，而不是成本的绝对数字。因此，若按每千人成本计算，电视可能又是最合算的媒体。企业应谨慎考虑广告效果与成本的关系，尽量实现广告投入对销售效益的最大化。

(5) 竞争状况。

假如企业基本能够垄断某一市场,则完全可以根据自身实力较为自如地选择广告媒体的形式。如果企业的竞争对手少,并且不能对企业构成大的威胁,则企业只需对交叉的媒体予以重视。倘若企业被竞争对手重重包围,那么,在财力允许的情况下,企业可以使用更大的广告投入,通过类似地毯式的广告轰炸来与竞争对手进行正面交锋,以压倒众多存在或潜在的竞争对手;当然,如果企业的财力无法支撑庞大、持久的广告投入,则可采取迂回战术。

3. 广告媒体的选择策略

(1) 无差别策略。

无差别策略又称无选择策略,即利用目标消费者可能接触到的所有媒体同时展开全面的广告攻势,而且不计时间,甚至不计成本,旨在迅速、全方位地打开并占领市场。这种广告策略也就是我们通常所说的地毯式广告轰炸。这种广告策略在保健品、医药行业颇受青睐。当前,异军突起的网络广告也以其投入之大、方式之多、覆盖面之广被形象地称为"烧钱"广告。广告媒体选择的无差别策略可以在一夜之间让一个完全陌生的产品或品牌迅速地变得知名,但成本极高,成功的概率也不尽理想。

(2) 差别策略。

差别策略是在确定了符合企业的目标、任务和资源条件的细分市场后,企业有针对性地选择个别媒体做广告的媒体选择策略。这种策略的最终目的是为了提高广告媒体的单位效益。

(3) 动态策略。

动态策略即根据广告媒体的传播效果和企业到达目标市场的需求状态来灵活选用广告媒体。一种选择是先采用较多媒体大范围地进行广告宣传,掌握了各种媒体的反馈情况后,再决定下一步的媒体选择目标,此为"先宽后窄"策略。另一种被称为"先窄后宽"策略,即先投入少量的媒体广告和费用以投石问路,然后再决定是启用更多的媒体同时展开广告攻势,还是另择其他媒体从头再来。在时间许可而且竞争不足以构成致命威胁的情况下,这种选择策略有一定的灵活性,而且可以节省因盲目的广告投入而增加的成本。

(二) 广告市场策略决策

1. 广告目标市场策略

为配合无差别市场营销策略,企业须利用各种媒体组合做统一主题内容的广告;为配合差别市场营销策略,企业要根据各个细分市场的具体情况,分别选择不同的媒体组合,做不同主题内容的广告;为配合动态策略,企业要根据所选择目标市场的发展和变化,做有针对性的广告。

2. 广告竞争策略

广告是企业参与市场竞争的重要工具,因此,企业可以利用和其他产品或其他企业对比的方法,做比较广告;还可以在产品推出之前,进行密集性的广告宣传,即抢先广告策略。

3. 广告促销策略

广告促销策略即企业将广告与其他手段相结合,以提高广告促销效果。例如,企业将广告与举办文娱活动相结合,可以激发平常不关心广告的消费者对广告的兴趣;将广告与抽奖活动相结合,可以利用消费者希望得到奖品的心理来提高广告的阅读量;将广告与公益活动相结合,可以使消费者增加对企业的好感,从而促进其产品的销售。

(三)广告产品策略决策

1. 广告产品市场生命周期策略

在产品市场生命周期的介绍期和成长前期,企业所做的广告应以通知性广告为主,以创牌为目标;在产品市场生命周期的成长后期和成熟期,应以说服性广告为主,以保牌为目标;在产品市场生命周期的成熟后期和衰退期,应以提醒性广告为主,以维持品牌为目标。

2. 广告产品定位策略

为配合企业的产品定位,广告可以突出宣传产品的优良品质、特殊功效、低廉价格或主要顾客;也可以利用人们的心理特点,采取逆向的思维方式来进行广告宣传。

(四)广告效果评价

规划和控制广告的关键是对广告效果的评价。合理的广告促销应先在一个或几个城市开展小规模广告活动,评价其效果,然后再投入大笔费用在全国范围甚至全世界范围内铺开。广告效果评价主要包括沟通效果评价和销售效果评价两个方面。

1. 沟通效果评价

沟通效果评价主要对广告是否有效地将信息传递给了消费者进行评价,可以分为事前测试和事后评估两个方面。

(1)事前测试。

事前测试主要有三种方法。第一种是直接评分法,即请消费者观看本企业产品的各种备选广告,请他们给不同的广告打分,以此来测试广告效果。第二种是组合测试法,请消费者看或听一组广告,不限制时间,然后请他们回忆广告内容,其结果可以反映广告内容中突出的地方以及广告内容的易懂性、易记性。第三种是实验室测试法,这是用仪器测试消费者对于广告内容的生理反应,但这类试验只能测量广告的吸引力,无法衡量消费者的信任、态度和意图。

(2)事后评估。

事后评估是在广告发布后对消费者进行的测试,事后评估主要有两种方法:一种是回忆测试法,即让接触过广告的人回忆最近几次刊播的广告内容及其所宣传产品的相关情况,其结果可说明广告被人注意和容易记忆的程度;另一种是识别测试法,即让接触媒体者从若干个广告中辨认哪个广告是他们过去曾经看过的,由此可说明广告在顾客心目中留下的印象。

2. 销售效果评价

评价沟通效果可以帮助企业了解广告传递信息的情况,但却无法揭示其对销售额的影响。销售效果评价就是直接评估广告使销售额增加了多少。这比对沟通效果的测量更为困难,因为销售额的增长不仅受广告的影响,而且还受到其他各种因素的影响,如产品、价格、消费者收入、分销渠道等。评价的难易取决于影响因素的多少,比如直销方式下销售效果比较容易衡量，而在运用品牌广告或企业形象广告时销售业绩却很难衡量。

(1) 历史资料分析法。

这是由研究人员根据同步或滞后的原则，利用最小平方回归法求得企业过去的销售额与企业过去的广告支出两者之间关系的一种测量方法。在西方国家，不少研究人员在应用多元回归法分析企业历史资料和测量广告的销售效果方面取得了重大进展，尤以测量香烟、咖啡等产品的广告效果最成功。

(2) 实验设计分析法。

用这种方法来测量广告对销售的影响，可选择不同地区，在其中某些地区进行比平均广告水平强50%的广告活动，在另一些地区进行比平均广告水平弱50%的广告活动。这样，从150%、100%、50%三类广告水平的地区销售记录，就可以看出广告活动对企业产品的销售究竟有多大影响，还可以导出销售反应函数。这种实验设计分析法已在美国等西方国家被广为采用。

任务四　营业推广

【任务引例】

某超市出现这样一个奇怪的现象：拥有黄金陈列位置的牙膏无人问津，而陈列在倒数第一层货架位置的某牙膏却备受青睐。原来，捆绑在该牙膏上的一个小小的玩具成为吸引现场小孩和大人们关注的焦点。为了得到这个玩具，孩子们简直成为该牙膏的"义务导购员"。他们把大人往该牙膏货架前拉，吵着嚷着一定要买该牙膏。特别值得一提的是，有些顾客竟然一次性购买了两三支。

一、营业推广的概念与特点

(一) 营业推广的概念

营业推广又称销售促进，是指除人员推销、广告宣传、公共关系以外的，能有效激发消费者购买和提高促销效率的一切促销活动。

(二) 营业推广的特点

同其他促销方式相比，营业推广多用于一定时期、一定任务的短期特别促销。营业推广主要具有如下三个特点。

1. 促销强烈

营业推广的许多方式对消费者和中间商具有相当的吸引力，特别是对那些想买便宜货的消费者具有特殊的吸引作用。因为它给消费者提供了一个特殊的购买机会，使其有一种机不可失的紧迫感，促使其当机立断，马上购买。因此，营业推广能够很快收到成效。

2. 辅助促销

人员推销、广告宣传和公共关系都是常规性的促销方式，而多数营业推广方式则是非常规性和非经常性的，营业推广是它们的补充方式。也就是说，营业推广虽然在短期内能够取得明显的效果，但一般很少单独使用，常常配合其他促销方式使用，以便发挥更好的作用。

3. 贬低商品

由于营业推广的许多做法显示出了卖方急于出售的意图，因此，往往会降低产品的价格。如果频繁使用或使用不当，会使消费者怀疑产品的质量有问题或价格定得不合理等。

二、营业推广的方式

（一）针对消费者的营业推广方式

1. 免费赠送

向消费者免费赠送样品或试用品是介绍新产品最有效也是最为昂贵的方式。这些赠品可以上门赠送，可以在商店里散发，随其他商品附送，或公开广泛赠送。

2. 折价券

折价券是指给消费者一个凭证，使其在购买某种商品时可凭此证免付一定金额的货款。这是一种促进成熟品牌扩大销路的有效方式，也可鼓励消费者早期试用新品牌。市场营销学者普遍认为折价券至少要提供15%～20%的折价才会有效。

3. 特价包

特价包是向消费者标明低于常规价格的差额销售商品的一种方法。其具体做法就是在商品包装或标签上加以附带标明，可以将商品单独包装减价销售，也可以采用组合包装的形式，即将有关商品合并包装。特价包在刺激短期销售方面甚至比折价券更有效。

4. 有奖销售

有奖销售即在商品或发票上打上号码，定期开奖，凡中奖者可得到一定价值的商品。

5. 商店陈列和现场表演

这是在商店里陈列某种商品或用示范表演的方法介绍商品的用途及使用方法，增加消费者对产品的了解，并刺激购买的一种方式。如某商场销售蒸汽熨斗，其方法是把各种不同质地的布料揉皱，再演示用熨斗将皱了的布料熨平展的过程，从而打开了销路。

6. 赠奖

赠奖就是以相当低的价格出售或免费赠送一些商品，并以此作为购买某些特定商品的奖励。

（二）针对中间商的营业推广方式

1. 购买折让

购买折让即中间商每购买一次某商品，就可以享受一定的小额购货折让。这种方法可以鼓励中间商去购买一定数量的商品或经营那些他们通常不愿主动进货的新产品。

2. 商品推广津贴

商品推广津贴是指生产企业或代理商为了酬谢经销商而给予他们的一种奖励。

3. 广告津贴

广告津贴是指由生产企业制作广告,从而为经销商减少广告费用,以增加他们的盈利。

4. 陈列津贴

陈列津贴是指当经销商陈列、展出制造商产品时,制造商给予经销商的一定资助。

5. 业务会议和贸易展览会

行业协会往往会为其成员组织年会,同时举办有典型性的贸易展览。向特定的行业推销其产品的企业,可以在贸易展览会上陈列其产品并做示范操作。这种形式可以起到以下作用:①招徕新客户;②与老客户保持联系;③介绍新产品;④会见新客户;⑤推销更多的商品给现有客户。

(三) 针对推销人员的营业推广方式

1. 营业额提成

这是指推销人员可从由其推销促成的营业额中得到一定比例的提成,这是企业鼓励推销人员多推销商品的一种方式。

2. 提供业务培训

这是指企业以免费的方式向推销人员传授推销技巧,以提高他们的工作业绩。

3. 销售竞赛

这是企业为了促使推销人员超额完成销售任务而进行的一种激励方式,优胜者将获得一定的奖励。

三、营业推广的控制

营业推广是一种促销效果比较显著的促销方式,但倘若使用不当,不仅达不到促销的目的,反而会影响产品销售,甚至可能会损害企业的形象。因此,企业在运用营业推广方式进行促销时必须予以控制。

1. 选择适当的方式

营业推广的方式很多,且各种方式都有其各自的适应性。选择合适的营业推广方式是促销获得成功的关键。一般来说,企业应结合产品的性质、不同营业推广方式的特点以及消费者的接受习惯等因素选择合适的营业推广方式。

2. 确定合理的期限

控制好营业推广的时间长短也是取得预期促销效果的重要一环。营业推广的期限既不能过长,又不宜过短。这是因为,时间过长会使消费者感到习以为常,丧失刺激需求的作用,甚至会使消费者产生疑问或对企业或产品产生不信任感;时间过短会使部分消费者来不及接受营业推广的好处,收不到最佳的促销效果。企业一般应以消费者的平均购买周期或淡旺季间隔为依据来确定合理的期限。

3. 禁忌弄虚作假

营业推广的主要对象是企业的潜在顾客,因此,企业在进行营业推广的全过程中,一定要杜绝徇私舞弊的短视行为发生。在市场竞争日益激烈的情况下,企业信誉是十分重要的竞争优势,企业没有理由自毁信誉。弄虚作假是营业推广的最大禁忌。

4. 注重中后期宣传

开展营业推广活动的企业比较注重促销前期的宣传,这是非常必要的。在此还需要提及的是,企业不应忽视中后期的宣传。在营业推广活动的中后期,十分重要的宣传内容是营业推广中的企业兑现行为。这是消费者验证企业促销行为是否具有可信性的重要信息源。所以,令消费者感到可信的企业兑现行为,一方面有利于唤起消费者的购买欲望,另一方面可以培养企业良好的口碑,增强企业的良好形象。

除上述四点之外,采用营业推广方式的企业还应注意确定合理的经费预算,科学测算营业推广活动的投入产出比。

任务五　企业公共关系

【任务引例】

企业危机公关是企业危机管理系统的重要组成部分,主要指企业面临管理不善、同行竞争甚至遭遇恶意破坏或者是外界特殊事件的影响,给企业或品牌带来危机的情形下而采取的一系列自救性行为。

三鹿集团的毒奶粉事件造成不可挽回的恶劣影响,除其产品本身的问题外,与企业在危机公关方面的缺失不无关系。这种缺失主要表现在三个方面:(1)欺瞒消费者,欺瞒社会;(2)欺瞒政府;(3)无视员工建议。

三鹿集团危机公关缺失的主要原因,一方面是企业社会责任感淡漠,另一方面是企业危机公关意识不强。

一、企业公共关系的概念与特征

(一)企业公共关系的概念

公共关系是英文"Public Relations"的译名,简称公关或PR。现代公共关系起源于美国,是一个很大的范畴。公共关系是指某一组织为改善与社会公众的关系,促进公众对组织的认识、理解与支持,达到树立良好组织形象、促进商品销售的目的的一系列公共活动。它的本意是社会组织、集体或个人必须与其周围的各种内部、外部公众建立良好的关系。在市场营销学中,公共关系一般指的是企业公共关系。企业公共关系是指企业在运营过程中,有意识、有计划地与社会公众进行信息双向交流及行为互动的过程,以增进社公众对其的理解、信任和支持,树立企业的良好形象,促进产品销售,并进一步实现企业与社会协调发展的目的。

(二)企业公共关系的特征

公共关系的特征主要表现在以下五个方面。

1. 企业公共关系是企业与其相关的社会公众之间的相互关系

这里包括三层含义:其一,企业公共关系活动的主体是企业。其二,企业公共关系活动的对象既包括企业外部的顾客、竞争者、新闻界、金融界、政府各有关部门及其他社会公众,又包括企业内部职工、股东。这些公共关系对象构成了企业公共关系活动的客体。企业与公共关系对象关系的好坏直接或间接地影响企业的发展。其三,企业公共关系活动的媒介是各种信息沟通工具和大众传播渠道,公共关系主体借此与客体进行联系、沟通、交往。

2. 企业公共关系的目标是帮助企业树立良好的形象

一个企业的形象是其无形的财富。良好的形象是企业富有生命力的表现,也是企业公共关系活动的真正目的所在。企业以公共关系为手段,是利用一切可能利用的方式和途径,让社会公众熟悉企业的经营宗旨,了解企业的产品种类、规格以及服务方式和内容等有关情况,使企业在社会上享有较高的声誉和树立良好的形象,促进企业产品销售的顺利进行。

3. 企业公共关系活动以真诚合作、平等互利、共同发展为基本原则

企业公共关系以一定的利益关系为基础,这就决定了主客双方必须均有诚意、平等互利,并且要协调、兼顾企业利益和公众利益。这样才能满足双方的需求,才能维护和发展双方的良好关系。

4. 企业公共关系是一种信息沟通,是创造"人和"的艺术

企业公共关系是企业与其相关的社会公众之间的一种信息交流活动。企业从事公共关系活动,能沟通企业上下、内外的信息,建立相互间的理解、信任与支持,协调和改善企业的社会关系环境。公共关系追求的是企业内部和企业外部人际关系的和谐统一。

5. 企业公共关系是一种长期活动

企业公共关系着手于平时努力,着眼于长远打算。企业公共关系的效果不是急功近利的短期行为所能达到的,需要连续的、有计划的努力。企业要树立良好的社会形象,不能拘泥于一时一地的得失,而要追求长期的、稳定的战略性关系。

二、企业公共关系的作用

(一)建立和维护企业的良好信誉和形象

企业信誉是其市场竞争力的重要表现。企业信誉不单纯是企业文明经商、职业道德的反映,也是企业经营管理水平、技术水平、工艺设备、人才资源等企业素质的综合反映。企业的信誉和企业形象是密切相关的。企业形象就是社会公众和企业职工对企业整体的印象和评价。企业信誉高,企业形象自然就会好;企业形象好,企业信誉也高。良好的企业

形象是企业无形的资产和财富。企业公共关系的主要任务就是在公众对企业了解的基础之上，企业通过采取一系列社会活动来沟通企业与公众的关系，如提供可靠的产品、维持良好的售后服务、保持良好的社会关系、维护社会公众利益，等等，从而帮助企业树立良好的社会形象。

（二）收集各种信息

收集各种信息是企业公共关系工作的重要职责之一。这里的信息主要包括以下两大类。

1. 产品形象信息

产品形象信息主要是指公众对企业产品在价格、质量、性能、用途、服务等方面的反映，对企业产品优点、缺点的评价，以及企业产品在哪些方面有待改进、如何改进等方面的建议。

2. 企业组织形象信息

企业组织形象信息主要是指公众对企业组织机构的评价，包括对企业组织机构是否健全、企业人员素质如何、企业经营管理水平的高低、企业服务质量的好坏等的评价。

（三）提供咨询建议

企业的公共关系部门要把收集到的各方面信息进行整理分析，然后根据分析结果向管理部门提出有关的咨询建议，使企业决策者能及时了解企业在社会公众中的状况，以便做出正确的决策。企业的公共关系部门向有关的管理部门提供的咨询建议包括：公众对本企业知名度和可信度的评价、公众心理的分析预测和咨询、公众对本企业政策和行为的评议等。

（四）建立企业与社会公众的信息双向沟通

信息对现代企业来说是至关重要的。没有信息，企业就寸步难行。企业通过良好的公共关系活动，利用一切媒介与公众进行信息双向沟通，一方面可以及时向公众传播企业有关生产经营状况、发展进度与前景、新产品开发等信息；另一方面又可以及时获取公众对企业的反馈信息，并将其作为改善和提高企业形象以及改良产品的决策依据。这有助于企业生产并销售确实能够满足消费者需求的产品，并借此进一步密切企业与公众的关系。

（五）开展社会交往，协调企业与外界的关系

企业的公共关系部门可以通过各种社会交往活动，为企业建立广泛的横向联系，协调企业与各界公众的关系，使企业的各项活动得到社会各界的理解和支持。

（六）教育引导员工，协调内部关系，增强企业内在的凝聚力

一个企业要顺利发展，企业内部必须充满生机和活力。而企业活力的源泉，在于企业全体员工的集体智慧以及他们的积极性和创造性。良好的公共关系有利于企业内部人员的积极性和创造性的发挥。因此，企业的公共关系部门要教育、引导企业的每一位员工重视本企业的形象，在员工中开展公共关系的教育培训工作，使企业内部形成和谐统一、向上

奋进的气氛，这也有利于企业开展市场营销活动。企业的公共关系部门还要努力协调好企业内部各部门之间的关系，使企业内部所有部门的活动能同步化、和谐化，使企业内部环境和外部环境相适应，以利于企业实现市场营销目标。

三、企业公共关系活动的方式

企业开展公共关系活动的方式有很多种，这与企业的规模、产品类别、市场性质和活动范围等密切相关。常见的企业公共关系活动的方式主要有以下几种。

（一）利用新闻媒介

新闻媒介一般指以报纸、杂志、广播和电视为主的新闻传播工具。新闻媒介面向社会，涉及范围广、影响大，能够引导社会舆论，影响公众的意见。因此，企业应当争取一切机会和新闻界建立联系，及时将具有新闻价值的信息提供给这些新闻媒介，以形成对本企业有利的社会舆论，扩大企业的影响，加深消费者对本企业的印象。

（二）赞助和支持各项公益活动

作为社会的一员，企业有义务支持各项公益活动，如赞助文化、教育、体育、卫生等事业，支持社区福利事业，参与国家、社区重大社会活动等。这些活动往往万众瞩目，各种新闻媒介会进行广泛的报道，因此，可帮助企业树立一心为大众服务的良好社会形象。但在实践中，企业也应注意自己的能力限度以及活动的互惠性。

（三）参加各种社会活动

企业也可以通过举办新闻发布会、展销会、看样订货会、博览会等活动方式，进行市场宣传，推荐产品，介绍知识，以获得公众的了解和支持，提高公众对企业及其产品的兴趣和信心。

（四）公关广告

公关广告即企业为形成具有积极意义的社会风气或宣传某种新观念而做的广告。如企业对过度吸烟、饮酒危害健康，以及勤俭节约、遵守交通秩序等所进行的广告宣传均属此列。公关广告在客观效果上能够有效地扩大企业的知名度和美誉度，帮助企业树立关心社会公益事业的良好形象。

（五）印制宣传品

编辑印制介绍企业发展历史、宣传企业宗旨、介绍企业产品以及员工教育、企业经营现状及动态等内容的宣传品，也是企业传播信息、树立形象的重要途径。这些宣传品以免费赠送为主，为增加公众的兴趣和提高其保留价值，往往印刷精美，同时注明本企业的地址、电话号码、邮政编码等信息，以方便公众随时联系。

（六）提供特种服务

企业的经营目的是在满足消费者需要的基础上获得利润。因此，企业应积极满足消费者的各种特殊需要，争取更大的长期利益。企业可以多参加各种实惠性服务活动，用行动去获取公众的了解、信任和好评，以实现既有利于促销，又有利于树立和维护企业形象的目的。企业可以以各种方式为公众提供服务，如消费指导、消费培训、免费修理等。

（七）建立健全企业内部的公共关系制度

企业应当关心职工的福利，例如，可以通过开展针对职工家属等的公共关系活动来鼓励职工努力工作，激发他们的工作积极性和创造性。

四、企业的公共关系策略

从横向看，对不同的公众，企业应采用不同的公共关系策略；从纵向看，企业发展的不同历史时期，企业的公共关系策略也不尽相同。

（一）企业内部的公共关系策略

企业内部的公共关系活动的目的在于加强企业内部团结，充分调动全体职工的积极性和创造性，从而增强企业的凝聚力和其他各种能力。企业内部团结主要是指全体职工团结、合作，形成健康的企业氛围。企业内部的公共关系活动应从以下两个方面入手。

1. 满足职工合理的物质利益要求

满足职工合理的物质利益要求是建立良好的职工关系的基础，也是企业能否保持职工劳动热情的基本前提。

2. 满足职工的精神要求

现代行为科学认为，企业的劳动生产率与职工的工作态度直接相关，职工的工作态度又取决于职工各种需要的满足程度。人类社会越发展，人的需要就越复杂、越高级。除了物质需要外，精神需求也日益强烈。国外相关机构的研究表明：物质利益刺激与严格的管理，只能发挥出职工工作能力的 60%，而剩下的 40% 是潜在的工作能力。这部分工作能力只有依靠精神鼓励的方法才能充分激发出来。

（二）企业外部的公共关系策略

从市场营销角度来看，就外部公众而言，企业大致上有以下几种公共关系策略。

1. 消费者关系策略

在市场经济条件下，消费者的需求是企业一切活动的出发点，也是企业生存和发展的重要保障。因此，建立良好的消费者关系是企业公共关系工作的首要目标。

2. 经销商关系策略

企业的产品销售除了设立门市部直接销售给消费者以外，更多的是通过经销商中间转手。在把产品由企业向消费者传送的过程中，经销商起着十分重要的作用。因此，企业与经销商必须开诚布公、友好协作。良好的经销商关系不仅有助于企业争取经销商的合作，而且还可促使经销商积极宣传、维护企业产品和声誉。

3. 供应商关系策略

企业要维持生产和流通，必须依靠供应商供应原材料、零部件、工具、能源等，否则，企业就无法从事正常的生产和销售。同时，供应商还可为企业提供有关市场、原料、价格、消费趋势、商业动态等各类信息。因此，维持良好的供应商关系对促进企业销售有很大帮助。企业与供应商的关系直接依靠采购人员维持，因此，企业应特别重视培养和培训采购人员，通过他们去建立良好的供应商关系。

4. 社区关系策略

企业的社区关系主要是指与企业相关的或企业周围的工厂、机关、学校、医院、公益事业单位和居民等社会群体同企业之间的关系。这些社会群体是企业经营外部环境的重要组成部分，对企业的生存与发展有着重大的影响，因而成为企业外部公共关系工作的内容之一。企业应关注所在社区的发展，积极参加社区的活动，积极承担对所在社区的社会责任。

（三）企业不同阶段的公共关系策略

公共关系具有一种管理功能，因此，它具有连续性。一个企业从建立开始就要运用各种公共关系手段来提高企业声誉。但因为企业在其发展过程中的不同阶段具有不同的特点，所以在不同的发展阶段，企业要选择运用不同的公共关系策略。

1. 企业创建时期的公共关系策略

企业在创建时期的特点是，工作刚刚开始，企业内部职工与外部公众对企业不甚了解。此时，企业要在市场上站稳脚跟，占领市场，就要选用"开创型"的公共关系策略，目标是要帮助企业在公众中建起一个最初的良好形象和信誉。

2. 企业发展时期的公共关系策略

进入发展时期后，企业可能面临如下两种情况。一种情况是，企业各方面基础工作都做得较好，又比较注重通过公共关系活动开创工作，所以发展顺利。此时，企业应采取"维系型"公共关系策略，即对本企业取得的成绩或者产品生产、销售以及售后服务等方面的特色做恰如其分的宣传，并将企业做出的各种新设想或新措施及时向公众进行介绍，以扩大影响，保持企业声誉，树立更好的企业形象，同时赢得更多的客户。另一种情况是，企业在经营中，其外部环境发生了不利于企业的变化，使企业生存和发展遇到困难。此时，企业应采用"改善型"公共关系策略。一方面，企业的公共关系人员要向企业积极地提供各种信息，使企业抓住机会，主动地改变或调整企业的经营思想，以适应外部环境的变化；另一方面，企业的公共关系人员要巧妙地运用各种公共关系手段，改变外部环境中不利于企业发展的因素，从而创造出一个有利于企业生存发展的环境。

3. 企业形象遭到严重损害时的公共关系策略

企业在经营过程中，有时会因为一个事故或外界的误解，使公众对企业形成不信任感甚至敌意。这时，企业就要采用"矫正型"公共关系策略，即运用各种方法重建企业在公众中的良好形象。为此，企业的公共关系人员首先要查明损害源，即调查清楚究竟是什么原因使企业形象遭损。例如，若是外部公众对企业误解而致，企业的公共关系人员就应耐心、和气地向公众澄清事实，消除误解。

公共关系是一门新的科学，在我国出现、应用的历史较短。但在实际工作中，公共关系活动的作用在各个领域，尤其是在市场营销中，已得到普遍的承认。已经有越来越多的企业将公共关系工作作为一种新的管理企业的方法和营销手段。在社会主义市场经济条件下，公共关系活动将日益放射出异彩。

项目十一 促销策略

【项目知识结构图】

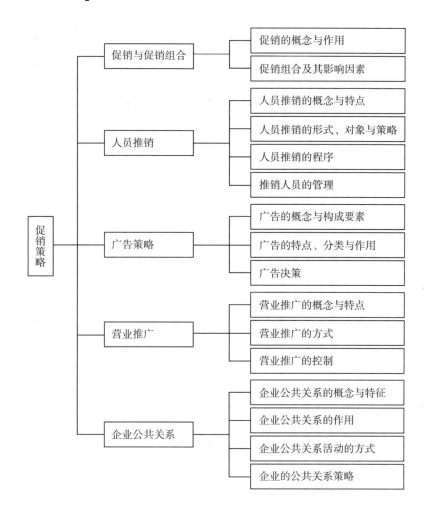

【延伸阅读】

和创未来，智连万物

——2017 中国移动全球合作伙伴大会

新思想引领新时代，新使命开启新征程。面对这一伟大的新时代，为了深化大连接，加快推进万物智连，继成功举办四届全球合作伙伴大会后，中国移动通信集团公司携手数百家国内外合作伙伴，于 2017 年 11 月 23—25 日在中国广州保利世贸博览馆，以"和创未来，智连万物"为主题召开第五届中国移动全球合作伙伴大会。

中国移动通信集团公司这一次又与合作伙伴一起，从业内到辐射产业，从广州到全国，掀起一场信息产业的"惊涛骇浪"。会上，200 多家合作伙伴同台亮相，1 万多名行业精英争相莅临，全程约有 20 万人到会。

【自测思考】

参考答案

一、单项选择题

1. 促销工作的核心是（   ）。
   A. 出售商品　　　　　　　　　　B. 沟通信息
   C. 建立良好关系　　　　　　　　D. 寻找顾客
2. 下列各因素中，不属于人员推销基本要素的是（   ）。
   A. 推销人员　　B. 推销品　　C. 推销条件　　D. 推销对象
3. 对于单位价值高、性能复杂、需要做示范的产品，通常采用（   ）策略。
   A. 广告　　　　B. 公共关系　　C. 推式　　　　D. 拉式
4. 公共关系是一项（   ）的促销方式。
   A. 一次性　　　B. 偶然　　　　C. 短期　　　　D. 长期
5. 营业推广是一种（   ）的促销方式。
   A. 常规性　　　B. 辅助性　　　C. 经常性　　　D. 连续性
6. 人员推销活动的主体是（   ）。
   A. 推销市场　　B. 推销品　　　C. 推销人员　　D. 推销条件
7. 企业公共关系活动的主体是（   ）。
   A. 企业　　　　B. 顾客　　　　C. 政府官员　　D. 推销人员
8. 企业公共关系的目标是使企业（   ）。
   A. 出售商品　　B. 营利　　　　C. 树立良好的形象　D. 占领市场
9. 一般说来，人员推销有上门推销、柜台推销和（   ）三种形式。
   A. 宣传推销　　B. 会议推销　　C. 协作推销　　D. 节假日推销

二、多项选择题

1. 促销的具体方式包括（   ）。
   A. 市场细分　　　　　　B. 人员推销　　　　　　C. 广告
   D. 公共关系　　　　　　E. 营业推广
2. 促销组合和促销策略制定的影响因素较多，主要应考虑的因素有（   ）。
   A. 消费者状况　　　　　B. 促销目标　　　　　　C. 产品因素
   D. 市场条件　　　　　　E. 促销预算
3. 人员推销活动中的三个基本要素为（   ）。
   A. 需求　　　　　　　　B. 购买力　　　　　　　C. 推销人员
   D. 推销对象　　　　　　E. 推销品
4. 广告最常用的媒体包括（   ）。
   A. 报纸　　　　　　　　B. 杂志　　　　　　　　C. 广播
   D. 电影　　　　　　　　E. 电视

5. 公共关系活动的方式可分为（　　）。
   A. 宣传性公关　　　　B. 征询性公关　　　　C. 交际性公关
   D. 服务性公关　　　　E. 社会性公关

三、判断题

1. 企业在其促销活动中，在方式的选用上只能在人员促销和非人员促销中选择其中一种加以应用。（　　）
2. 促销组合是促销策略的前提，在促销组合的基础上，才能制定相应的促销策略。因此，促销策略也称促销组合策略。（　　）
3. 由于人员推销是一个推进商品交换的过程，所以买卖双方建立友谊、密切关系是公共关系活动要考虑的内容，而不是推销活动要考虑的内容。（　　）
4. 公益广告是用来宣传公益事业或公共道德的广告，所以它与企业的商业目标无关。（　　）
5. 促销的目的是与顾客建立良好的关系。（　　）
6. 人员推销的缺点在于支出较大、成本较高，同时对推销人员的要求较高，培养较困难。（　　）
7. 推销人员除了要负责为企业推销产品外，还应该成为顾客的顾问。（　　）

四、思考题

1. 人员推销有哪些优点和缺点？
2. 什么是企业公共关系？它有哪些基本特征？
3. 营业推广有何特点？

【实训项目】

实训一：

1. 实训内容

在授课老师的指导下，由学生选择学校所在地域内一个具有一定规模的超市，对其进行促销和促销组合分析，指出其成功与失误之处，然后为其进行促销活动策划，并写出该超市促销活动策划书。

2. 实训要求和操作步骤

（1）实训要求。

组建实训课题小组，将全班学生按每小组4～5人的标准划分为若干个课题小组，每个小组指定或推选出一名小组长，分组展开实训，并在规定时间内完成实训报告。

（2）操作步骤。

①开展调研，收集资料。
②围绕训练内容，进行促销活动策划。
③撰写促销活动策划书，并制作PPT进行展示。

3. 考核要点

（1）促销活动策划书应包括市场竞争分析、企业自身情况分析、消费者需求分析、现有的促销组合效果分析和调整后的促销组合策略。

（2）对PPT展示，从时间安排、语言组织、表达能力、展现形式、形象及礼仪等方面进行考核。

实训二：案例分析

成也标王，败也标王——透析秦池模式

秦池酒厂的前身是1940年成立的山东临朐县酒厂，至20世纪80年代，秦池酒厂一直为年产量万吨左右的县级小型国有企业。

1992年，秦池酒厂的亏损额已达几百万元，濒临倒闭。1993年，秦池酒厂采取避实击虚战略，在白酒品牌竞争尚存空隙的东北，运用广告战成功地打开了沈阳市场。1994年，进入整个东北市场。1995年，进入西安、兰州、长沙等重点市场，销售额连年翻番。1995年年底组建以秦池酒厂为核心的秦池集团，注册资金1.4亿元，员工5600人。

1995年，中国已有酿酒企业约3.7万家，年产白酒约700万吨，白酒行业品牌大战空前惨烈。为了生存和发展，秦池酒厂在反复权衡之后选择了一条令人望而生畏却充满希望的险道：争夺1996年CCTV广告标王。

根据测算，1996年标王额在6500万元左右，相当于秦池集团1995年全部利税的两倍。1995年11月8日，秦池集团以6666万元的天价击败众多竞争对手，夺取了1996年CCTV广告标王。

勇夺标王，使秦池集团的产品知名度大大增强，在原有市场基础上，秦池集团迅速形成了全国市场的宏大格局。

1996年，秦池集团的销售额增长500%，利税增长600%。秦池集团从一个默默无闻的小酒厂一跃成为全国闻名的大企业。

在经历了1996年的辉煌之后，秦池人面临着两种选择：一是继续争夺标王；二是将精力主要用于调整产品结构，进行技术改造。

首夺标王带来的巨大的品牌效应与经济效益使秦池人放松了对经营风险的防范心理。1996年11月8日，秦池集团以3.2亿元的天价再度夺得CCTV广告标王。

二夺标王后，舆论界对秦池集团更多的是质疑：秦池集团准备如何消化巨额广告成本？秦池集团到底有多大的生产能力？广告费会不会转嫁到消费者身上？

为了消化3.2亿元的广告开支，秦池集团1997年至少要实现15亿元的销售收入，这大约需要生产6.5万吨秦池酒，而这些酒需要4万多吨原酒来勾兑。但秦池集团每年的固态发酵生产能力仅为3000吨。因此秦池集团采取了大量收购四川散酒，再加上本厂的原酒、酒精进行勾兑的做法。

和传统的固态发酵相比，勾兑是一种较为先进的工艺，它不仅不影响酒的质量，而且具有出酒快、产量大、粮耗低、产品工艺指标易于控制等优点。

遗憾的是，秦池人一直都没有向消费者解释清楚什么是勾兑！以至于报道时常有"秦池把别人的散酒拉回家包装包装就往外卖"等对秦池集团不利的文字。

1997年年初，某报编发了一组3篇通讯，披露了秦池集团的实际生产能力以及收购川酒进行勾兑的事实。这组报道被广为转载，引起了舆论界与消费者的极大关注。由于秦池集团没有采取及时的公关措施，过分依赖于广告效应，因此，在新闻媒体的一片批评声中，消费者迅速表示出对秦池集团的不信任。秦池集团的市场形势开始全面恶化。

　　曾经辉煌一时的秦池模式成为转瞬即逝的泡沫。

　　1. 试分析秦池集团的广告策略，你怎样看待广告在促销中的作用。

　　2. 如果你是秦池集团的营销总监，你将如何应对秦池集团面临的危机？你会采取哪些公共关系策略。

项目十二　服务市场营销

◇ **学习目标**

1. **知识目标**：了解服务的概念、服务的特征、服务市场营销的要素；理解服务质量的内涵与服务有形展示的作用。
2. **能力目标**：知道如何提高服务质量；懂得服务的有形展示及其管理；能够制定服务产品的价格和服务分销及促销策略。

◇ **工作任务**

制定服务产品的定价、分销及促销策略。

任务一　服务及服务市场营销的要素

【任务引例】

近年来，我国服务业快速发展，我国经济正由工业主导向服务业主导加快转变，这对国民经济运行及经济结构调整产生了深刻影响。服务业不仅是减缓经济下行压力的"稳定器"，也是促进传统产业改造升级的"助推器"，更是孕育新经济和新动能成长的"孵化器"，需要大力加快发展。

我国服务业具有巨大的发展潜力和成长空间。初步测算，"十三五"期间，我国服务业潜在增长率为8%左右，按服务业贡献率50%~55%计算，可拉动GDP增长4.0~4.4个百分点，比"十二五"期间多贡献约0.5个百分点，这将为2020年全面建成小康社会奠定坚实基础。因此，我们要顺应规律，抓住机遇，坚定不移地推动服务业的大发展、大繁荣。

一、服务的概念、分类与特征

(一) 服务的概念

菲利普·科特勒认为：服务是一方能够向另一方提供的基本上是无形的任何活动或利益，并且不导致任何所有权的产生。服务可能与某种有形产品联系在一起，也可能与有形产品无关联。美国管理学家、经济学家弗雷德里克等人认为：服务是企业为满足消费者某些需要而暂时提供的活动。英国服务营销学家佩恩则认为：服务是一种涉及某些无形性因素的活动，它包括与顾客或他们拥有财产的相互活动，它不会造成所有权的变更。

综合上述观点，本书认为服务应包含以下要点：(1) 服务提供的基本上是无形的活动，有时也与有形产品联系在一起；(2) 服务提供的是产品的使用权，并不涉及产品所有权的转移；(3) 服务对消费者的重要性足以与物质产品相提并论，但某些义务性的服务（如教育、治安、防火等政府服务），消费者并不需要直接付款。

(二) 服务的分类

对物质产品的市场营销活动和对服务的市场营销活动不是两种能够清晰分开的营销活动类型，制造型企业已深深卷入到服务之中，而服务型企业往往也需要产品来实现其服务。对服务进行分类的目的在于概括出不同行业中服务的共同特征。

服务可从下面五个方面进行分类。

1. 根据服务活动的本质进行分类

根据服务活动是有形的还是无形的，以及服务对象是人还是物，服务可以分为对象是人的有形服务、对象是人的无形服务、对象是物的有形服务和对象是物的无形服务四类。

2. 根据服务机构与消费者之间的关系分类

根据服务是连续的还是间断的，以及是正式的还是非正式的，服务可以分为连续的正式服务、连续的非正式服务、间断的正式服务和间断的非正式服务四类。

3. 根据选择服务方式的自由度大小以及服务对消费者需求的满足程度进行分类

根据选择服务方式的自由度大小以及服务对消费者需求的满足程度，服务可以分为如下四种。

(1) 服务过程比较标准化，服务提供者和消费者对服务方式的选择余地都较小，如公交车路线及站台固定。

(2) 服务虽能使每个消费者的需求都得到充分满足，但服务提供者对服务方式的选择自由度却很小，如电话服务。

(3) 服务提供者对服务方式的选择余地虽然较大，但却难以满足每个消费者的需求，如教师讲课可尽情发挥，却很难照顾到每一个学生的接受程度和兴趣。

(4) 不仅单个消费者的需求能够得到充分的满足，服务提供者也有发挥的空间，如美容、建筑设计、律师服务等。

4. 根据服务供应与需求的关系进行分类

根据服务供应与需求的关系，服务可以分为如下三类。

(1) 服务供应与需求的波动都较小，如银行、保险、法律服务。
(2) 需求波动幅度大，而供应基本能跟上，如电力、电话等。
(3) 需求波动幅度大，有时会超出供应能力，如交通运输、宾馆、饭店等。

5. 根据服务推广的方法进行分类

根据服务推广的方法，服务可以分为如下六类。

(1) 消费者在单一地点主动接触服务机构，如电影院、美容厅等。
(2) 服务机构在单一地点主动接触消费者，如直销、出租汽车服务。
(3) 消费者与服务机构在单一地点远距离交易，如地方电视台、信用卡公司。
(4) 消费者在多个地点主动接触服务机构，如公共汽车、连锁快餐店。
(5) 服务机构在多个地点主动接触消费者，如邮寄服务、应急修理。
(6) 消费者与服务机构在多个地点远距离接触，如电话公司、广播网等。

从上述内容可以发现，由于研究的出发点不同，某一特定的服务有时可能会被划归为不同的类型。此外，除上述分类方法外，服务还可以有其他一些分类方法。

(三) 服务的特征

服务的特征较多，其中，对企业制订市场营销方案影响较大的特征主要有以下四种。

1. 无形性

无形性也称不可触知性，是指消费者在购买之前，一般不能看到、听到、嗅到、尝到或感觉到。因此，营销宣传不宜过多介绍服务的本体，而应集中介绍服务所能提供的利益，让无形的服务在消费者眼中变得有形。实际上，真正无形的服务极少，很多服务需借助有形的实物才可以产生。对消费者而言，有时候购买某些产品，只不过因为这些产品是一些服务的载体，这些载体所承载的服务或者效用才是最重要的。图 12-1 列举了若干种产品和服务的有形性与无形性对照。

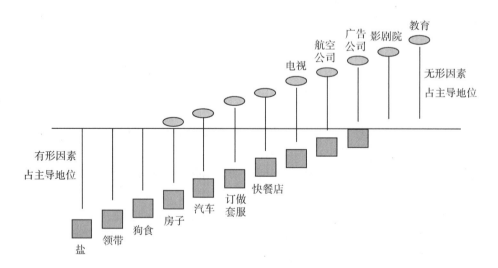

图 12-1 若干种产品的有形性与无形性对照举例

2. 同步性

服务的同步性可从以下几个方面来理解。

（1）服务具有直接性，服务的供应者往往是以其劳动直接为购买者提供使用价值，服务的生产过程与消费过程紧密连接，如照相、理发。

（2）服务有时也与销售过程连接在一起，如边售票边服务，这一特征表明，消费者只有而且必须加入到服务的生产过程中，才能享受到服务。

（3）一个出售劳务的人，在同一时间只能身临其境在一个地点提供直接服务。

3. 异质性

异质性主要指服务的构成及其质量水平经常变化，很难统一界定。和实行机械化生产的制造业不同，服务业是以人为中心的产业。由于人的气质、修养、文化与技术水平存在差异，同一服务，由不同的人操作，品质难以完全相同；同一人做同样的服务，因时间、地点、环境与心态的不同，服务效果也难完全一致。因此，服务的产品设计须特别注意保持应有的品质，力求始终如一，维持高水准，稳定消费者的信心，树立企业的优质服务形象。

4. 易逝性

易逝性是指服务的生产与消费同时进行及其无形性，决定了服务不能在生产后储存备用，消费者也无法购后储存。很多服务的使用价值如不及时加以利用就会"过期作废"，如车、船、飞机上的空座位，宾馆中的空房间，闲置的服务设施及人员等均为服务业不可补偿的损失。因此，服务业的规模、定价与推广，应力求达到人力、物力的充分利用；在需求旺盛时，应千方百计解决由缺乏库存所引致的供求不平衡的问题。

上述服务的四个主要特征，如图 12-2 所示。

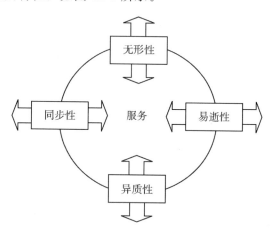

图 12-2　服务的四个主要特征

服务的无形性与易逝性，使得购买者不能"实质性"地占有服务，因而不涉及所有权的转移，也不能申请专利。另外，各类服务产品之间往往是可以互相替代的，如为到达同一目的地，可以选择多种交通服务方式。

二、服务市场营销的要素

市场营销的实质是一种交换关系,物质产品市场营销的理论和原则也适用于服务。但由于服务具有前述特征,因此,服务市场营销战略的形成和实施,以及服务市场营销组合的选择均应有所调整。服务市场营销主要包括以下五个要素。

(一)产品

服务产品必须考虑的要素是提供服务的范围、质量、品牌、保证以及售后服务等。服务产品包括核心服务、便利服务和辅助服务。核心服务是企业为消费者提供的最基本的服务,如航空公司提供的运输服务、医院提供的诊疗服务等。便利服务是企业为配合推广核心服务而提供的服务,如航空公司为配合推广运输服务而提供的订票、送票、送站、接站服务等。辅助服务通常用以增加核心服务的价值或区别于竞争者提供的服务,有助于企业实施差异市场营销策略。

(二)分销

随着服务领域的不断扩展,服务除直销外,经由中介机构的分销形式也日渐增多。中介机构主要有代理、代销、经纪、批发、零售等形态。如歌舞剧团演出、博览会展出、职业球队比赛等往往经中介机构推销门票。在分销因素中,服务地点至关重要。服务企业(如商店、电影院、餐厅等)如能坐落于人口密集、人均收入高、交通方便的地段,服务流通的范围就比较广泛,营业收入和利润也就会较高。

(三)定价

由于服务质量和服务水平难以统一界定,质量和水平检验也难以采用统一标准,加上季节、时间因素的影响,服务定价必须有较大的灵活性。在区别一项服务与另一项服务时,价格是一个重要的标识,消费者往往从价格感受到服务价值的高低。

(四)促销

服务促销包括广告、人员推销、营业推广、公共关系等几种方式。为增进消费者对无形的服务的印象,企业在促销活动中要尽量使服务产品有形化。例如,美国著名的"旅游者"保险公司在促销时,用一个伞式符号作为象征,促销口号是:"你们在'旅游者'的安全伞下",这样就使无形的保险服务具有了一种形象化的特征。

(五)人员

服务业的操作人员在消费者心目中实际上是产品的一个组成部分,如这次发型是某位理发师的杰作,这首歌曲是某位歌星演唱的。服务企业的特色,往往体现在操作者的服务表现和服务销售上。因此,企业必须重视对雇员的甄选、训练、激励和控制。另外,消费者彼此之间的关系也应受到重视,一位消费者对服务质量的认识,很可能是受到其他消费者的影响。

> 【小思考】
> 假如你是一家酒店的经理，你会对酒店的服务提出什么样的要求？

任务二　服务质量管理

【任务引例】

现在，有一些酒店在服务细节方面做得非常优秀。他们在注重常规服务标准化、人性化的同时，还特别注重培训和提高服务员与儿童的沟通能力，以便在需要时为顾客提供更加周到的服务。

一次和朋友一家聚餐，朋友带着3岁多的儿子，小家伙进入酒店后对一切都很好奇，不但到处乱跑，而且还大叫不止。妈妈刚训斥了他几句，他就又哭又闹，十分影响大家的心情和就餐气氛。这时，一名年轻的女服务员走过来拿出一个小玩具送给小家伙，并请求陪玩儿。小男孩在玩具的吸引下，开心地和服务员玩儿了起来。服务员还给他讲有趣的童话故事，小男孩儿听得入迷，再也不闹不跑，于是这顿饭大家吃得十分开心。就餐结束时，小男孩儿却不想走了，他说还没有和姐姐玩够。走到门口时小家伙还回头说："姐姐再见，我明天还来找你玩儿。"

上面这家酒店在服务方面技高一筹。酒店要及时发现顾客的服务新需求，潜心研究顾客的消费心理，要加强与顾客的沟通，了解顾客的需求和满意度。要做一名优秀的服务员，不仅要掌握基本的服务常识，更要善于察言观色，了解顾客的需求和消费心理。

一、服务质量的内涵和测定

（一）服务质量的内涵

服务质量同顾客的感受关系很大，可以说是一个主观范畴，它取决于顾客对服务的预期质量与其实际感受的服务水平或体验质量的对比。整体感受质量不仅取决于预期质量与体验质量之比，而且也取决于技术质量和职能质量的水平。技术质量指服务过程的产出，即顾客从服务过程中所得到的东西，对此，顾客容易感知，也便于评价。职能质量则指服务推广的过程，即顾客同服务人员打交道的过程，服务人员的行为、态度、穿着等都直接影响顾客的感知，如何提供服务和接受服务的过程会给顾客留下深刻的印象。

顾客对服务的预期质量通常受到四方面因素的影响，即市场营销沟通、顾客口碑、顾客需求和企业形象。由于接受服务的顾客通常能直接接触到企业的资源、组织结构和运作方式等方面，企业形象无可避免地影响顾客对服务质量的认知和体验。如果顾客心目中企业形象较好,他们就会谅解服务过程中的个别失误;但如果顾客心目中企业的原有形象不佳,则任何细微的失误都会造成很坏的影响。因此,企业形象被称为顾客感知服务质量的过滤器。

服务质量的构成如图12-3所示。

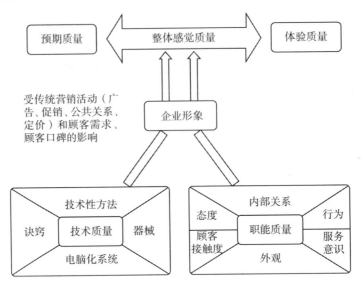

图 12-3 服务质量的构成

(二)服务质量的评价标准

一般认为,服务质量的评价标准主要有以下五个方面。

1. 感知性

感知性是指提供服务的有形部分,如各种设施、设备,服务人员的仪表等。顾客正是借助这些有形的、可见的部分来把握服务的实质的。有形部分提供了有关服务质量本身的线索,同时也直接影响顾客对服务质量的感知。

2. 可靠性

可靠性是指服务提供者准确无误地完成所承诺的服务。可靠性要求避免服务过程中的失误,顾客认可的可靠性是最重要的质量指标,它同核心服务密切相关。许多以优质服务著称的服务企业,正是通过强化服务的可靠性来树立自己的良好企业形象的。

3. 适应性

适应性主要指反应能力,即服务提供者随时准备为顾客提供快捷、有效的服务,包括矫正失误和改正对顾客不便之处的能力。对顾客的各项要求,服务提供者能否予以及时满足,表明企业的服务导向,即是否把顾客利益放在第一位。

4. 保证性

保证性主要指服务人员的友好态度与对所从事服务工作的胜任能力。服务人员良好的服务态度和较高的知识技能能增强顾客对服务质量的信任程度和安全感。在服务产品不断推陈出新的今天,顾客同知识渊博而又友好和善的服务人员打交道,无疑会对其产生信任感。

5. 移情性

移情性指企业和服务人员能设身处地为顾客着想，努力满足顾客的要求。这要求服务人员要有一种投入的精神，想顾客之所想，急顾客之所急，了解顾客的实际需要，甚至特殊需要，并千方百计予以满足；给予顾客充分的关心和相应的体贴，会使服务过程充满人情味。

按上述评价标准，企业可通过问卷调查或其他方式对服务质量进行测量。调查应包括顾客的预期质量和体验质量两个方面，以便进行分析研究。

（三）服务质量测量模式

为便于分析服务质量问题，西方营销学者系统地提出了一种服务质量差距分析模式（如图12-4所示）。

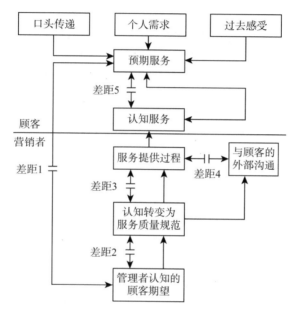

图 12-4　服务质量差距分析模式

上述模式表明，服务提供者向顾客提供的服务可能存在五个方面的差距。

（1）顾客预期服务与管理者认知的顾客期望之间，由于管理者未能正确认知顾客的需求，或不了解顾客如何评价服务，因而存在差距。

（2）管理者认知的顾客期望与由管理的认知转变来的服务质量规范之间的差距。

（3）由管理的认知转变来的服务质量规范与服务提供过程之间的差距。

（4）服务提供过程与服务提供方和顾客间的外部沟通之间的差距。外部沟通提供的材料若超出实际提供的服务的水平，可能会误导顾客，形成过高的服务预期，进而使体验质量与预期质量存在差距。

（5）顾客的认知服务与预期服务之间的差距。由于顾客衡量服务质量的标准存在差异，或是没有真实体验到提供的服务质量，因此，有可能导致顾客对服务质量评价过高或过低。这种差距可能对企业形象带来积极的影响，也可能带来消极的影响。

二、提高服务质量的方法

提高服务质量的方法与技巧很多,这里介绍两种常用的方法,即标准跟进和蓝图技巧。

(一) 标准跟进

标准跟进指企业将产品、服务和市场营销过程同竞争对手尤其是最具优势的竞争对手进行对比,在比较、检验和学习的过程中逐步提高自身的服务标准和服务质量。

标准跟进法最初主要应用于生产企业,现在也逐渐在服务企业中被广泛应用。服务企业在运用这一方法时可从策略、经营和业务管理三个方面着手。

1. 策略

从策略方面进行标准跟进时,企业将自身的市场策略同竞争对手的成功策略进行比较,寻找它们的相关因素。比如,分析竞争对手主要集中在哪些细分市场,竞争对手实施的是低成本策略还是价值附加策略,竞争对手的投资水平以及资源如何分配于产品、设备和市场开发等方面。通过一系列的比较和分析,企业将会发现以往被忽视的策略因素,从而制定出新的、符合市场和自身资源条件的策略。

2. 经营

从经营方面进行标准跟进时,企业主要从降低营销成本和提高竞争差异化的角度了解竞争对手的做法,通过比较和分析,从而找出适合自己的经营方式。

3. 业务管理

从业务管理方面进行标准跟进时,企业往往会根据竞争对手的做法,重新评估本企业内某些职能部门的作用。例如,在一些服务企业中,与顾客接触较少的后勤部门,可能会因缺乏适度的灵活性而无法同前台的质量管理相适应,学习竞争对手的经验后,可使后勤与前台二者步调一致,协同动作,无疑会有利于提高企业的服务质量。

(二) 蓝图技巧

蓝图技巧又称服务过程分析,指企业通过分解组织系统和架构,鉴别顾客同服务人员的接触点,从这些接触点出发来提高服务质量。服务企业欲提高服务质量和顾客满意度,必须理解影响顾客认知服务产品的各种因素,蓝图技巧为有效地分析和理解这些因素提供了便利。

(1) 蓝图技巧借助流程图分析服务传递过程的各个方面,包括从前台到后勤服务的全过程。整个过程主要包括以下四个步骤:

①将服务的各项内容绘入服务作业流程图,使服务过程一目了然地、客观地展现出来;

②找出容易导致服务失误的接触点;

③建立体现企业服务质量水平的执行标准与规范;

④找出顾客能看得见的、作为企业与顾客的服务接触点的服务展示。在每一个接触点,服务人员都要向顾客提供不同的职能质量和技术质量,而顾客对服务质量感知的好坏

将影响企业形象。

（2）消除顾客对质量风险的顾虑。由于服务的不可感知性，顾客常因担心服务质量难以符合期望水平在购买时犹豫不决。企业为消除顾客对质量风险的顾虑，可从以下几个方面改进工作。

①突出质量第一。高层管理人员真正投入质量管理活动，包括：履行承诺，在资源配置上支持质量管理活动；建立以质量为核心的企业文化，全体员工树立质量第一的服务观点，自觉地为提高服务质量贡献力量。顾客了解到企业内部的质量观及措施，会逐渐消除对质量风险的顾虑。

②重视人的因素。以人为中心的服务，服务质量与服务人员的服务态度和操作技巧密切相关，企业必须重视员工培训，让员工改善服务态度，掌握新的服务技巧。同时，企业还要创造一种能够得到员工支持的对优良业绩给予奖励的环境，争取在员工满意的基础上让所有的顾客满意。

③广告强调质量。针对顾客对质量的担心，企业在进行广告宣传时要形象地突出有关服务的质量特征与水平。例如，请现有顾客"现身说法"，介绍自己购买服务后的心理感受。

三、服务质量与顾客服务

按照是否与顾客直接接触，服务企业的行为分为前台活动与后台活动。顾客服务的基本要求是尽量扩大前台活动的范围和比例，使顾客接触到更多的与职责有关而又独立操作的服务人员。这既可提高顾客的满意度，又便于企业进行追踪调查。因此，顾客服务现已成为服务经营中制胜的法宝，服务形式也日新月异、变化无穷。

（一）顾客服务与顾客期望

顾客期望在顾客对服务的认知中起着关键性的作用。顾客正是将对服务预期质量与体验质量进行比较，据以对服务质量进行评估的，预期质量与体验质量是否一致已成为服务质量评估的决定性因素。预期质量作为比较评估服务质量的标准，既反映顾客相信在服务中会发生什么（预测），也反映顾客想要在服务中发生什么（愿望）。

（二）管理顾客期望

企业可以通过以下几个方面对顾客期望进行有效的管理。

1. 确保承诺的实现性

明确的服务承诺（如广告和人员推销）和暗示的服务承诺（如服务设施外观、服务价格）都是企业可以控制的，对之进行管理是管理顾客期望的直接的、可靠的方法。企业应集中精力于基本服务项目，通过切实可行的努力和措施，确保对顾客所做的承诺能够反映真实的服务水平，保证承诺完满兑现。过高的承诺难以兑现，将会失去顾客的信任，突破顾客的容忍度，这对企业是不利的。

2. 重视服务的可靠性

在顾客对服务质量进行评估的多项标准中，服务的可靠性无疑是最为重要的。提高服务的可靠性能帮企业实现较高的现有顾客保持率,增加积极的顾客口碑,减少招揽新顾客的压力和再次服务的开支。

3. 坚持沟通的经常性

服务企业应经常与顾客进行沟通,这样可以加强与顾客的联系,可以在问题发生时处于相对主动的地位。企业积极地发起沟通以及对顾客发起的沟通表示关切,都传达了和谐、合作的愿望,而这又是顾客经常希望却又很少得到的。有效的沟通有助于企业在出现服务失误时减少或消除顾客的失望,从而树立顾客对企业的信心和理解。

(三)超出顾客期望

管理顾客期望为超出顾客期望奠定了基础,企业可利用服务传送和服务重现所提供的机会来提供超出顾客期望的服务。

1. 进行优质服务传送

在服务过程中,顾客亲身体验了企业提供的服务技能和服务态度,有利于保持更切合实际的期望和更多的理解。每一次与顾客的接触都是一次潜在的机会,可使顾客感到享受了超出期望的服务,而对顾客冷淡的员工则是浪费了机会。

2. 加强力量,组织重现服务

虽然对完美的服务的追求是优质服务的特征,但在第一次服务出现失误时,一流服务的重现也十分重要。服务重现是一个超出顾客期望的绝好机会,也为企业提供了重新赢得顾客信任的机会。企业必须加强力量组织好服务重现,使之前服务中的问题得到令顾客满意的解答。虽然在服务重现期间顾客对过程和结果的期望都会比平时更高,但顾客将比往常更加注意服务的传递过程,服务人员以全身心投入来对待这次服务时,能使顾客顺心惬意,并为企业精心组织的服务重现超出期望而感到惊喜。

任务三　服务的有形展示

【任务引例】

在某些地方,"终身用户"已逐渐成为一种成熟的汽车服务形式。当购车人选择一家厂商的产品后,即成为其终身享受多元化、个性化、人性化服务的用户。厂商将为用户建立档案,并通过多种途径对用户进行跟踪,为用户提供如新车登记、上牌、车辆年审、车辆保险、维修、旧车置换等专业化的服务。

一、服务有形展示的类型

物质产品可以自我展示,服务则不能,顾客看不到服务。但是,顾客可以看到服务工具、设备、员工、信息资料、其他顾客、价目表等,这些有形物都是了解无形服务的线索。由此，在服务市场营销管理中，一切可以传递服务特色与优点的有形组成部分，均可称作服务的有形展示。服务的有形展示可以从不同的角度加以分类。从构成要素的角度，服务的有形展示可分为三种类型，即实体环境、信息沟通和价格（如图 12-5 所示）。图 12-5 中重合的部分表明这三种类型并非完全排他。例如，企业必须通过多种媒介将价格信息从服务环境传进、传出。

12-5　服务的有形展示的类型

（一）实体环境

实体环境包括三大因素：周围因素、设计因素和社会因素。

1. 周围因素

周围因素包括空气质量、噪声情况、气氛、整洁度等。这类要素通常被顾客视为服务产品内涵的必要组成部分，好的周围因素虽不一定使顾客格外激动，但周围因素如果不理想，就会削弱顾客对服务的信心。好的周围因素通常被顾客认为是理所当然的，所以它们的影响是中性的或消极的。例如，顾客往往认为餐厅理应保持清洁卫生，如果环境污浊，就会使顾客避而远之。

2. 设计因素

设计因素包括建筑、结构、颜色、造型、风格等美学因素和陈设、标识等功能因素。这类因素被用以改善服务产品的包装，显示产品的功能，建立有形的、赏心悦目的产品形象。设计因素的主动刺激比周围因素更易引起顾客的积极情绪，进而鼓励顾客采取接近行为，有较强的竞争潜力。

3. 社会因素

在服务场所内一切参与及影响服务产品生产的人，包括服务人员和其他出现于服务场所的人，他们的人数、仪表、行为等都有可能影响顾客对服务质量的期望与认知。

（二）信息沟通

与服务产品有关的信息沟通来自企业本身及其他引人注目之处，通过多种渠道传播与展示服务。从赞扬性的讨论到广告，从顾客口头传播到企业的标志，不同形式的信息沟通都传送了有关服务的线索。在服务的有形展示中，信息沟通所使用的方法主要有以下两种。

1. 服务有形化

服务有形化，即在信息沟通中强调与服务相联系的有形物，让服务显得实实在在。例如，麦当劳公司针对儿童的快乐餐设计的包装盒面有游戏、迷宫等图案，把目标顾客的娱乐和饮食联系起来，效果很好。这证明有形因素容易使服务被感知，而不再那么抽象。

2. 信息有形化

信息有形化即服务企业通过积极的口头传播、服务保证和在广告中应用容易被感知的展示，使信息更加有形化。很多顾客都特别容易接受其他顾客提供的口头信息，据以做出购买决定。例如，选择医生、律师或选修课教师时，多数人一般会先征询他人的看法。服务保证主要是强调承诺的真实性，这种形式长期被采用。

（三）价格

市场营销人员重视服务价格是因价格乃营销组合因素中决定收入的主要因素；顾客关注价格，是因为价格可以提高或降低人们的期望。服务是无形的，价格是对服务水平和质量的可见性展示。价格能展示一般的服务，也能展示特殊的服务；它能表达对顾客的关心，也能给顾客以急功近利的感觉。制定合适的价格能展示正确的信息，合适的价格是对服务有效的有形展示。

二、服务有形展示的作用

服务有形展示的作用主要表现在以下六个方面。

（一）帮助顾客感受到服务所能带来的利益

服务的有形展示可在顾客的消费经历中注入新颖的、激动人心的、戏剧性的因素，消除顾客的厌倦情绪。服务采用有形展示的实质是通过有形物体对顾客感官的刺激，让顾客感受到无形服务所能带给自己的好处和利益，进而影响其对服务的感受和评价。

（二）引导顾客对服务产生合理的期望

服务的无形性及不可感知性使顾客在使用前难以对该项服务做出正确的理解或期望。运用有形展示，可以让顾客在享受服务前更具体地把握服务的特征和功能，从而对服务产生较合理的期望，避免因期望过高而未得到满足所造成的负面影响。

（三）影响顾客对服务产品的第一印象

有形展示作为部分服务内涵的载体，是顾客对该项服务获得第一印象的物质因素。对于新顾客而言，在购买和享用某项服务之前，往往会根据第一印象对服务产品做出判断，有形展示的成败，最终会影响顾客的购买决策。

（四）促使顾客对优质服务做出客观评价

服务质量的高低由多种因素决定，可感知性是其中的一个重要特质，而有形展示正是可感知的服务组成部分。有形展示如同物质产品的包装，好的包装能使顾客对产品产生优质的感觉，完美的有形展示也可使顾客对服务产生优质的感觉。

（五）引导顾客识别与改变其心目中的服务形象

有形展示能具体地传达最具挑战性的企业形象。服务企业或服务产品形象的无形性，增强了塑造和改善形象的难度。形象的改变不仅要在原来形象上加入新内容，而且要打破传统观念，将有形产品作为新设计的形象的中心载体，这样可使形象变更的可见信息迅速地传送给顾客。

（六）协助服务企业培训服务员工

在利用有形展示突出服务产品的特征及优点时，企业也可利用有形展示作为培训员工的手段。员工作为"内部顾客"，通过有形展示，可以使他们更加深刻、具体地理解企业所提供的服务，这将有助于保证他们所提供的服务符合企业所规定的标准。

三、服务有形展示的管理

服务的不可感知主要是指其不可触及，难以从心理上进行把握。为克服因此产生的营销难题，必须使服务的内涵尽可能地附着于某种实物，如信用卡代表银行为顾客提供多种服务，"一卡在手、世界通行"。服务有形展示还必须考虑使服务更易为顾客所把握。因此，有形展示应选择顾客视为重要的有形实物，最好是他们在该项服务中所寻求的一部分；同时，必须保证此有形实物所暗示的承诺在提供的服务中能完满兑现，即服务质量要与承诺的内容一致。有形展示的最终目的是建立企业与顾客之间的长期关系，因此，服务人员要努力取得顾客的好感。服务产品的顾客，常常被服务企业中的某一个人或某一群人所吸引，而不只是认同服务本身。服务人员直接同顾客打交道，不仅其衣着打扮、言谈举止影响着顾客对服务质量的认知和评价，而且服务人员同顾客之间的关系也直接影响着顾客与企业关系的融洽程度。为此，企业必须确切了解目标顾客的需要，明确有形展示的预期效果，确定独特的推销重点，并将此重点作为该服务产品的组成部分。

任务四　服务的定价、分销与促销

【任务引例】

华为持续多年的稳健发展，归功于其对客户需求的充分关注，这也使华为赢得了客户的信任和支持。华为能够在业界建立差异化竞争优势，是在充分理解、掌握标准化的基础上，为客户提供了有针对性、个性化的解决方案，更准确地满足了客户的需求。

帮助客户提升网络价值，是双赢的必由之路。因为提升网络价值后最大的受益者是运营商。华为每年都要投入一大笔经费用于技术研发，持续的高投入为华为争取到了极为关键的技术优势。

对每一个华为员工来说，有一种理念已深深扎根并体现于工作中：为客户服务是华为存在的唯一理由。因此，任何时候，不管是提供网络设备给运营商，还是探索一项新的技术、开发一个新的产品，不管是与客户交流、沟通，还是优化内部工作流程，华为总是不断地回到最根本的问题：客户的需求是什么？关注客户需求，是华为服务的起点，满足客户需求，是华为服务的目标，除此之外，技术、品牌、市场份额、利润最大化等，对华为而言都不是根本目标。对华为来说，只有服务永远是第一位。

一、服务的定价

有关物质产品定价的概念和方法，基本上都适用于服务产品。由于服务的差异性和无形性等特征，其定价的灵活性要大得多。服务的主要定价方法有以下几种。

（一）客观定价法

客观定价法，即不论顾客种类，先设定服务单价，如设定每小时服务的价格。这种定价法的前提是该项服务可以被分割，该定价法定出的服务单价通常根据经验或市场价格水平来确定。其优点是适应固定方式的服务，易于计费，顾客心中有底；缺点是不能照顾不同顾客对价格的感受，固定的价格有时使某些顾客觉得过于昂贵，却使另一些顾客觉得服务的档次过低，从而降低竞争力。

（二）主观定价法

主观定价法是根据顾客对服务的感觉价值和接受程度，结合主观因素制定和调整服务价格的方法。这些主观因素主要包括：对服务效率的估价、企业的经验和能力、企业的知名度、服务工作的类型和难度、服务的便利性、额外的特殊费用及加班费、市场价格水平等。对于趋近于艺术化的服务来说，服务对象和服务状况多种多样，根据具体情况灵活调整价格的主观定价法有其适应性。

（三）利润导向定价法

利润最大化是服务企业的定价目标之一。利润最大化决定了定价必须高于总成本，成本应是定价的最低限。当价格在成本基础上逐渐增加时，利润水平也将得到提高，直到出现很大的市场阻力时为止。市场或顾客能否接受，应是定价的上限。价格过高，顾客会寻找替代品，导致服务需求和营利水平下降；定价过低，又会使顾客低估服务质量。故服务定价除考虑成本、利润因素外，也不可忽视服务形象的重要性。

（四）成本导向定价法

依据服务成本决定服务价格，主要优点是简单明了，适应需求状况，可保持合理的利润水平。当需求旺盛时，价格显得较为公道；当需求平淡时，价格可合理降低。总成本是固定成本、变动成本和准变动成本在一定产出水平上的总和。固定成本指不随产品的增减而变化的成本，如建筑物、服务设施、维修费用、管理人员的工资等；变动成本指随服务产品数量的变化而变化的成本，如临时雇员工资、水电费、邮寄费等；准变动成本既同顾客的人数有关，也同服务产品的数量有关，如清洁服务场所的费用、员工加班费等。服务的类型、顾客人数和对额外设施的需求程度，对不同服务产品成本的影响差异较大。属于政府管制的服务产品，一般按照总成本加合理利润制定价格。在竞争激烈的买方市场，也可以以变动成本为基础，实行边际成本定价法，争取在价格中有一定的边际贡献（价格减去边际成本后的余额）即可。

（五）竞争导向定价法

竞争导向定价法包括通行价格定价法和主动竞争定价法两种。前者指以该种服务的市场通行价格作为定价的基础，避免价格战，平均价容易为顾客所接受，企业也可获得适度利润；后者指为了维持或增加市场占有率而采取进取性定价。

（六）需求导向定价法

需求导向定价法是以质量和成本为基础，根据消费者的态度和行为，适度调整变动价格的定价方法。

二、服务的分销

服务的分销决策主要应考虑在什么地点及如何将服务提供给顾客，即位置和渠道。

（一）位置

位置指服务企业做出关于在什么地点经营服务和员工处于何处的决策，包括地域、地区和地点的选择。服务提供者和顾客相互作用的方式不外乎三种：顾客主动找服务提供者、服务提供者主动找顾客、顾客与服务提供者在双方可达到的范围内交易。在顾客主动找服务提供者的情况下，服务地点坐落的位置特别重要，企业在选址时首先要考虑所能到达地域内潜在顾客和竞争对手的数量和分布。

（二）渠道

渠道的参与者包括服务提供者、中间商和顾客。服务分销渠道的类型主要有以下几种（如图 12-6 所示）。

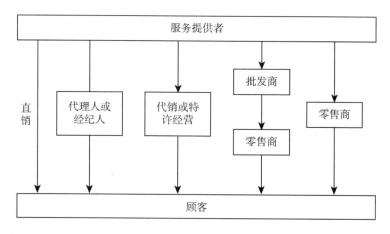

图 12-6　服务分销渠道的类型

1. 直销

直销即从服务提供者直接到顾客，实行面对面的服务。这可以是经过选择而采用的方式，也可能是因服务和服务提供者不可分离，如会计、管理与法律咨询等。

2. 经由中介机构销售

中介机构的形式较多，常见的有以下几种。

（1）代理人。

代理人指依据代理合同的规定，受服务提供者的授权委托从事某项服务活动的人。例如，保险代理人接受保险人的委托，代表保险公司依据保险合同的规定招揽业务，代收取保险费，接受投保人的投保单，从保险公司获得保险代理手续费；旅游代理人为旅游者的旅行活动做出安排，包括交通工具、食宿、游览、办理护照和签证等，收入来源主要来自航空公司、饭店、旅行经销商付给的佣金，在未收佣金的情况下，也可向旅行者收取一定数额的服务费。

（2）经纪人。

经纪人指在市场上为服务提供者和顾客双方提供信息，充当中介并收取佣金的中间商。如电影明星聘请经纪人，通过他们去选择剧本、导演、演出场地和商定出场费，经纪人的代理费用可由任一方或双方支付。

（3）经销商。

经销商指将服务产品买进后再售出的中间商，利润来源于进销差价。经销商包括批发商和零售商。批发商主要是从事批发业务的服务中介机构，如旅行社、旅游公司，其业务是将航空公司或其他交通运输企业的产品与旅游目的地旅游企业的地面服务，组合成整体性的旅游产品再推向旅游者。零售商面向广大顾客从事服务产品的供应，如旅游零售商，他们熟悉多种旅游产品的情况，也了解旅游者的支付能力和消费需求等情况，可帮助旅游者挑选适宜其要求的旅游产品。

（4）代销商。

代销商指为服务提供者代为推销服务产品的中间商。如演出单位和博览会，物色能接触目标顾客的机构和人员代为售出门票。代销商收取手续费或从折扣中取得收入。

（5）特许经营。

特许者将自己所拥有的服务商标、商号、产品、专利和专有技术、经营模式等以特许经营合同的形式授予被特许者使用，被特许者按合同规定，在特许者统一的业务模式下从事经营活动，并向特许者支付相应的费用。

三、服务的促销

服务的促销是指为了和目标顾客及相关公众沟通信息，使他们了解企业及所提供的服务并刺激消费需求而设计和开展的市场营销活动。促销的对象并不完全限于顾客，有时促销也可以用来激励雇员和中间商。

服务的无形性使顾客对服务有一种不确定的心理。促销信息必须侧重宣传本企业服务的特点，努力树立深刻而富有特色的企业形象。

(一)服务促销的目标

服务促销的主要目标是将企业所提供的服务与竞争对手所提供的服务区别开来,具体目标则有包括以下三项。

1. 传递信息

传递信息即告知潜在顾客本企业的服务项目和服务能力。

2. 说服

说服即通过促销促使顾客做出购买决策。

3. 提示

提示即向顾客描述本企业提供的服务所具有的特征和顾客如接受服务将获得的各种利益。

(二)服务促销的方式

服务促销的方式主要有广告、人员推销和公共关系等。企业要根据自己的营销目标、资源状况、服务的特点和购买者特点、其他营销组合因素、竞争对手的情况等,确定在促销组合中何种方式占主导地位。

1. 广告

基于服务的特点,服务广告要努力将无形服务有形化,消除顾客的不确定心理,具体应做到以下几个方面。

(1) 传递服务信息。以简明的文字和图形,传达所提供服务的领域、深度、质量和水平的明确信息。

(2) 强调服务利益。在充分了解顾客需求的基础上,选择广告所使用的利益诉求,争取广告的最佳效果。

(3) 承诺必须兑现。广告中关于服务可获得的利益的诺言必须务实,承诺既应是顾客想得到的,又应是企业能够做到的。在某些方面要制定最低一致性标准,如能做得比标准更好,顾客会更加高兴。

(4) 提供有形线索。为增强促销效果,尽量使用有形线索做提示。如知名人物和物体(如建筑物),常用以对服务做有形展示。

(5) 消除顾客购后顾虑。有针对性地强调购买选择的合理性,鼓励顾客将服务与使用后的利益转告他人,消除顾客购后的不和谐感。

2. 人员推销

人员推销是为了帮助和说服顾客购买某项服务而进行的人与人之间的交往过程。帮助是向顾客传达信息,说服是试图影响潜在顾客采取有利于双方的购买行动。对服务产品,开展人员推销时主要应注意以下四点。

(1) 推销人员的素质要好。推销人员必须业务能力强、服务态度好,并能获得顾客的信任。

(2) 发展与顾客的个人关系。顾客的需求具有差异性,对不同的问题他们往往会有不同的感受,他们通常希望能被单独接待。使顾客满意或不满意的,往往并非服务本身,而是人与人之间的关系。因此,推销人员应充分了解顾客,与其建立信任关系,才能更好地为顾客提供服务，提升顾客的满意度。

（3）采取专业化导向。在顾客心目中，销售人员应是一个真正的行家里手，服务人员的外表、动作、行为和态度更要符合顾客心目中一个专业人员应有的标准。

（4）推销多项服务。在推销核心服务时，推销人员可向顾客推销一些有关的辅助性服务，这样既可为顾客提供方便，又可为企业带来利益。

3. 公共关系

企业利用公共关系来进行服务促销的具体方式主要包括以下几种。

（1）媒介宣传。通过报刊、广播、电视发布消息，这是一种很好的宣传方式，具有较高的可信度，易为公众接受。

（2）印刷并发放企业宣传资料。通过企业的出版物和宣传品向顾客传达企业的目标和策略，表彰服务人员的业绩，报道企业信息，激励销售并改善企业与顾客的关系。

（3）欢迎顾客参观。实行开放日、参观日或庆祝某一纪念日等活动，随时接待顾客，向顾客展示服务特色、新的服务项目和服务设施，使其有机会更多地了解企业。

（4）密切社团关系。服务企业需要取得地方和社区的大力支持，与社团建立良好的关系，这有利于企业维持稳定的顾客群，同时得到政府或相关部门的支持。

【项目知识结构图】

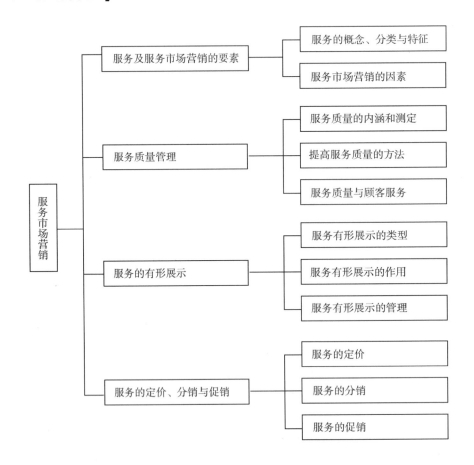

【延伸阅读】

通过"海底捞"火锅的服务特色,分析餐饮业的服务创新

"海底捞"是一家以经营川味火锅为主,融各地火锅特色为一体的大型直营餐饮品牌火锅店,在国内外有许多家直营连锁餐厅,而且很受消费者欢迎。这家餐饮品牌之所以能够得到消费者的认可,除食材好、味道地道、特色突出外,还有一个非常重要的原因,那就是服务好。①餐厅为等位的消费者提供一些小吃和水果等,等有空位时,服务员会根据消费者的候餐牌号码区别先后顺序,及时引导消费者就座。②每个服务员都笑容满面,快乐不已,充满激情,服务员还常常会以表演的方式为消费者擦干净桌子,并摆好餐具,一切动作标准、优美。③点菜时服务员会亲切地提醒消费者菜点得不要太多,够吃就行,如果不够,可以再点,如果点得多吃不完,只要没有动筷子还可以退。④用餐过程中服务员会不时地给消费者添上免费的热豆浆,更换温热的湿毛巾等。⑤有条件的餐厅还会为客人提供儿童玩耍、看护场所或向儿童赠送小礼物,有些餐厅还为客人提供免费的护手、美甲等服务。⑥整个消费过程让消费者感到十分温馨和愉快,有一种下次还要来的强烈愿望。

从海底捞火锅的服务特色和效果可以看出,餐饮业想要进行服务创新,实施精细化、个性化服务,主要应从以下四个方面努力。

(1)强化全员强烈的服务意识。餐饮企业的经营者要高度重视服务的重要意义,在抓好饭菜特色和品质的同时,还要加强服务多元化管理,要加强教育和培训,建立和谐温馨的企业文化,让每一位员工都产生强烈的归属感、责任感和荣誉感,全心全意地从我做起,做好服务工作。

(2)加强对消费者服务需求的研究,不断创新服务内容。潜心研究消费者的消费心理,能够及时发现消费者的新需求。要加强与消费者的沟通,从沟通中了解消费者的需求和满意度。一名优秀的服务员不仅要掌握基本的服务常识,更要善于察言观色,了解消费者的需求和消费心理。

(3)加强全员服务技能培训,实现服务的标准化。要实现培训的全程化和经常化,可实行外聘和内培相结合的方式,要加强企业文化、企业理念的培训,要重视各项服务技能的培训,还要重视礼仪的培训。

(4)重视服务的人性化,对消费者要充满关怀。消费者在接受服务的同时,也希望被人接受和尊重。所以并不能为服务而服务,而要为满足和超越消费者期望而服务,使服务充分人性化,使消费者得到的精神回报最大化。例如,新加坡东方大酒店在推进"超级服务"计划中有这样一件事,一位咖啡厅服务员为了使一桌拿着文件商谈的四位消费者免受厅内人声嘈杂的影响,主动询问客房部有无空房供给四位消费者临时一用,客房部马上提供了。当这四位消费者明白这些后,他们感到难以置信,事后他们在感谢信中说道:"……我们除了永远成为您的忠实消费者之外,我们所属的公司以及海外的来宾,将永远为您广为宣传。"

【自测思考】

参考答案

一、单项选择题

1. 服务是一方向另一方提供的基本上是（　　），并且不导致任何所有权的产生。
   A. 有形产品　　　　　　　　　　B. 无形的任何活动或利益
   C. 物质产品　　　　　　　　　　D. 实体产品

2. 服务是一种无形产品，它向顾客提供的是产品的（　　），并不涉及所有权的转移。
   A. 管理权　　　B. 保护权　　　C. 所有权　　　D. 使用权

3. 职称同样是教授的两位教师，在同一学期均讲授数学课，但两个班的学生反应却大相径庭，这是由于服务的（　　）引起的。
   A. 无形性　　　　　　　　　　　B. 生产与消费同时性
   C. 易质性　　　　　　　　　　　D. 不可储存性

4. 服务质量同顾客的感受关系很大，质量的好坏取决于顾客对服务的预期质量同其实际感受的服务水平的对比。因此，服务质量是一个（　　）。
   A. 主观范畴　　B. 客观范畴　　C. 道德范畴　　D. 文化范畴

5. 服务的（　　）特征表明，顾客只有而且必须加入到服务的生产过程中，才能享受到服务。
   A. 无形性　　　　　　　　　　　B. 生产与消费同时性
   C. 易质性　　　　　　　　　　　D. 不可储存性

二、多项选择题

1. 顾客对服务的预期质量，通常要受（　　）因素的影响。
   A. 市场营销沟通　　　B. 顾客口碑　　　　C. 顾客需求
   D. 服务产品　　　　　E. 企业形象

2. 感知性指提供服务的有形部分，如各种（　　）和人员的仪表等。
   A. 设施　　　　　　　B. 口碑　　　　　　C. 设备
   D. 需求　　　　　　　E. 承诺

3. 服务市场营销的要素是（　　）。
   A. 产品　　　　　　　B. 定价　　　　　　C. 分销
   D. 促销　　　　　　　E. 人员

4. 服务通常主要运用（　　）来实现有形展示。
   A. 实体环境　　　　　B. 企业文化　　　　C. 信息沟通
   D. 价格　　　　　　　E. 企业精神

三、思考题

1. 服务的有形展示有何作用？

2. 服务市场营销的要素主要有哪些？

【实训项目】

1. 实训内容

讨论如何提升服务的人性化水平。

2. 实训要求和操作步骤

（1）实训要求。

班级学生以 8～10 人为一小组，模拟建立一个经营组织，讨论如何提升服务的人性化水平。

（2）操作步骤。

①学生以小组为单位，8～10 人为宜，采用情景模拟，模拟一个服务企业的前台接待；

②学生通过参与或观看情景模拟，讨论在服务中存在的问题；

③思考并讨论如何提升服务的人性化水平。

3. 考核要点

（1）对服务市场营销知识的掌握情况；

（2）用所学知识解决实际问题的能力。

项目十三　实现营销

◇ **学习目标**

　　1. 知识目标：了解市场营销组织形式、市场营销组织的设计原则和市场营销控制的步骤；掌握市场营销计划的要素和市场营销控制的类型。
　　2. 能力目标：能够制订市场营销计划；熟练掌握五种基本的营销部门组织模式；掌握市场营销控制方法、控制程序；能够执行和实施市场营销计划。

◇ **工作任务**

　　制订市场营销计划；做好市场营销控制。

任务一　制订市场营销计划

【任务引例】

　　如何巧妙地将自身的市场营销计划与相关活动（营销契机）天衣无缝地结合起来，是最终决定市场营销是否能成功的关键。企业应抓住消费者的心理去制订和修订市场营销计划和市场营销策略，并要对相关活动（营销契机）前、中、后各阶段进行全面有效的营销管理，才能为自身品牌的影响力、品牌内涵和目标消费者带来最大并且是持久的价值。可口可乐与中国移动之所以在 2008 年北京奥运会上赢得头彩，就在于其从广告到促销、从产品到服务的系统的奥运营销策略的执行，让消费者充分感受到其作为奥运赞助商的风采。可见市场营销计划的制订和执行非常重要。

一、市场营销计划的含义

　　市场营销计划是企业的职能计划之一，是企业整体战略规划在市场营销领域的体现。市场营销计划是指企业和企业内各业务单位在对企业市场营销环境进行调研分析的基础上，为了实现市场营销目标，按年度制定的战略、措施和实施步骤的明确规定和详细说明。

企业战略计划是达到愿景目标的一个框架，而周密完整的市场营销计划是得以完成组织目标的实施细则。企业要想提高市场营销效能，首先应合理地制订市场营销计划。

二、市场营销计划包含的要素

一份科学可行的市场营销计划主要包括计划概要、市场营销现状、机会与问题分析、目标、市场营销策略、行动方案、营销预算和营销控制八个要素。

（一）计划概要

市场营销计划一开头便应对本计划的主要目标和建议做简明扼要的概述，计划概要可使企业主管很快掌握计划的核心内容，内容目录应附在计划概要之后。

（二）市场营销现状

这部分内容负责提供与市场、产品、竞争、宏观环境有关的背景资料。

1. 市场状况

市场状况应提供关于所服务的市场的资料，应按市场细分与地区细分来分别列出，而且还应列出有关消费者的购买需求、购买观念和购买行为的状况趋势。

2. 产品状况

产品状况应列出过去几年来产品线中各主要产品的销售量、价格和纯利润等资料。

3. 竞争状况

竞争状况主要应辨明主要的竞争者，并就他们的规模、目标、市场占有率、产品情况、市场营销策略以及任何有助于了解其意图和行为的其他特征等方面加以阐述。

4. 宏观环境状况

宏观环境状况应阐明与企业发展有关的宏观环境的现状，包括人口环境、经济环境、技术环境、政治法律环境、社会文化环境等。

（三）机会与问题分析

机会与问题分析应以市场营销现状资料为基础，找出主要的机会与挑战、优势与劣势和整个市场营销期间企业在此计划中可能面临的问题。

1. 机会与挑战分析

机会与挑战分析应找出企业所面临的主要机会与挑战，主要指的是外部可能左右企业未来发展的因素，分析这些因素是为了提出一些可行的建议。对机会与挑战进行分析时，应把机会和挑战分出轻重缓急，以便使其中之重要者能受到特别的关注。

2. 优势与劣势分析

优势与劣势分析应先找出企业的优势和劣势所在，然后对它们进行分析。与机会和挑战相反，优势和劣势是内在因素。企业的优势是指企业自身独特拥有的，有利于企业成长、发展或竞争制胜的因素，如科研力量雄厚、生产设备先进等。企业的劣势则是企业的不足及要进一步完善和提高之处，以及对企业的发展有制约的因素，如技术创新不足、人才断层等。

（四）目标

确定目标是市场营销计划的核心内容，这些目标将对随后的策略与行动方案的拟定有指导作用。市场营销计划中的目标一般分为两类，即财务目标和市场营销目标。

1. 财务目标

每个企业在制订市场营销计划时都需要确定自己的财务目标，财务目标一般包括投资报酬率、利润额和利润率。

2. 市场营销目标

市场营销目标包括销售收入、销售增长率、销售量、市场份额、品牌知名度和分销范围等。

（五）市场营销策略

市场营销策略是达到市场营销目标应采取的途径或手段，包括目标市场选择策略、市场定位策略、价格策略、销售渠道策略和促销策略等。

（六）行动方案

行动方案应该明确市场营销计划实施的关键性决策和任务，并将这些决策和任务的责任落实到小组或个人，还要有确切的行动时间和具体的时间表。

（七）营销预算

营销预算指制订市场营销计划时应编制一个支持行动方案的预算，一般包括预计收益、预计销售量、价格、生产成本、分销成本和营销费用等。

（八）营销控制

市场营销计划的最后一部分为营销控制，用来控制整个计划的进程。通常，目标和预算都是按月或季度来定的。这样企业就能检查各个时间段的成果，并发现未能达到目标的部门。有些计划的营销控制部分还包括意外应急计划，一般会简明扼要地列出可能发生某些不利的情况时企业应采取的方案。

三、制订市场营销计划时应避免出现的问题

（一）缺乏实效性

很多企业市场营销计划的制订是"自上而下"的，即是由高层"规划"的。这样往往增加了程序，但又没能解决问题，实效性不强。因为这类计划只是一些整体的渠道管理、价格管理、促销管理、产品策略等，对于一线的销售人员来讲很空泛。

实际上，制订市场营销计划是为了更好地开展市场营销工作，强调对实施过程的管理

和指导。有些企业却往往忽略这个事实，他们大多数只是制定了最终考核的目标。

（二）可操作性不强

有些企业的市场营销计划就是销售指标数字的罗列，而对具体的后续工作却没做安排。如何达到预期的指标？该怎样做？需要分配多少的资源？有些企业在制订市场营销计划时常常容易忽略这些关键的内容。有些企业会在市场营销计划中写明产品策略、渠道策略、促销策略、价格策略等，但往往这些策略和实际的工作相脱节，理论性太强，没有针对性，可操作性差。

（三）主次不分

有些企业在制订市场营销计划时往往主次不分，使工作抓不住重点，不能将有限资源用在关键地方，影响市场营销工作的顺利开展。企业要想制订一份操作性很强的市场营销计划，就一定要将各项工作分清主次，要清楚地界定出关键行动措施，找出关键部门、关键流程所在。

任务二　设计市场营销组织

【任务引例】

万科企业股份有限公司（以下简称"万科"）曾经采用的是"团体总部—市级公司"的二级架构，后来，该公司将其调整为以"战略总部、专业区域、执行一线"为主线的三级架构。

万科三级管理架构都有相应的营销控管机构，总部对区域中心采取战略型管理方式，区域中心对执行一线采取操作型管理方式。万科营销管控主体包括集团、区域、城市分公司三个层级，集团营销管理部通过制度、支援对区域营销管理中心进行战略性管理，区域营销管理中心对分公司营销管理部进行操作性管理。

万科集团营销管理部的职责主要是制定营销制度、营销技术支持、销售管理指引、营销策划方案的备案、营销价格的听证；而区域营销管理中心则主要负责营销方案决策（广告、价格、销售进度），同时实施营销方案组织销售。

市场营销组织是指企业内部涉及营销活动的各项职位安排、组合及其组织结构模式。企业市场营销组织以及其与企业其他职能部门的关系，受到宏观市场环境、国家经济体制、企业营销管理的指导思想、企业自身所处的发展阶段和业务特点等诸多因素的影响。

一、市场营销组织形式

现代企业的营销部门的组织形式有多种，不论采取哪种组织形式，都要体现以消费者为中心的营销指导思想。具体来讲，市场营销组织形式主要有以下几种。

（一）职能型组织形式

这是最普通的一种市场营销组织形式，即按照需要完成的工作来进行组织，其结构如图 13-1 所示。

图 13-1　职能型组织形式

职能型组织形式的主要优点是结构简单、管理方便。它最适用于产品种类不多、对有关产品的专门知识要求不高或经营地区的情况差别不大的企业。随着产品的增多和市场的扩大，这种组织形式会逐渐失去其有效性。首先，由于没有人对某产品或某个市场负全部责任，因而没有按每种产品和每个市场制订的完整计划。有些产品或市场就很容易被忽略。其次，因为各个职能部门有时会为获得更多预算或取得较其他部门更高的地位而竞争，因此营销经理可能经常面临协调上的难题。

（二）产品管理型组织形式

生产多种产品或经营多种不同品牌的大企业，往往按产品或品牌建立市场营销组织，即采取由专人负责一种产品或产品线的组织形式，其结构如图 13-2 所示。

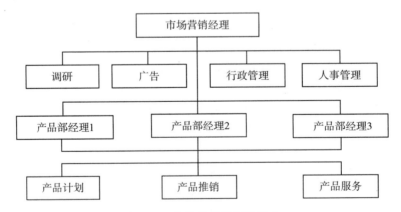

图 13-2　产品管理型组织形式

这种组织形式的优点：一是各类产品责任明确，由于产品互不相关，各产品相互干扰不大；二是比较灵活，增加新产品时再增加一个产品部即可。缺点是缺乏地区概念，各个产品部不可能对每一地区都兼顾并做出适当反应。

(三) 地区型组织形式

这种组织形式适用于销售区域大，而经营品种单一的企业。采取地区型组织形式的企业一般会在地区设立管理部门，让其负责相应地区的产品计划、产品推销与产品服务工作。该组织形式的结构如图 13-3 所示。

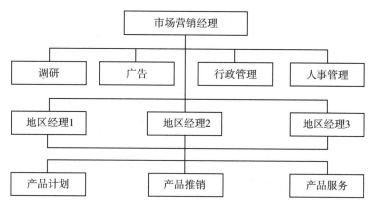

图 13-3　地区型组织形式

在地区型组织形式内，为避免一些不必要的职能重复，调研、广告、行政管理和人事管理仍归属原职能部门，且与各地区管理部门并列。这种组织形式的优点是有利于发挥每个地区管理部门熟悉该地区情况的优势；缺点是当企业经营品种较多时，很难按不同产品的使用对象的地区分布情况来综合考虑，而且各地区的活动也难以协调。

(四) 市场管理（或消费者）型组织形式

如果可按消费者特有的购买习惯和产品偏好，将市场细分并区别对待，就需要建立市场管理（或消费者）型组织形式，其结构如图 13-4 所示。市场管理（或消费者）型组织由一个总市场营销经理管理若干细分市场经理，各细分市场经理负责自己所管理市场业务的发展。该组织形式的优点是企业可针对不同细分市场的顾客群的需要开展一体化的营销活动；其不足是权责不清，多头领导。

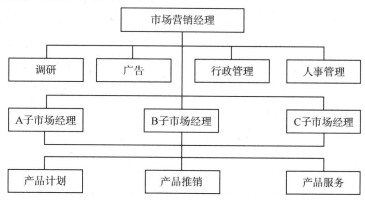

图 13-4　市场管理（或消费者）型组织形式

（五）产品/市场型组织形式

这是一种产品和市场相结合的矩阵组织形式，适用于生产多种产品并向多个市场销售的企业。这种组织形式可以采用产品管理组织形式，这需要产品经理熟悉分散的各种不同的市场；也可以采用市场管理组织形式，这需要市场经理熟悉销往各市场的各种产品；还可以同时设置产品经理和市场经理，形成一种矩阵式结构，这种形式如图13-5所示。

	市场经理			
	市场甲	市场乙	市场丙	市场丁
产品A				
产品B				
产品C				
产品D				

图 13-5　产品/市场型组织形式在服装企业中的应用

在这种组织形式中，产品经理负责产品的设计、生产和销售，为产品寻找更广泛的用途；市场经理负责开发现有的和潜在的市场，着眼市场的长期需要，而不只是推销眼前的某种产品。这种组织形式适用于多角化经营的企业，其优点是能更好地适应市场竞争和企业扩大规模的需要，有助于加强企业内部的合作；不足之处是花费较大，而且由于权力和责任界限比较模糊，容易产生矛盾。

二、市场营销组织的设计原则

任何一个现代企业都必须要建立市场营销组织。市场营销组织的设计必须从实际出发，一般要遵循以下原则。

（一）目标一致原则

市场营销组织是企业实现市场营销目标的有效手段和保证，它的设置必须依据并服从于市场营销目标，与市场营销目标保持高度的一致。因此，在设计市场营销组织时，应坚持以市场营销目标为导向，以"事"为中心，因"事"设机构，因"事"配人员。也就是说，任何一个职位与机构的设置都是实现市场营销目标所必需的，凡是与目标无关的职位与机构都应坚决取消，对于那些与市场营销目标关系不大，可有可无的职位与机构应该予以调整或合并。

（二）分工协作原则

分工协作是社会化大生产的客观要求，是企业实现市场营销目标所必需的。因此，在设计企业市场营销组织时，必须坚持分工协作的原则。企业应将市场营销目标层层分解，变成一项项具体的工作和任务，落实到各个部门与岗位。在分工的基础上，明确规定各个部门和各个岗位之间的关系、彼此协调配合的途径与方法，使得企业市场营销工作运行有序，形成合力，产生整体功能。

（三）命令统一原则

命令统一原则的实质，就是在工作中实行统一领导，形成统一的指挥中心，避免多头领导，消除有令不行、有禁不止现象，确保政令畅通、指挥灵敏。命令统一原则对市场营销组织结构的设计具有以下要求。

（1）各管理层次形成一条等级链，从最高层到最低层的等级链必须是连续的，不能中断或有缺口，同时，应对上下级间的职责、权限、联系方式加以明确规定。

（2）每一级只能有一个最高行政主管，统一负责本级内的全部工作。他直接向上级报告工作，并向下级下达命令。

（3）在主管领导下设副职和职能部门，副职和职能部门对正职负责，为正职提供参谋意见。

（4）下级只接受一个上级的命令和指挥。对上级组织的命令和指挥，下级必须无条件服从，不得各自为政、各行其是。

（5）下级只能向直接上级请示、报告工作，不能越级请示、报告工作，如有不同意见，可以越级上诉。

（6）上级不能越级指挥下级，以维护下级的领导权威，但可以越级检查工作。

（四）权责对等原则

职责和职权是两个互相关联的概念。职责是指某一职位的责任和义务。职权是指为完成某一职位的责任和义务所应具有的权力，包括决定权、命令权、审查权、提案权、支配权等，两者不可分割。因此，在设计市场营销组织结构时，既要明确规定各个部门、各个职位的职责范围，又要赋予完成其职责所必需的管理权限。职责与职权不仅必须统一，而且必须对等。为了履行一定的职责，就必须有相应的职权。只有职责，没有职权或权限太小，人们就没有履行职责的能力；反之，只有职权而没有职责，或权力很大责任很小，就会造成滥用权力和瞎指挥，产生官僚主义。只有职责与职权对等，才是最佳的组合。

（五）集权与分权相结合原则

集权是把权力集中于最高层领导，分权是将权力分散于组织的各个层次。集权的优点是：（1）有利于集中统一领导，加强对整个组织的控制；（2）有利于协调组织的各项活动，提高工作效率；（3）有利于充分发挥高层领导的聪明才智和统御能力。但集权也有其缺点，它使得管理层次增多，信息沟通渠道变长，基层组织缺乏独立性和自主权，高层领导的负荷过重。分权正好相反，它使得管理层次减少，信息沟通渠道缩短，高层管理者可以从具体事务中解脱出来，集中精力抓大事，同时又有利于调动基层管理人员的积极性和主动性。但过度分权也有可能失去对整个组织的控制。因此，权力过于集中和过于分散，都不利于发挥整个组织的作用。为了避免权力的过于集中和过于分散，应坚持把集权和分权有机地结合起来，并把握好两者结合的度。一般而言，集权应以不妨碍基层人员积极性的发挥为限，分权应以不失去对下级的有效控制为限。

任务三　市场营销计划控制

【任务引例】

易捕捕鼠器是由与易捕公司合作的一个塑料公司生产的,它是一种简单但十分巧妙的捕鼠装置。人们可以把老鼠杀死,也可以关上几个小时使它窒息而死。据易捕公司介绍,与传统的弹簧装置和投毒灭鼠相比,这种新型捕鼠器有诸多优点:首先,消费者在使用时不会夹伤手指,也不会误伤孩子和宠物;其次,使用这种捕鼠器不会像弹簧装置那样把室内弄得一团糟,不会产生"不干净"的问题;最后,这种捕鼠器可以重复使用或随手扔掉。

易捕公司的初期调查表明妇女是该捕鼠器的最佳目标市场,妇女们经常待在家中照看孩子,所以她们希望有一种新型捕鼠器——能够避免传统捕鼠器在处理老鼠时所带来的种种麻烦。为到达目标市场,该公司决定在全国的日用百货店、家庭用具店等实行分销,将捕鼠器直销给这些大零售商,从而避开批发商或其他中间人。

易捕公司预测该产品第一年的销售量应为 500 万件。然而 4 个月过去后,才卖了 70 万件。易捕公司觉察到一些问题:首先,没有足够的重复购买;其次,许多零售商仅仅将样品放在桌上作为聊天的话题,而不是积极地演示样品,而消费者很可能把样品买来作为新奇的玩意儿,而不是把它作为一种灭鼠的工具看待。

为扭转这一形式,易捕公司开始思考修正之前的市场营销计划。

一、市场营销计划控制的定义和步骤

(一) 市场营销计划控制的定义

所谓市场营销计划控制,是指企业的市场营销管理部门为了实现市场营销目标,使市场营销计划的执行取得最佳效果,而对市场营销过程中各营销要素进行监督、考察、评价和修正的过程。市场环境和企业内部环境都处于动态发展的过程中,任何周密的计划都可能因环境变化而使实施结果偏离预期甚至完全失败。同时,由于执行人员对计划的理解不同或者执行力度不均,也可能使市场营销目标不能很好地实现,因此,对市场营销计划的监督和控制就显得十分必要。

(二) 市场营销计划控制的步骤

市场营销计划在实施过程中会遇到各种情况,导致具体的实施与计划并不总能保持一致。市场营销战略和计划本身也存在不符合实际的地方,因此企业必须对市场营销计划的实施进行有效控制,以保证企业市场营销目标的实现。市场营销计划控制主要包括六个步骤，即确定控制对象、设置控制目标、确定控制标准、比较执行结果、分析偏离原因、采取调整措施（如图13-6所示）。

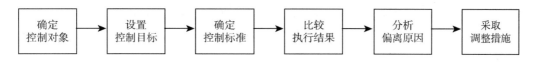

图13-6　市场营销计划控制的步骤

二、市场营销计划控制的类型

市场营销计划控制有四种类型：年度计划控制、营利能力控制、效率控制和战略控制。

（一）年度计划控制

在实际工作中，企业都会为本企业的市场营销活动制订严密的计划，但多数情况下，执行的结果总是与之产生或大或小的差距。这除了外部因素，往往还由于在执行过程中不能及时找出偏离问题并快速解决。年度控制是指企业在本年度内，针对销售额、市场占有率和市场营销费用进行实际效果与计划之间的检查，以便及时采取改进措施，促进并保证市场营销计划目标的实现。

企业的市场营销管理人员通常可以通过以下两个方面对市场营销计划进行年度控制。

1. 销售分析

销售分析是用于衡量和评估企业所制订的计划销售目标与实际销售额之间关系的方法。销售分析具体可采用以下两种方法。

（1）销售差额分析。这种方法用于分析各个不同因素对销售绩效的不同的影响程度。

（2）地区销售量分析。这种方法可以用来衡量导致销售差额的具体产品和地区。

2. 市场占有率分析

如果企业产品的市场占有率升高，表明其与竞争者相比绩效更好，反之则差。市场占有率分析具体包括以下几个方面。

（1）总体市场占有率。

总体市场占有率以企业的销售额占整个行业销售额的百分比来表示。需要注意两点：第一，要正确认定行业的范围，即明确本行业所应包括的产品、市场等；第二，要以单位销售量或销售额来表示市场占有率。

（2）相对市场占有率（相对于市场领导者）。

相对市场占有率（相对于市场领导者）以企业销售额占市场领导者的销售额的百分比来表示。相对市场占有率若超过100%，表明该企业是市场领导者；相对市场占有率若等于100%，表明企业与其他一些企业同为市场领导者；相对市场占有率若小于100%且在不断增加时，表明企业正接近市场领导者。

(3) 相对市场占有率（相对于三个最大竞争者）。

相对市场占有率（相对于三个最大竞争者）以企业销售额占企业三个最大的竞争者的销售额的总和的百分比来表示。例如，某企业有30%的市场占有率，其最大的三个竞争者的市场占有率分别为20%、10%和10%，则该企业的相对市场占有率是30%÷（20%＋10%＋10%）＝75%。一般来说，相对市场占有率（相对于三个最大竞争者）高于33%的企业即被认为是强势的企业。

（二）营利能力控制

营利能力控制是用来测定不同产品、不同销售区域、不同消费者群体、不同渠道以及不同订货规模营利能力的方法。由营利能力控制所获取的信息，有助于企业的市场营销管理人员决定相关产品或市场营销活动是扩展、减少还是取消。下面就对市场营销成本以及营利能力的考察指标等做介绍。

1. 市场营销成本

市场营销成本直接影响企业的利润，它由如下项目构成。

(1) 直销费用，包括直销人员的工资、奖金、差旅费、培训费、交际费等。

(2) 品牌宣传费用，包括企业形象识别系统导入费用、各类公关费用、展览会费用等。

(3) 促销费用，包括广告费、产品说明书印刷费用、赠奖费用、促销人员工资等。

(4) 仓储费用，包括租金、维护费、折旧、保险、包装费、存货成本等。

(5) 运输费用，包括托运费用等，如果是自有运输工具，则要计算折旧、维护费、燃料费、牌照税、保险费、司机工资等。

(6) 其他市场营销费用，包括市场营销人员的工资、办公费用等。

市场营销成本和生产成本构成了企业的总成本，直接影响企业的经济效益。其中，有些与销售额直接相关，称为直接费用；有些与销售额并无直接关系，称为间接费用；有时，二者也很难划分。

2. 营利能力的考察指标

取得利润是每一个企业最重要的目标之一，因此，营利能力控制在市场营销管理中占有十分重要的位置。营利能力的考察指标通常包含以下几个方面。

(1) 销售利润率。

销售利润率是指利润与销售额之间的比率，表示每销售100元使企业获得的利润，它是评估企业获利能力的主要指标之一。销售利润率的计算公式为

$$销售利润率＝（本期利润÷销售额）\times 100\%。$$

(2) 资产收益率。

资产收益率衡量的是每单位资产创造多少净利润的指标，其计算公式为

$$资产收益率＝（净利润÷平均资产总额）\times 100\%。$$

(3) 净资产收益率。

净资产收益率是指税后利润与净资产的比率。净资产是指总资产减去负债总额后的净值。净资产收益率的计算公式为

$$净资产收益率＝（税后利润÷净资产平均余额）\times 100\%。$$

(4) 资产管理效率。

资产管理效率可通过资产周转率来分析。资产周转率是指一个企业以资产平均总额去除产品销售收入净额而得出的数值,其计算公式为

$$资产周转率＝产品销售收入净额÷资产平均占用额。$$

资产周转率可以衡量企业全部投资的利润效率。资产周转率高,说明企业投资的利用效率就高。

(5) 存货周转率。

存货周转率是指产品销售成本与产品存货平均余额之比。其计算公式为

$$存货周转率＝产品销售成本÷产品存货平均余额。$$

存货周转率是说明某一时期内存货周转的次数,从而考核存货的流动性。存货平均余额一般取年初和年末余额的平均数。一般来说,存货周转率越高,说明存货水准越低,周转越快,资金使用效率越高。

(三) 效率控制

效率控制的目的是通过一系列的观察、分析和研究,找出高效率的工作方式,使企业能更好地管理销售人员、广告、促销及分销工作。

1. 销售人员效率控制

企业分布在各地的销售经理要记录本地区内销售人员效率的几个主要指标,包括:

(1) 每个销售人员销售访问次数;
(2) 每次会晤的平均访问时间;
(3) 每次销售访问的平均收益;
(4) 每次销售访问的平均成本;
(5) 每百次销售访问促成的订购百分比;
(6) 每期间的新顾客数;
(7) 每期间丢失的顾客数;
(8) 销售成本与总销售额的百分比。

在对销售人员进行效率评估之后,企业需要比照实际情况与计划之间的差距,以便对效率低下的环节加以改进。企业从以上的分析中,往往可发现一些非常重要的问题。例如,销售人员每天的访问次数是否太少,每次访问所花时间是否太多,在每百次访问中是否签订了足够的订单,是否增加了足够的新顾客并且保留住原有的顾客等。

2. 广告效率控制

企业要对广告效率进行控制,就要先做好广告效率分析,如可做以下统计:

(1) 各种媒体类型、媒体工具接触每千名消费者所花费的广告成本;
(2) 消费者对每一媒体工作注意、联想和阅读的百分比;
(3) 消费者对广告内容和效果的意见;
(4) 广告前后消费者对产品态度的变化;
(5) 受广告刺激而引起的消费者询问次数。

企业可以采取若干方式来提高广告效率,包括进行更加有效的产品定位、恰当地确定广告目标、选择合适的广告媒体、及时进行广告后效果测定等。

3. 促销效率控制

对每次促销活动，企业应该对促销成本及其对销售的影响做好记录，如可做下列统计：

（1）由于优惠而使销售增加的百分比；

（2）每一销售额的陈列成本；

（3）赠券收回的百分比；

（4）因示范而引起的询问次数。

除此之外，企业还应观察不同促销手段的效果，以便选出并使用最有效果的促销手段。

4. 分销效率控制

分销效率是指企业对存货水准、仓库位置及运输方式进行分析和改进，以达到最佳配置，并寻找最佳运输方式和途径。企业通过分销效率控制，可以降低物流成本、节约分销费用、提升企业的市场营销能力。

（四）战略控制

在复杂多变的市场环境中，企业制定的各种战略、政策、目标和计划不是一成不变的，而应随着市场的变化不断地进行调整，因此，每个企业都应对整个战略计划及时进行评估、控制、调整。战略控制是企业的高层管理者为了使企业的市场营销计划与既定战略保持一致，不断通过过程控制来对市场营销战略进行评估、分析等，从而可以及时对战略进行相应的调整。企业也可以运用"市场营销审计"，定期对市场营销计划及实施情况进行战略控制。

【项目知识结构图】

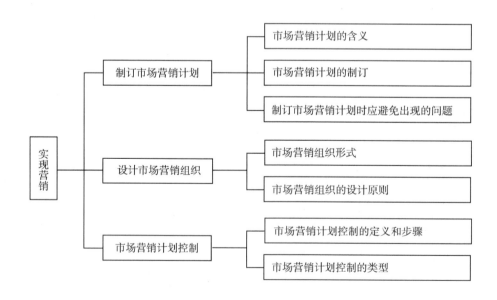

【延伸阅读】

杭州"狗不理"包子店为何无人理？

杭州"狗不理"包子店是天津狗不理集团在杭州开设的分店，地处商业黄金地段。正宗的狗不理包子的鲜明特色是薄皮、水馅、滋味鲜美、咬一口汁水横流。但正当杭州其他餐饮店的包子卖得火热时，杭州的"狗不理"包子店却"门前冷落车马稀"。

当"狗不理"在杭州一再强调其鲜明的产品特色时，却忽视了当地消费者是否接受这一"特色"。

首先，"狗不理"包子馅比较油腻，不合喜爱清淡食物的杭州市民的口味。

其次，"狗不理"包子不符合杭州人的生活习惯。杭州市民将包子作为便捷快餐对待，往往边走边吃。而"狗不理"包子由于薄皮、水馅、容易流汁，不能拿在手里吃，适合坐下用筷子慢慢享用。

最后，"狗不理"包子的馅多是蒜一类的辛辣刺激物，这与杭州这个南方城市的传统口味也相悖。

【自测思考】

参 考 答 案

一、单项选择题

1. 职能型组织的优点是（   ）。
   A. 管理费用低　　　　　　　　B. 结构简单、管理方便
   C. 管理效率高　　　　　　　　D. 责任明确
2. （   ）组织形式适用于销售区域大、品种单一的企业。
   A. 地区型组织　　　　　　　　B. 职能型组织
   C. 产品管理型组织　　　　　　D. 市场型组织
3. 市场营销计划的最后一部分是（   ）。
   A. 营销控制　　　　　　　　　B. 营销预算
   C. 行动方案　　　　　　　　　D. 营销目标

二、多项选择题

1. 市场营销计划控制包括（   ）。
   A. 年度计划控制　　　　　　　B. 营利能力控制
   C. 效率控制　　　　　　　　　D. 战略控制
2. 产品管理型组织形式的优点是（   ）。
   A. 管理费用低　　　　　　　　B. 结构简单、管理方便
   C. 各类产品责任明确　　　　　D. 比较灵活
3. 企业制订市场营销计划时确定的目标包括（   ）。

A. 财务目标 B. 市场营销目标
C. 效率目标 D. 组织目标

4. 市场营销组织设计的原则包括（　　）。

A. 目标一致原则 B. 分工协作原则
C. 命令统一原则 D. 权责对等原则

三、思考题

1. 假如你是一家乳制品企业的总经理，请你做一个细分市场进入计划时，你应该考虑哪些因素？

2. 市场营销成本构成有哪些？

【实训项目】

1. 实训内容

让学生自主选择一个较知名的企业，分析其市场营销组织形式。

2. 实训要求和操作步骤

（1）在授课教师的指导下，学生以小组为单位，自主选择一个较知名的企业，收集相关资料。

（2）认真分析、总结该企业的市场营销组织形式的优点和缺点，以及该组织形式对企业市场营销效果的影响。

（3）撰写分析报告。

3. 考核要点

（1）学生能否准确说明企业市场营销组织形式；

（2）学生能否准确说明企业市场营销组织形式的特点；

（3）学生的团队合作精神及在实训过程中的表现；

（4）分析报告是否完整、准确。

参考文献

[1] 王文华. 市场营销学 [M]. 北京：中国财富出版社（原物资出版社），2010.
[2] 吴建安，聂元昆. 市场营销学 [M]. 5版. 北京：高等教育出版社，2014.
[3] 郭国庆，陈凯. 市场营销学 [M]. 5版. 北京：中国人民大学出版社，2015.
[4] 李晏墅，李金生. 市场营销学 [M]. 2版. 北京：高等教育出版社，2015.
[5] 李威，王大超. 国际市场营销学 [M]. 北京：机械工业出版社，2012.
[6] 钱旭潮，王龙. 市场营销管理需求的创造与传递 [M]. 3版. 北京：机械工业出版社，2014.
[7] 杨洪涛. 市场营销：超越竞争，为顾客创造价值 [M]. 北京：机械工业出版社，2009.
[8] 朱华. 市场营销案例精选精析 [M]. 北京：中国社会科学出版社，2009.
[9] 黄文恒，周贺来，王辉. 现代推销实务 [M]. 北京：机械工业出版社，2010.
[10] 白福贤. 市场营销理论与实务 [M]. 北京：中国出版集团现代教育出版社，2012.
[11] 潘金龙，任滨. 市场营销学 [M]. 3版. 北京：教育科学出版社，2013.
[12] 彭石普. 市场营销理论原理与实训教程 [M]. 北京：高等教育出版社，2006.
[13] 兰苓. 市场营销学 [M]. 北京：中央广播电视大学出版社，2005.
[14] 熊江. 市场营销实务 [M]. 广州：暨南大学出版社，2013.